Der Schlemihl oder: Der bipolare Patient

Der Schlemihl

oder:

Der bipolare Patient

AUGUST VON GOETHE LITERATURVERLAG

IM GROSSEN HIRSCHGRABEN ZU FRANKFURT A/M

Das Programm des Verlages widmet sich
– in Erinnerung an die
Zusammenarbeit Heinrich Heines
und Annette von Droste-Hülshoffs
mit der Herausgeberin Elise von Hohenhausen –
der Literatur neuer Autoren.
Das Lektorat nimmt daher Manuskripte an,
um deren Einsendung das gebildete Publikum
gebeten wird.

Ein Unternehmen der Holding
FRANKFURTER VERLAGSGRUPPE
AKTIENGESELLSCHAFT AUGUST VON GOETHE
In der Straße des Goethehauses/Großer Hirschgraben 15
D-60311 Frankfurt a/M
Tel. 069-40-894-0 ✱ Fax 069-40-894-194
email: lektorat@frankfurter-literaturverlag.de

Medien und Buchverlage
DR. VON HÄNSEL-HOHENHAUSEN
seit 1987

Websites der Verlagshäuser der Frankfurter Verlagsgruppe:

www.frankfurter-verlagsgruppe.de
www.frankfurter-literaturverlag.de
www.frankfurter-taschenbuchverlag.de
www.august-goethe-literaturverlag.de
www.fouqué-literaturverlag.de
www.weimarer-schiller-presse.de
www.deutsche-hochschulschriften.de
www.deutsche-bibliothek-der-wissenschaften.de
www.haensel-hohenhausen.de

Bibliografische Information der Deutschen Nationalbibliothek
Die Deutsche Nationalbibliothek verzeichnet diese Publikation in der Deutschen
Nationalbibliografie; detaillierte bibliografische Daten sind im Internet
über http://dnb.ddb.de abrufbar.

Satz, Gestaltung und Lektorat: Sandra Sabaliauskas
ISBN 978-3-8372-0389-9
ISBN 978-1-84698-738-0

Die Autoren des Verlags unterstützen das Albert-Schweitzer-Kinderdorf in Hessen e.V.,
das verlassenen Kindern ein Zuhause gibt.
Wenn Sie sich als Leser an dieser Förderung beteiligen möchten, überweisen Sie bitte
einen – auch gern geringen – Beitrag an die Sparkasse Hanau, Kto. 19380, BLZ 506 500 23,
mit dem Stichwort „Literatur verbindet". Die Autoren und der Verlag danken Ihnen dafür!

Gedruckt auf säurefreiem, alterungsbeständigen Papier,
hergestellt aus chlorfrei gebleichten Zellstoff (TcF-Norm)

Printed in Germany

Für meine Mutter, Francesca und Anette

Für Jürgen und Diana

Für Sebastian

Für Silvia, Florian und Johannes

Dr. F. von Baumgarten, Dr. U. Köhl und
Dr. S. Busch,
Danke für die Unterstützung

Spürst Du –
manchmal eine anfliegende Depression tief in Dir, weil so vieles auf dieser Welt ist, was nicht sein sollte? Und deshalb verschwiegen, verlogen, erstickt wird. Warum gibt es so viel Unausgesprochenes, so viel Verborgenes, so viel Ungelebtes?

Bist Du –
vom strapaziösen Arbeits- und Alltag illusionslos geworden, und es sind jegliche Träume im alltäglichen Lebenskampf verloren gegangen?

Mußt Du –
manchmal Deine Gefühle und Sehnsüchte verstecken, um nicht überall anzuecken, wenn Du sie offen aussprichst?

Liebst Du –
das Ertasten neuer Möglichkeiten, das Erforschen neuer Tabuzonen, das Erschließen experimenteller, erotischer Gebiete?

Dann hast Du Heimweh nach Dir und Deinem noch nicht ausgefüllten Leben!
Auch wenn Du Teile Deiner Seele hier und da gelassen hast, gehorche der Notwendigkeit Deines Lebens. Passe Dich nicht mehr länger Deiner Umgebung an, passe Dich Dir selbst an!!!

NIKITA BERGER

Odyssee, Höllentrip, Überholspur
Eine lange kranke Geschichte
Immer wieder Achterbahn
Ein Junge unserer Zeit
Die tragische Figur
Drama

Schlemihl = Pechvogel; Unglücksrabe; Tollpatsch; alles vermasselt!

Inspiriert durch wahre Begebenheiten

Jede namentliche Übereinstimmung mit real lebenden Personen ist rein zufälliger Natur.

Inhalt

I. Die Prinzphase – Familie

Mein Name ist David Svenisson. Ich bin in Nürnberg geboren, und aufgewachsen im fränkischen Hersbruck. Ich bin deutscher Staatsangehöriger, von der Konfession römisch-katholisch und mit allen Kirchenwassern – wie Tauf-, Kommunions-, Firmungs-, Beicht- und Religionsunterrichtszeremonien – gewaschen. Wir waren eine sehr gläubige Familie. Dies alles begann am 3. August 1969 morgens um 6:00 Uhr, Sternzeichen LÖWE.

Mein Vater, Herr Svenisson, geboren am 11. November 1928, war einfacher Maurer. Er arbeitete wochenends sehr viel schwarz, wo ich dann ab und zu mitgehen durfte. Mein Vater war mein Vorbild, und ich dachte, er ist der größte Bauunternehmer der Welt. Da passierte schon mein erster Unfall, es sollte nicht der letzte sein. Ich fiel in einem Rohbau, beim Treppe rauf und runter rennen, an der noch kein Geländer war, direkt auf's Kinn und mußte genäht werden. Mein Vater hatte hart gearbeitet, aber auch gerne Alkohol getrunken. Auf jeden Fall hatte er sich um seine Familie gekümmert und 1955 ein Haus gebaut, mit einem Startgeld von 500,- DM. Er war früher Tormann beim FV Hersbruck und Feuerwehrhauptmann bei der Freiwilligen Feuerwehr Hersbruck.

Meine Mutter, Frau Svenisson, geboren am 16. Oktober 1930, war gelernte Büglerin und dann ihr Leben lang Hausfrau. Außerdem war sie Tagesmutter von ein paar Hersbrukker Kindern. Sie spielte früher auch erfolgreich Handball. Meine Eltern sind im Krieg in Würzburg aufgewachsen und überlebten nach starkem Bombardement das Inferno am

16. März 1945, das Würzburg in Schutt und Asche legte. Ihre Familien zogen dann nach Hersbruck und hatten dann ja erst mal gar nichts, und waren froh, wenn etwas zu essen auf dem Tisch stand. Sie heirateten 1950 und wir wurden vier Geschwister. Meine Schwester Melanie, geboren 1951, starb am 15. Juli 1981 an den Folgen eines Autounfalls. Mein Bruder Phillip wurde geboren 1957 und meine andere Schwester, Jeanette, 1961. Ich war also definitiv 1969 das Nesthäkchen.

Von 1975 bis 1981 ging ich auf die Volksschule in Hersbruck, spielte Flöte, Akkordeon, Fußball, Trompete. Ich lernte schon 1975, mit sechs Jahren, das Skifahren, was ich meiner Schwester Melanie zu verdanken hatte. Meine Schwester Melanie heiratete 1973 ihren Freund und die Angelina und ich trugen die Ringe. Die Melanie wohnte in Eching bei München. Hinter dem Wohnblock in Eching war eine Koppel, in der zwei Pferde waren. Das eine Pferd hieß Max und das andere Moritz, die gefielen mir sehr. Wir waren einmal in Eching in der Kirche und da hab ich der Melanie laut nachgerufen: „Melanie, bring mir auch so eine Oblate mit." Es hallte so eine Sekunde in der Kirche, aber sie brachte mir leider keine mit, da ich ja noch nicht zur Heiligen Kommunion gegangen war. Meine Schwester arbeitete als Arzthelferin und mein Schwager war bei BMW Dipl.-Ing. Dadurch war ich sehr viel in München, und wir fuhren oft einfach mal nach Österreich, genauer nach Scheffau am Wilden Kaiser, zum Skifahren. Da hatte ich 1975 meine erste Skilehrerin, und in die hab ich mich schon damals ein kleines bißchen verliebt, so wie in meine Kindergärtnerinnen auch. In Scheffau, wo wir immer auf einem Bauernhof wohnten, gab es früh immer frische, warme Kuhmilch. Ich fuhr auch mit sieben Jahren schon Abfahrtsrennen in Scheffau, die ich als erster oder zweiter gewann. Beim Skifahren ist jedenfalls nichts passiert; no accident. Dies wird sich aber noch drastisch ändern. Ich war sehr viel mit meiner Schwester Melanie zusammen und sie war auch meine Zweitmutter.

Ich sagte als Kind immer: „Ich habe zwei Mamas. Eine in Eching und eine in Hersbruck!"

Ich war sehr viel im Urlaub, entweder mit meiner Schwester Melanie oder mit meinen Eltern, manchmal vier- bis fünfmal im Jahr. Manche meiner Verwandten fragten: „Wohnst du überhaupt noch in Hersbruck, oder bist du schon ausgewandert?" Die Melanie kümmerte sich wirklich viel um mich, als wenn ich ihr eigenes Kind gewesen wäre. Dadurch hatten wir auch so ein inniges Verhältnis. Wie ich erst später erfuhr, kam mein Name ‚David' auch von der Melanie!

Hier sind ein paar einzufügende Prinzenreisen, wobei ich an einigen Orten mehrmals war: Venedig, Wien, Paris, Côte d'Azur (St. Tropez, Maxime, Monaco, Nizza, San Remo), Portoroz/Piran im ehemaligen Jugoslawien, Thessaloniki, Gardasee, Chamonix, Lang-Kofel-Scharte (Toni-Demetz-Hütte), Aschau, Seewalchen, Admont Gesäuse, Spital am Pyhrn, Innsbruck, Salzburg, Sachrang (dort wurde ein 3-Teiler über die wahre Begebenheit des Müllner's Peter gedreht; er ist auch dort beerdigt), Salzachklamm (Paß Lueg), Kloster Andechs (Ammersee), Schloß Neuschwanstein, Schloß Linderhof, Wieskirche, Kloster Ettal, Turracher Höhe (1.783 m), Tirol (Dresdnerhaus 2.308 m) und Südtirol (Kalterer See), Seiseralm (2.005 m)/Alpe de Siusi, Stubaital/Neustift (1.000 m) mit Gletscher, Zillertal mit Gletscher, Hechtsee am Kaisergebirge bei Kufstein, Ischgl, Zell am See, Igls, Velden am Wörthersee, Sölden/Ötztal, Harz, St. Andreasberg/Oberharz, Bad Sachsa/Südharz, Goslar, Edertalsperre/Nordhessen, Okertalsperre/Niedersachsen, Brauneck/Bayrische Alpen, Bad Tölz,

Mayerhöfen, Bad Reichenhall, Berchtesgaden, Garmisch-Partenkirchen mit Zugspitze (2.800 m), Reit im Winkl bei der Maria und Margot Helwig, Regensburg, Kitzbühl und Watzmann mit seinen sieben Töchtern, Oberjoch, Starnberger See, St. Wolfgang-See mit Weißem Rössl. Am Schliersee hatte es mächtig gehagelt, da waren die Hagelkörner so groß wie Golfbälle. Unser Auto, ein 7er BMW, stand zum Glück unter einem Baum. Bei den anderen Autos waren die Scheiben kaputt und sie waren total verbeult. Da hatte uns der Baum richtig Glück gebracht. Ich war als Kind auch schon auf Stierkämpfen, dies war in Frejus (zwischen Maxime und Monaco), als wir 1976 in Südfrankreich im Urlaub waren. Was auch sehr schön für mich war, daß waren die Besuche beim Circus Krone und das Oktoberfest in München. Ansonsten war ich noch des öfteren in zoologischen Gärten (Tiergarten Nürnberg, Tierpark Hellabrunn München, Frankfurt, Wilhelma Stuttgart), und auch in solchen Parks wie Geiselwind, Phantasialand, Tripsdrill, Minimundus usw. Auch im Deutschen Museum, BMW Museum und Auto & Technik Museum Sinsheim war ich schon als Kind. In einem Panzer von den Amis fuhr ich auch mal mit, und bei den Amis konnte man sagen: Tanks a lot. In späteren Jahren fuhr ich auch in Urlaub, aber bei weitem nicht mehr so oft wie in meiner Kindheit – Prinzzeit. Ich fand mich zu diesem Zeitpunkt als absoluten Fixpunkt. Ein unschuldiger Engel! *Little Prince*!

Es war wie ein Märchen! Ich war ein richtiger kleiner Prinz, der alles bekam, was er wollte. Es schien alles intensiv und verheißungsvoll. Zum Beispiel bestellte ich etwas zu essen, was ich mir ausgesucht hatte, und dann bestellte die Melanie ihr Essen, welches sie wollte. Meistens wollte ich dann das Essen, welches sie hatte, und sie aß meins. Ob Urlaube, Modelleisenbahn, Skiausrüstungen und, und, und …, die Melanie trug ihren Teil immer dazu bei. Dann kamen 1977 mein Neffe Maximilian (mittlerweile Facharzt der Radiologie) und 1978 mein Neffe Konstantin (mittlerweile Dipl.-Ing.) auf die Welt. Dadurch war ich natürlich nicht mehr allein die Nummer 1 bei ihr, aber die Melanie war immer noch allein meine Nummer 1 auf der Welt, und ich war bei weitem nicht abgeschrieben. Im Gegenteil, sie wollte uns alle drei gleich behandeln. Den Maximilian und den Konstantin hab ich immer gemocht und wir waren als Kinder auch viel zusammen, da sie unter der Woche ja bei uns waren. Ich weiß nicht, ob sie mich genauso mochten, aber ich sah sie immer als meine zwei kleinen Brüder. Als ich dann allerdings anfing zu pubertieren, zeichneten sich die verschiedenen Wege schon ab. Ich mochte sie schon immer sehr und habe ihnen auch immer zum Geburtstag oder auch an Weihnachten Sach- oder Geldgeschenke gemacht, da sie jünger waren und ich dann schon Geld verdiente. Sie kannten ihre Mama nicht, respektive nur vage, da sie zum Unfallzeitpunkt erst drei und vier Jahre alt waren. „Mein Gott, wie gern hätte die Melanie die zwei aufwachsen sehen. Sie wäre heute stolz auf sie.“ Der Konstantin ist mittlerweile mit der Sylvana aus Bremen verheiratet, der Maximilian war Trauzeuge, und es war eine schöne Hochzeit.

„Only the good die young.“ Ein kleiner Augenblick im Leben, der alles änderte, grundsätzlich, für jeden in meiner Familie. Die Melanie hatte eine positive, starke, sympathisch dominante Ausstrahlung. Meine Schwester war die Organisatorin unserer ganzen Familie. Meine Mutter und mein Vater haben es genauso wie ich nie verkraftet – wie auch –, ein Kind zu verlieren, ist das schlimmste auf der Welt, was Eltern wiederfahren kann. Eltern sollten ihre Kinder nicht beerdigen, das ist unnatürlich. Ich kann nicht nachvollziehen, wie schlimm es für sie war, da ich ja mit mir selbst genug zu tun hatte. Ich frage mich seit 27 Jahren, wie mein Leben mit der Melanie ausgesehen hätte. Ich hatte alle Voraussetzungen, um mit 100%iger Sicherheit was Großes zu werden. Es wäre besser verlaufen, das ist Fakt! Ich fühlte mich immer als was ganz Besonderes und wollte auch immer so behandelt werden. Ihr Tod hat mich schon immer beschäftigt und verkraftet hab ich ihn sowieso bis heute nicht. Mit der Melanie starb auch ein Teil von mir. Von da an ging es bei mir stetig bergab, d. h. es ging alles schief, was schief gehen konnte (Murphys Law), und wenn ich sage, alles, meine ich auch alles. Mein Gott, ich liebte sie abgöttisch! Wie sehr ich diesen einzigartigen, geliebten Menschen vermisse! Ich hätte der Melanie gern noch sehr viel gesagt: „Ich liebe dich noch immer; für immer und immer!"

So wie ich jetzt meine Tochter Jenny liebe. Ich sehe sie als Reinkarnation von der Melanie, weil sie genauso schön, schlau und lieb ist. Das ist die einzig wahre Liebe, für die Ewigkeit!

Was für mich auch noch grausam an Melanies Tod war, ist die Tatsache, daß mir eingeredet wurde, daß ich am Tod der Melanie schuld gewesen wäre, weil ich im Schullandheim in Kulmbach war. Deshalb konnte ich ja nicht mit raus in den Weinberg meines Schwagers, und deswegen mußte die Melanie mit raus, und der Maximilian war auch dabei. Insgeheim wünschten sie sich eigentlich, daß ich an der Stelle von der Melanie gestorben wäre, und ich wünschte mir dies auch. Der Unfall passierte auf dem Weg zum Weinberg, im Dialekt „Wengert" genannt. Die Melanie und der Maximilian fuhren auf der Bundesstraße von Hersbruck nach Offenhausen und kamen unerklärlicherweise auf die Gegenfahrbahn. Die Melanie war eine sehr gute Autofahrerin. Es kam ihnen ein roter LKW entgegen und verwandelte den kleinen VW-Käfer in einen Schrotthaufen. Es gab damals ja noch keine Sicherheitsgurte im Käfer, geschweige denn Airbags. Der Maximilian – kleine

Kinder haben einen großen Schutzengel – überlebte fast unbeschadet wie durch ein Wunder diesen Unfall. Die Melanie und der Maximilian wurden mit dem Christopher-Notfall-Hubschrauber ins Krankenhaus geflogen. Wie ich viel später erfuhr, wollte meine Mutter die Melanie noch pflegen. Die Ärzte aber meinten, daß sie zu viele Verletzungen hätte und es nicht möglich wäre, sie am Leben zu erhalten. Sie erlag kurze Zeit später ihren Verletzungen und starb. Dies geschah alles, während ich im Schullandheim in Kulmbach war. Ich wurde von meinem Paten, meinem Bruder und Onkel Edmund abgeholt. Die anderen aus meiner Klasse meinten, sie hätten meinen Bruder gesehen und ich dachte erst, die verarschen mich. Es war dann aber doch so, und sie sagten, die Melanie hätte einen Autounfall gehabt. Ich fing gleich zu heulen an, wußte aber das volle Ausmaß noch nicht. Wir fuhren also los in Richtung Nürnberg. Ich weiß noch, wo mein Pate mir die Hiobsbotschaft im Auto mitteilte: „Die Melanie ist ihren Verletzungen erlegen, sie ist tot!"

Ich weiß es noch genau, es war, als wir an der Firma Staedtler in Nürnberg vorbeifuhren. Jetzt stürzte die Welt über mir zusammen und ich bekam mich erstmal nicht mehr ein. Es war das Ende der Welt für mich! Auf der Beerdigung von der Melanie waren sehr viele Trauergäste anwesend. Realer Alptraum! Ich tobte noch vor dem offenen Grab rum und schrie: „Laßt mich zu ihr! Laßt mich los, laßt mich!"

Es war die Hölle auf Erden, diese Beerdigung, und ich kann hier einmal sagen, daß wünsche ich nicht mal einem Feind. Mein Gott, warum hast du uns das angetan? Ach könnt ich doch nur ein einziges Mal die Uhren rückwärts drehen, dann wäre das auf den 14.07.1981. Ein Tag vor Melanies Tod, sonst kein anderes Datum!!!

Mit meiner Schwester Jeanette, geboren 1961, habe ich mich auch schon immer gut verstanden. Sie ist Metzgereiverkäuferin und macht Partyservice. Sie half mir immer, und ich konnte bei ihr machen, was ich wollte. Sie hatte zwischen 1982 und 1985 die Turnhallenwirtschaft und an Fasching die Bar auf Faschingsbällen in Hersbruck. Da durfte ich natürlich hin, durfte helfen und konnte auch einmal länger dort bleiben. Ich lernte das Ausschenken und die Wirtschaftsluft kennen. Wahrscheinlich hatte ich aus diesem Grund immer den Drang, eine Kneipe aufzumachen. Ich konnte natürlich hinten im Getränkelager mal eine Kippe rauchen oder auch mal ein Radler trinken. Mit der Jeanette konnte ich auch früher oft ins Kino, in nicht für Jugendliche freigegebene Filme, was natürlich für mich supi cool war. Das waren natürlich immer Highlights zu der Zeit. Wenn ich später mal ihr Auto oder irgendwas von ihr brauchte, bekam ich es auch, oder sie half mir aus. Sie sagte immer: „Ich will nur ein Kind, aber keinen Ehemann."

Dies blieb ihr aber verwehrt. Also mußte ich mich dann später drum kümmern und machte sie zur Patin von meiner Jenny. Da geht sie auf jeden Fall drin auf, und ich merke, daß sie die Jenny genauso behandelt, wie die Melanie früher mich. Was sie immer machte, war die Eigentherapie. Sie las schon immer die Apotheker-Zeitung und hatte immer eine Handtasche mit Medikamenten bei sich. Sie wäre wahrscheinlich eine gute Apothekenhelferin geworden. Als Kind wollte sie auch schon immer Medikamente. Sie sagte mal: „Ich hab wieder Kopfweh."

Die Melanie war ja Arzthelferin und gab ihr anstatt einer Tablette einen Süßstoff. Komischerweise waren die Kopfschmerzen dann verschwunden.

In meiner Familie waren immer viel Geschrei und Behaupterei. Dies lag und liegt bei uns wahrscheinlich in den Genen, daß wir uns so laut unterhielten:

„Schrei net so!“

„Wer schreit denn?“

„Die Nachbarn hör'n alles!“

„Ist doch mir egal!“

Wir waren alle Wallehansli, das bedeutet ungeduldig und leicht reizbar. Meine Cousine Annafried sowie auch ihr Sohn Otto sind allerdings Prototypen der lauten Behaupterei und Ratscherei.

Das ist ja keine Todsünde, man muß bloß aufpassen, was man ihnen anvertraut, sonst ist damit jeder vertraut. Sie wollen dies glaub ich gar nicht, es platzt einfach so aus ihnen heraus, oder sie bekommen vielleicht Kopfschmerzen, wenn sie es nicht rauslassen. Die Cousine Annafried war die Frau von meinem Paten und ich mochte sie schon immer sehr gern. Ich hab auch viel von ihnen zu Weihnachten oder am Geburtstag geschenkt bekommen. Mit ihren Söhnen Joaquin und Otto (quasi Großcousins) habe ich immer viel gespielt, und ich hab oft bei ihnen geschlafen.

Ich bin als Kind mal mit meinem Paten ein paar Tage im LKW durch Süd-Deutschland gefahren. Er arbeitete bei der BayWa und fuhr Tierfutter auf Bauernhöfe, in einem großen Container-LKW. Wir hielten auf einem Bauernhof und er pumpte das Futter mit einem Schlauch in die Silos. Ich stieg einmal aus und lief auf einem Bauernhof umher. Jetzt kommt wieder was, was nur mir passieren konnte. Die Kinder auf dem Bauernhof behaupteten auf einmal, ich hätte ein Spielzeug von ihnen geklaut, was nicht stimmte. Ich kann mich nicht mehr erinnern, wie das ausging, ich hatte es auf jeden Fall nicht.

Wo wir grad bei lautem Geschrei in unserer Verwandtschaft waren, ich bin zwar nicht ratschend und rechthaberisch, aber auch sehr laut. Für jedes Mal einen Euro, wenn jemand zu mir sagte: „Schrei nicht so rum!", da könnte ich mir schon einiges leisten. Ich werde extrem aggressiv und jähzornig, wenn ich Hunger habe und dann nicht sofort was zu essen bekomme. Da kann ich zum Tier werden. Da hatte ich schon immer, in den verschiedensten Situationen Streß mit anderen Menschen. Ob zu Hause, auf der Arbeit, im Krankenhaus, egal wo. Was ich auch zugeben muß, ist meine Morgenmuffeligkeit. Ich kann mich erinnern, daß ich in meiner Lehrzeit im Mercedes Autohaus, als ich noch bei meinen Eltern wohnte, fast jeden morgen Streß mit meiner Mutter hatte. Jedem Tierchen sein Pläsierchen!

Bei meiner Schwester Jeanette konnte ich heimlich rauchen, wie z. B. am Chiemsee im Urlaub mit meiner Mutter und meinem Vater. Sie war ja älter und dort mit einer Clique unterwegs. Da ging ich manchmal mit, und das war eine weitere Rauchereinstiegssituation.

Die ließen mich immer ziehen, aber ich rauchte da ja natürlich noch nicht auf Lunge, sondern paffte. An einem schönen Sommertag wanderten wir die Kampenwand, 1.680 m ü. Chiemsee, hoch. Da hab ich mich damals sogar in das Gipfelbuch eingetragen. Wie es immer bei mir war, passierte am Abend dafür gleich wieder was Negatives. Es war ausgemacht, wenn ich mitkegle, dürfte ich später auch noch einen Marlon-Brando-Film, „The Wild One", anschauen. Wir kegelten also und da war eine Glastür. Wie für mich bestellt. Ich spielte mit der Tür rum, und wie es kommen mußte, machte ich mit meinem Popo die Glasscheibe kaputt. Ein Hallooooooo wegen der Scheibe. „Du guckst heute kein Fernsehen mehr und außerdem, wer bezahlt denn das?" Sie waren doch haftpflichtversichert, ich weiß gar nicht, warum die damals so einen Zirkus machten. Der größte Scheiß war, daß ich den Marlon-Brando-Film dann nicht anschauen durfte.

Zu einem späteren Zeitpunkt ließ ich mir dann, als meine Eltern eine Woche im Urlaub waren, einen Ohrring stechen. Ich weiß nicht mehr, wie alt ich damals war, aber als sie aus dem Urlaub nach Hause kamen, mußte ich den Ohrring sofort wieder entfernen. Wieder ein Affenzirkus, Heimat – deine Sterne. Seitdem hab ich mir nie wieder einen stechen lassen, denn heute laß ich mich lieber tätowieren und steh nicht auf Piercings.

Bei meinem Bruder Phillip war es so, daß ich immer dies und das für ihn holen mußte, als er noch bei meinen Eltern wohnte. Ich war quasi sein Butler. Wenn ich aber mal eine Schallplatte, einen Videofilm oder später seinen Cadillac Eldorado Cabriolet von ihm leihen wollte, lieh er mir nie was. Ich lernte später mal zufällig im Nachbardorf in der Kneipe am Bundesliga-Spieltag den Flip kennen, der war Arztsohn. Er erzählte mir, wie in Ordnung der Phillip doch wäre, und daß der immer alles bezahlen würde. Er hätte sogar sein erstes Bier mit seinem Vater und meinem Bruder im Käferzelt auf dem Oktoberfest in München getrunken. Ich hab gedacht, mich haut's vom Stuhl. Stellt euch das einmal vor, die Fremden und die Ärzte konnte er schon immer einladen, bloß nie mich! Er ist Pharmareferent. Er lud sie zum Fußball, zu Musicals, Opern oder Konzerten ein. Er hat mich 1986 einmal mit auf's Falco-Konzert genommen, und 2004 auf ein FC Bayern-Auswärtsspiel in Stuttgart, weil die Ärzte nicht mitwollten, denn die Meisterschaft war sowieso schon entschieden.

Mein holder Bruder hat mich als Kind nicht einmal auf seinem Motorrad mitgenommen. Er sagte: „Wenn ich mal Gas gebe, weht es dich hinten runter!"

Er hatte eh nie Zeit für mich, wenn ich ihn als Bruder gebraucht hätte und einfach einmal reden wollte. Er hat mich von einem Beatabend 1983 in Offenhausen geholt, wo ich heimlich mit meiner Schwester und der Gabriele hin bin. Die Gabriele war eine Arbeitskollegin von der Jeanette und eine ganz hübsche. Da hab ich immer durch das Schlüsselloch auf der Toilette gespannt, wenn sie bei meiner Schwester schlief. Geil, es war mein erster Beatabend. Auf jeden Fall hat mein Bruder mich geholt, weil meine Mutter mich nicht in meinem Zimmer vorfand. Die haben sich total aufgeregt und mich und meine Schwester Jeanette lauthals zusammengeschissen. Ich bekam natürlich Hausarrest und meine Schwester bekam auch noch ihr Fett weg.

Einige Jahre später traf ich an Fasching einen Kumpel meines Bruders und er sagte zu mir, er würde sich um mich sorgen.

Ich sagte: „Das soll er doch mal selbst zu mir sagen."

Auf einmal bat er mich, später mal zu ihm zu kommen und fragte mich: „Wie schaut das denn mit dem Kiffen bei dir aus, ich hab da was erzählt bekommen. Ich weiß doch, daß auf den Rockerpartys gegiftelt wird."

Ich hab zu ihm gesagt: „Ich doch nicht, alles Märchen!"

Mein Bruder hat mich auch nicht einmal in einer Wohnung von mir besucht, und dies waren acht Stück im Laufe der Jahre. Ich führe sie hier mal kurz in chronologischer Reihenfolge auf: Eine 4-Zimmer-Wohnung, als WG mit der Debbie und der Ida, dann als WG mit der Debbie und dem Tailor; eine 4-Zimmer-Wohnung, als WG mit dem Lucas und Gary in unserer Harley Davidson-Firma; eine 4-Zimmer-Wohnung, allein und dann mit der Debbie; eine 4-Zimmer-Wohnung mit der Debbie; eine 4-Zimmer-Wohnung mit der Debbie; parallel unter der Woche zwei Jahre noch ein Internatszimmer im Bfw Nürnberg; eine 4-Zimmer-Wohnung mit Debbie und Jenny; bis dato eine 1-Zimmer-Wohnung; Löwenhöhle!!!

Mein Bruder Phillip hat mich enttäuscht und es dauerte 38 Jahre, bis wir ein bißchen Kontakt bekamen. Na ja, es sollte halt nicht das Verhältnis werden, wie es mit meiner Schwester Melanie damals war. Ich sah ihn nie als meinen Bruder, sondern eigentlich nur wie einen Onkel, mit dem ich wenig Kontakt hatte, deshalb mußte ich mir fremde Brüder suchen. Spitz formuliert könnte ich sagen: „Wir waren wie Fremde, die sich relativ kannten."

Ich glaube, wenn ich keine Medikamente (Magen und Psyche) nehmen würde, die zufällig auch noch von seiner Firma sind, hätten wir wahrscheinlich genausowenig Kontakt wie seit eh und je. Seitdem ging es aber step by step aufwärts, und wir waren auch wieder einmal zu zweit beim Fußball in der Allianz-Arena: FC Bayern vs. Werder Bremen. Mal schauen, was die Zukunft mit uns beiden noch so mit sich bringt!

Jetzt kommt ein unangenehmes Thema für mich, nämlich mein Schwager, der aus Schnaittach stammt. Der war mir nie sehr geheuer, man kann eigentlich sagen, er war mir sehr suspekt. Der soll hier richtig sein Fett abbekommen, denn er hat es verdient. Dipl.-Ing. FH – es stand sogar im Telefonbuch, worauf er sich viel einbildete. Er arbeitete bei BMW, und später beim TÜV als Führerscheinprüfer. Als meine Schwester dann tot war, hatte mein Schwager mir, einem Kind, immer eingeredet, ich könne dies nicht und könne das nicht, und er begann damit, mir mein Selbstvertrauen nach und nach zu nehmen. Im Nachhinein ist mir klargeworden, daß er, als die Melanie noch da war, eifersüchtig auf mich war, weil die Melanie sich so intensiv mit mir beschäftigte. Dies war dann anscheinend seine Rache, daß er mich immer unten hielt und zu mir (O-Ton) des öfteren sagte: „Du wirst es nie zu etwas bringen. Du endest als Sozialfall. Und außerdem stecken dich der Maximilian und der Konstantin später mal in die Tasche." Er war sich anscheinend nicht bewußt, was er damit bei mir anrichtete. Wenn man lange genug von der Familie und auch später von Freunden suggeriert bekommt, daß man nichts kann, dann kommen einem destruktive Gedanken, und die Fehler sind unwiderruflich vorprogrammiert. Durch das Fehlen von Zuspruch, liebevollem Schubs oder sonstiger motivationsfördernder Anregungen entstanden bei mir Entmutigung, Gleichgültigkeit, Verzweiflung, Resignation und Depressionen. Der Siegeswille und das Durchsetzungsvermögen wurden da schon im Keime erstickt, die Versagensängste geschürt. Ich hab nach Hilfe geschrien, aber es hat mich keiner gehört. Meine Familie hat mir noch nie viel zugetraut, das war – und wäre noch immer – bei der Melanie anders gewesen. Als Nesthäkchen kannst du alt werden wie Methusalem, du wirst nie richtig ernst genommen werden. Ich weiß, von was ich rede, es ist heute noch so. Später hatte ich, wenn ich getrunken hatte, aus zwei Gründen vereinzelnd Depressivanfälle und heulte mir die Augen aus dem Kopf – Melanie und mein Selbstvertrauen. Ja so war's bei mir, teilweise einfach unpädagogisch. Ich sag einfach mal so: ich wurde vergessen. Jetzt drehte sich alles um den Maximilian und Konstantin, wobei ich es den beiden ja von ganzem Herzen gönnte. In meiner Kindheit ist nach Melanies Tod vieles bei mir falsch gelaufen. Ich mußte immer mit raus in den Wengert, ob beim Vater oder Schwager. Außerdem mußte ich mit raus zum Unkrautjäten zu den Kartoffeln und Runkelrüben, und das waren eine Menge. Im Dialekt heißt dies: „Du gehst mi naus zum Schärpfe zu de Grumpere un Rangersche."

Meine Kumpels gingen derweil ins Freibad und ich schmorte in der glühenden Sonne auf den Äckern oder im Wengert. Ich kam mir wie Aschenputtel vor und fühlte mich alleingelassen. Die Zuneigung, die ich von der Melanie bekam oder die ich brauchte, war nicht mehr da. Es fragte nie mal jemand, wie's mir geht. Aber es hat ja auch niemand gesagt: „Das Leben ist fair und einfach."

Man kann's sich nicht aussuchen, wo man reingeboren wird. Ähnlich war es mit den Musikinstrumenten, die ich spielte. Ich wollte Gitarre spielen, mußte wegen meiner Mutter Akkordeon spielen. Weiterhin wollte ich dann Schlagzeug spielen, mußte wegen meinem Vater Trompete (Marke Yamaha, wie auch mein Tennisschläger) spielen. Das Versagen war vorprogrammiert. Heute spiele ich überhaupt kein Instrument mehr. Sie haben es wahrscheinlich häufig zu gut gemeint und mich damit erdrückt. Meine Mutter wollte immer mein Bestes, hat aber leider immer das Falsche für mich entschieden. Ich wurde nie gefragt, was ich wollte; ich mußte, das war immer so. In meiner Pubertätszeit hatte ich nur Ärger mit ihr.

Diesen Dampf ließ ich dann später einmal im Rausch ab. Es war so um 1990 rum und ich war an einem Freitag auf Beatabend. Ich war ja jeden verdammten Freitag irgendwo auf Beatabend und ich hab wirklich keine Ahnung, wie oft ich auf Beatabend war, aber unendlich oft. Ich war total besoffen – ich trank immer Asbach oder Jack Daniels mit Cola –, und nachdem das Licht in der Halle schon wieder anging, sind wir noch mal in den Hersbrucker Wald gefahren und haben einen Joint geraucht. Als es hell wurde, fuhr mich der Romeo nach Hause und meine Mutter öffnete die Tür. Sie maulte mich total zusammen, weil ich so voll war. Ich sagte dann zu ihr: „Geh mir aus der Sonne!", und gab ihr dann eine Schelle.

Sie regte sich verständlicherweise auf und wir suchten gleich wieder das Weite in Richtung Wald. Als ich wieder einigermaßen nüchtern war, ging ich nach Hause und entschuldigte mich bei meiner Mutter, denn es tat mir sehr leid, auch wenn's nur eine leichte Schelle war. Ein anderes Mal sagte sie zu mir: „Hast du wieder einen Johanit geraucht?"

Ich hatte wirklich kurz vorher einen Joint geraucht und ich blieb aus vor Lachen über den Begriff „Johanit", und mir tat mein Bauch schon vor lauter Lachen weh. Sie mußte schon viel mit mir mitmachen, aber mein Verhältnis zu ihr hat sich zum Guten gewandelt, und außerdem hat sie immer zu mir gestanden. Das mißratenste Kind mag man wohl oft am meisten. Meine Tante, die Schwester von meiner Mutter, meinte mal zu ihr: „Ich hab gehört, der David ist in einer Sekte."

Meine Mutter erwiderte: „Die einzige Sekte, in der David ist, ist eine Motorradsekte, und jetzt laß mir meine Ruhe mit deinem Gehetze."

Es ist halt so, Mutter bleibt Mutter, egal, was vorgefallen ist. Die Mütter stehen wahrscheinlich in der Regel mehr zu ihren Söhnen, weil sie die Hoffnung nie aufgeben, doch noch bessere Männer aus ihnen zu machen. Meine Mutter ist eine starke, leidgeprüfte Frau.

Was jetzt kommt, hat mich selbst sehr erfreut: es war die Schlägerei irgendwann an Weihnachten, bei uns im Treppenhaus, zwischen meinem Bruder und meinem Schwager, meinen beiden Hauptfeindbildern. Wir warteten, daß mein Schwager den Maximilian und den Konstantin brachte. Er kam nicht zu der verabredeten Zeit. Als es dann klingelte, machte mein Bruder die Tür auf und ging meinem Schwager gleich an den Hals. Die Kinder standen natürlich nebendran und sahen alles. Es ging so weit, daß sie die Kellertreppe runterstürzten. Ein privater Krieg erster Güte! Seit dieser Zeit hatte mein Schwager nichts mehr mit uns zu tun und betrat nie mehr das Haus meiner Eltern. Der Maximilian und der Konstantin waren aber trotzdem unter der Woche bei meiner Mutter, weil er ja arbeiten mußte. Mit meinem Schwager mußte ich früher auch immer raus in den Weinberg, er war Hobbywinzer. Ich mußte immer Weinbutte (Gefäß für die Weintrauben, um sie auf dem Rücken aus dem Weinberg in den Anhänger abzutransportieren) tragen, beim Spritzen die Schläuche ziehen, und alles mögliche andere helfen. Der Maximilian und der Konstantin mußten natürlich nicht mit raus, er sagte: „Meine Kinder tragen keine Butte, dafür sind sie zu schade." Hier ein abschließendes Wort: Ihm erging es wie Prinz Charles, bloß 16 Jahre früher. Er hat seine schöne Frau verloren und es blieben ihm seine zwei Söhne. Ich habe bis heute kein Wort mehr mit ihm gewechselt. Ich mag ihn nicht und Schluß! Diese Meinung beruht mit Sicherheit 100% auf Gegenseitigkeit!

Der Onkel Edmund war ähnlich wie mein Schwager, aber ich hab ihn nie so gehaßt wie meinen Schwager, nichtsdestotrotz hat er mich auch gern verarscht. Er quetschte mir als Kind immer die Hand zusammen und meinte, was ich für Pudding in den Armen hätte, was bei einem kleinen Kind ja nicht unnormal ist. Außerdem hielt er mir immer eine Zigarette an den Mund zum Ziehen und steckte mir dann den Daumen in den Mund. Bei Maximilian und Konstantin hat er sich so was nicht getraut, wegen seines Kumpels, meinem Schwager. Einmal, als Kind, war ich mit meiner Tante und mit dem Onkel Edmund in Ruhpolding im Urlaub. Wie ich mich so erinnere, trafen wir dort den Kindersingstar Nicki und da holte ich mir nach dem Auftritt dann auch ein Autogramm. Ausgerechnet da pieselte ich auch noch ins Bett und das mußte ich mir natürlich dann auch lang anhören. Du Bettnässer! Die beiden hatten sowieso immer nur an mir rumzumotzen, daß ich zu meinem Paten viel freundlicher wäre als zu ihnen. Dies hatte mit Freundlichkeit nichts zu tun, denn ich war halt nicht so oft bei ihnen, weil sie keine Kinder hatten, mit denen ich spielen konnte. Meine Tante ist mittlerweile an Krebs gestorben. Der Onkel Edmund hatte auch Krebs, er war aber stärker als der Krebs, hatte den Willen und hat ihn besiegt. Da muß ich sagen, da hab ich hohen Respekt vor ihm, denn wenn er genauso gewesen wäre wie die Tante, wäre er heute auch schon tot!

Mein Vater war manisch-depressiv und meine Mutter war schon ein paarmal depressiv mit psychotischen Einflüssen. Sie war deswegen schon dreimal in der Psychiatrie der Universitätsklinik, und davon auch zweimal in der Geschlossenen. Sie dachte, sie würde von Fliegen verfolgt, gefilmt, im Garten liefen Schallplatten oder in der Zeitung stand alles wegen ihr. Noch ein Grund war, daß sie immer meinte, sie würde abgeholt. Dies hatte ihr mein Vater immer eingeredet, daß sie abgeholt würde, von wem auch immer er es meinte oder sie es dachte?! Mit Medikamenten haben es die Ärzte bei meiner Mutter wieder hinbekommen. Es war so um 1990, da wollten sich meine Eltern auch scheiden lassen, denn sie stritten nur noch. Mein Vater war zu der Zeit wieder voll in der Manie und im Wahn, wollte uns alle aus dem Haus werfen und Übersiedler aus Ostdeutschland ins Haus holen. Er sagte noch: „Ich hole mir den teuersten und besten Anwalt und schmeiße euch alle aus dem Haus.“ Da wurde aber zum Glück nichts draus, sonst hätten vielleicht irgendwelche Übersiedler jetzt unser Elternhaus mit Garten.

Die Voraussetzungen waren durch meine Mutter und meinen Vater also natürlich vorhanden, und ich sag einfach mal so, ich bin genetisch versaut. Ich glaube, meine Zeugung war ein einziges Mißverständnis. Später mehr! Mein Vater prahlte immer bei der Verwandtschaft oder in der Wirtschaft mit meiner Zeugung und sagte: „Zwanzig Jahr war ich bei Samen!" Wenn meine psychische Krankheit früher erkannt worden wäre, hätte man mir vielleicht helfen können und mein Leben wäre anders gelaufen. Vielleicht?! Mein Vater war ein Faschingsnarr hoch zehn und meine Mutter auch, das hab ich auch von ihnen geerbt. Er war auch im Faschingsclub Hersbruck. Am Fasching 1956 oder so war Faschingsball in unserer Nachbarschaft, der Turnhalle. Er wußte nicht, wie er sich verkleiden sollte, und schickte meine Mutter mal voraus. Als er dann in die Turnhalle kam, hatte er den nagelneuen Lampenschirm auf dem Kopf und die neuen Vorhänge umhängen. Sie können sich vorstellen, wie meine Mutter angesäuert war. Er gründete in Hersbruck die Jugendblaskapelle, obwohl er mit Musik gar nichts am Hut hatte. Er organisierte auch den ersten und letzten Kinderfaschingszug in Hersbruck. Wir machten als Cowboys und Indianer mit und saßen auf unserem selbstgebauten Planwagen, der vom Smokie, unserem Pony, gezogen wurde. Beim Faschingszug hatten wir einen Faschingswagen der Jugendblaskapelle Hersbruck, und wir hatten unsere Instrumente dabei, konnten aber überhaupt noch nicht spielen. Er pflanzte auch einmal in unserem Garten für meine Mutter an die 50 Rosensträucher. Für eine Überraschung solcher Art war er immer gut. Er ließ mich auch am Mittwochabend die Western oder Fußballspiele anschauen, weil meine Mutter ja in der Frauenturnstunde war. Eine Vision meines Vaters war auch, eine Kapelle auf dem Berg in Hersbruck zu bauen, und sie sollte allen im Straßenverkehr verunglückten Hersbrucker/innen gewidmet sein. Er hatte sogar schon die

Baupläne von einem Architekten gehabt, sie wurden aber nie verwirklicht.

Ich wuchs mit den verschiedensten Tieren auf. Wir hatten Hasen, Hamster, Gockel, Hühner, Enten, Gänse, Hund, Pony, Hammel, Rehe, Schildkröten, Tauben, Wellensittiche und im Misthaufen Ratten und Mäuse, die mein Hund Strolchi immer fing. Der Strolchi war ein Weibchen und irgendwie kam immer ein Männchen durch, egal wie wir aufpaßten. Wir schauten als Kinder auch schon mal bei der Paarung zu. Keine Ahnung, wie oft der Strolchi Junge hatte, aber mächtig oft. Das war natürlich geil, weil ich dann immer junge Welpen zum Spielen hatte. Allerdings waren es oft an die fünf oder sechs, und mein Vater warf einige Welpen sofort nach der Geburt an unserem Misthaufen an die Wand. Das war schlimm für mich, ich war voll traurig. Die anderen verschenkten wir dann nach und nach, denn für die Mischlinge wollte keiner was zahlen. Mein Strolchi wurde 18 Jahre alt, war eine zähe Promenadenmischung und wir mußten ihn dann wegen Würmern einschläfern lassen.

Am Ende meiner Familiensaga kommt noch die Christ'l von der Post, die damalige Freundin meines Bruders. Sie war auch immer so herablassend mir gegenüber und dafür ließ ich sie büßen, aber sie hat nie erfahren, wie – ☺. Sie meinte z. B., daß die Evelyn aus Hartmannshof, auf die ich damals stand, eine Nummer zu groß für mich wäre. Außerdem war ihr Bruder ja im Gymnasium und ein sehr guter Schachspieler. Ich war damals um die 14 Jahre. Ich war ab und zu am Wochenende bei meinem Bruder und bei der Christ'l, um Videofilme zu schauen oder Gesellschaftsspiele zu spielen. Meine magische Zeit ist seitdem 22:22 Uhr. Da sah ich sie das erste Mal, und ich sehe sie garantiert im Schnitt jeden dritten Tag, das auf die zwei Jahrzehnte gerechnet. Wenn mein Bruder ab und zu mal nicht da war, kam Montezumas Rache und ich tat was für meine Augen und meine Genugtuung – hihihi ☺. Wenn die Christ'l auf's Klo ging oder zum Duschen, schaute ich durch das Schlüsselloch zu. Manchmal sah ich ihren Bären beim Strullern und spannte auch beim Duschen, da sah ich ihre wogenden Brüste respektive sie ganz nackt. Sie hatte echt geile Brüste und einen schönen Poppes. Ich hätte auch gern einmal mit ihr gepoppt. Leider war sie nicht so flexibel, mich in die Künste der Liebe einzuweisen. Mein Bruder war ja oft nicht da und wir hätten schon die Möglichkeit gehabt. Sie ist mittlerweile schon lange nicht mehr mit meinem Bruder zusammen und ist auch schon verheiratet. Ich hab sie nie wieder gesehen. Außerdem klaute ich bei meinem Bruder, wenn er nicht da war, Pornoheftchen, die er vor der Christ'l versteckt hatte, und verkaufte sie teilweise in der Schule. Er dachte wahrscheinlich immer, die Christ'l hätte sie gefunden, und ich war aus dem Schneider. An einen Porno kann ich mich noch genau erinnern: Beim ersten Mal tut's weh! Als ich eines Tages von der Schule nach Hause kam, hatte meine Mutter in meinem Zimmer Pornoheftchen, Zigaretten und Tabak gefunden, wo ausgerechnet dieses Pornoheftchen dabei war. Sie hatte gesagt: „Ich hab da was g'funden. Tawak un a Buach."

Sie hat alles weggeschmissen und mein Bruder erfuhr zum Glück nichts davon. Dafür gab es natürlich wieder Hausarrest. Genützt hat es aber nichts, denn ich büchste so oder so aus, während meine Eltern fern sahen. Wir trafen uns dann immer auf dem Spielplatz und qualmten.

Jede Familie hat wohl ihr schwarzes Schaf. In unserem Fall war das – ICH!

Jetzt kommt das Lernen!

II. Die Lernphase

Ob in der Schule, bei Freunden, im Hobby und später auch bei den Frauen – ich machte alles falsch. Dann kamen auch meine vielen Unfälle und Krankheiten noch dazu, und der Schmerz war ein ständiger Wegbegleiter. Manche meiner zugefügten Schmerzen und Wunden konnte auch die Zeit nicht heilen. Dies muß man erst mal lernen zu verkraften. Als meine Schwester noch lebte, ging es schon los. Ich habe mir den Arm gebrochen, den Mittelfinger gebrochen, wurde in Italien im Urlaub von einer Welle gegen die Felsbrocken geschleudert, hatte aber Glück und mir nur das Knie verletzt. Mein Hund Strolchi rannte eines Tages bei Nachbarn, die einen Schäferhund hatten und der an der Kette lag, in den Hof. Ich hatte Angst um meinen Hund, war acht Jahre alt und rannte ihm hinterher. Ich stolperte und der Schäferhund fiel über mich her. Er biß mir in den Oberschenkel und ich mußte mit 13 Stichen genäht werden. Ich hatte aber noch Glück, da es ja ein richtig scharfer Schäferhund war. Beim Rollerskaten (damals mit vier Rollen und vorne einem Stopper) zog ich mir eine Bänderdehnung zu und hatte vier Wochen einen Gips. Es sollte allerdings alles noch schlimmer kommen.

In der Volksschule Hersbruck war ich nach Ansicht der Lehrer immer leicht ablenkbar, das Betragen nicht immer lobenswert, ich konnte nicht stillsitzen, war unkonzentriert und träumte oft aus dem Fenster: „I am a dreamer, but I am not the only one."

Mein Notendurchschnitt war immer mittelmäßig, ein klassischer Dreierschüler. Dies stand in jedem Zeugnis und ich könnte wohl mehr erreichen, wenn ich mich mehr anstrengen würde. Einmal hab ich von einem Klassenkameraden, der neben mir saß, beim Rechnen abgeschrieben. Jetzt war es so, daß er das Endergebnis richtig hatte, aber einen anderen Rechenweg als alle anderen fand. Bei der Herausgabe der Arbeit sagte die Lehrerin zu mir, ich solle doch mal an die Tafel, um meinen ganz eigenen Rechenweg zu zeigen. Dies konnte ich natürlich nicht, war entlarvt und bekam die Note 6. Einen Versuch war es wert, und im Nachhinein kann ich schön darüber schmunzeln. Das Konzentrieren fiel mir schon immer schwer, ich stelle mir daher selbst die Diagnose einer Lernschwäche oder einer falschen Lerntechnik. Es steckte genug Potential in mir, aber lesen sie selbst. Als Kind sagte ich immer: „Wenn ich mal erwachsen bin, trinke ich kein Bier!" Und noch eine Aussage von mir war: „Wenn ich mal groß bin, werde ich Arzt." Daran hab ich mich wohl nicht so genau gehalten und es wurde leider nichts draus. Als Kind war ich schon immer ein Fan von Kühen und Bauernhöfen. Dies kam davon, weil ich ja als Kind sehr oft auf Bauernhöfen übernachtete und ich viel im Gebirge war, speziell bei und in Scheffau am Wilden Kaiser. Wenn ich irgendwo Kühe sah, rief ich immer: „Küh', Küh', Küh', da sind Küh'." Ein Bauernhof war auch immer ein Kindertraum von mir, aber den extremen Arbeitsaufwand konnte ich damals ja nicht erahnen. Ich bin ein Jahr zu früh in die Schule gekommen, da ich bei verschiedenen Tests immer sehr gut abgeschnitten hatte. Dadurch war ich in sämtlichen Schulen oder auch in der Lehre immer der Jüngste. Das empfand ich nicht immer als Vorteil. Die alten Damenhosen von der Melanie mußte ich in meiner Kindheit auftragen, und das war grausam. Ich wurde deswegen in der Schule nur verarscht, da andere schon neue Jeanshosen hatten. Meine Hosen waren aus Cord und hatten nicht mal Taschen. Aus diesem Grund würde ich heute Schuluniformen unterstützen, da der Klamottenneid heute noch schlimmer ist als damals. Ein damaliges Lied, das wir in der Volksschule gelernt hatten, ging so:

„Alle Buben haben, alle Buben haben einen kleinen Zinnsoldaten. Alle Mädchen haben, alle Mädchen haben einen kleinen Schützengraben. Alle Zinnsoldaten, alle Zinnsoldaten wollen in den Schützengraben ..."

Dies war in der 5. Klasse. Das Lied find ich ja mal richtig cool und aufklärend, oder nicht!? Zu einem Apotheker-Theaterstück vom Karl Valentin in der 6. Klasse mußte ich ein Medikament auswendig lernen mit dem Namen:

„Isoprobilphemmilbabitosaurusphenhimmidimmithülphirazolon". Ich hab mir dieses Wort so eingeprägt, daß ich es heute noch locker fehlerlos aufsagen kann. Also lernfähig war ich schon. Ich spielte meine Rolle sehr gut, wie danach der Applaus vom Publikum zeigte und mir von den Lehrern attestiert wurde. Einmal nach dem Sportunterricht in der Turnhalle in Hersbruck haben wir, die ganzen Jungs der Klasse, das Auto von der Sportlehrerin auf die Seite gekippt. Ich kann mich aber nicht mehr erinnern, welcher Schaden daraus resultierte und wie das ausging, geschweige denn, wie die Lehrerin hieß. Ein Lehrer in der 3. Klasse hat jeden Tag einen von uns Schülern, vor der Pause um 9:30 Uhr, zum Metzger geschickt, um einen LKW (Leberkäsweck) und eine Dose Cola zu holen. Brotzeitholerschüler. Heute ist dieser Lehrer Bürgermeister einer größeren Gemeinde, wo sich die bayrische Politprominenz an Fasching rumtreibt.

Einen Zwischenstop von einem Jahr legte ich noch in der Hauptschule Lauf ein. Da hatten wir dann schon mehr Freiheit, da wir ja mit dem Zug oder dem Bus nach Lauf fahren mußten. Was ich nie in meiner Schulkarriere hatte, waren Physik und Chemie. Davon hab ich wirklich überhaupt keinen Plan. Was soll's, geht auch ohne. Ich hab damals schon

Werbegeschenke wie Blöcke, Gasfeuerzeuge und Kugelschreiber von meinem Bruder in der Schule verkauft, und das lag mir da schon, ein paar Geschäfte zu tätigen. Ich hab mir damals, wie auch später, immer etwas ohne körperlichen Arbeitsaufwand auf nicht ganz legalem Wege dazuverdient.

Nach der Hauptschule in Lauf mußte ich in die Private Wirtschaftsschule, in die ich nie wollte. Meine Kumpels gingen in die Städtische Wirtschaftsschule Nürnberg und da durfte ich nicht hin. In der Städtischen wäre ich unter meinen Kumpels gewesen, aber in der Privaten Wirtschaftsschule war ich fast nur unter Töchtern und Söhnen von Unternehmern. Ich konnte da nicht mithalten, das ging schon bei der Brotzeit oder im gegenüberliegendem UNI-Café los. Die aßen Leberkäsbrötchen oder Fleischsalatbrötchen während der Frühstückspause und ich mußte tagein tagaus mit meinem Wurstbrot kämpfen. Die aßen in der Mittagspause bei McDonalds und ich holte mir dann ein Leberkäsbrötchen. Einer, der mich von diesen Söhnchen damals aus diesen Gründen immer am meisten aufzog, war der Marcel aus Offenhausen. Der Coolste bei uns in der Klasse war der Christian F. aus Zerzabelshof. Wir hatten natürlich auch sehr hübsche Mädels bei uns in der Klasse. Meine Favoritinnen waren da die Liane und die Anja mit ihren knackigen Teenieärschchen. Einen Spruch, der uns privaten Schüler(inne)n damals auch immer angedacht wurde, muß ich hier auch anfügen: „Bist du lesbisch oder schwul, gehst du in die Privatschul'." In meiner Zeit in der Wirtschaftsschule war ich punkmäßig unterwegs. Ich trug schwarz-weiß gestreifte Hosen, ärmellose T-Shirts, Rappo, hörte Punkmusik. Meine Jacken und Büchertaschen waren immer mit Punksprüchen wie „Punk is not dead" und „No future" oder mit Bands wie Slime (wurde damals verboten), Hass, Daily Terror beschmiert. Am Anfang ging es schulisch ja noch ganz gut. Des Deutschen war ich immer mächtig und ich hatte in Nachschriften, Diktaten und Aufsätzen immer gute Noten. Ich schaffte beim Abtippen 200 Anschläge in der Minute, und das sind mehr als die Taliban und die Al Kaida zusammen; haha, Späßle gmacht. In Steno hatte ich auch die Note 1, aber ich wurde in allem immer schlechter und das durch die Ablenkung von außen. Musik, Videos, Mädels, Kumpels. Es kam so, daß ich die Abschlußprüfung 1985 nicht bestand und sogar der schlechteste der gesamten Klasse war. Dumm bin ich nicht, da mein Allgemeinwissen schon immer gut war, wobei ich mich selbst als den dümmsten Intelligenten bezeichnen würde. Ich habe oft meinen inneren Schweinehund nicht überwinden können, war desinteressiert und das vor allem beim Lernen. Meine Faulheit hat mein Talent und meinen Ehrgeiz bei weitem übertroffen. Ich hatte einmal im Unterricht unsere Stenolehrerin, Frau Lutz, so fertiggemacht, daß ich von ihr einen verschärften Verweis bekam. Die war mit den Nerven voll runter und ich dachte so bei mir: „Cool gemacht." Wir mußten auch mal in Kunsterziehung ein Bild nach freier Wahl malen. Ich suchte mir natürlich wieder das provokanteste Thema raus. Einen Aufnäher vom FREE MEN MC, auf dem ein Chopper-Motorrad abgebildet war, und das als Vorderrad eine kniende Frau in Reizwäsche zeigte. Wie ich zu der Zeit allerdings zu diesem Aufnäher kam, der von 1983 war, weiß ich nicht mehr. Ich glaub aber, er war von meinem Bruder, der zu der Zeit mit seinem besten Kumpel beim LANDSKNECHT MC rumflog. Dieser Aufnäher ist wahrscheinlich aus Frauensicht diskriminierend, mit der Frau als Vorderreifen bei einem Chopper. Manche Frauen müssen ja nicht alles immer so bierernst nehmen. Meine damalige Lehrerin, das war eine richtige Emanze und sah das diskriminierend. Sie gab mir dafür die Note 6 und einen mündlichen Verweis. Die hat sich was aufgeblasen, dagegen war die Alice Schwarzer eine Männerversteherin. Sei's drum, ich fand meinen ART-Beitrag künstlerisch wertvoll.

1984 waren wir mal mit der Privatschule im Schullandheim in Freyung im Bayerischen Wald und machten von da aus auch ein Ausflug nach Prag. Auf der Hinfahrt standen wir an der Grenze mindestens eine Stunde, da der Eiserne Vorhang ja noch geschlossen war. In Prag kaufte ich das erste Mal auf dem Schwarzmarkt zwei Stangen Zigaretten. Auf der Rückfahrt hatten uns die tschechischen Zöllner komischerweise nicht mehr so kontrolliert wie auf der Hinfahrt. Zum Glück, denn eine Flasche Krimsekt hatte ich auch noch dabei. Mein erster Schmuggel war perfekt. Dann gingen wir wandern und machten lauter so Tagesausflüge. Einmal rodelten wir auf so einer Sommerrodelbahn und ein andermal gingen wir abends zum Kegeln. Ich weiß nicht mehr, wieviel ich beim Kegeln damals trank, aber es war mit Sicherheit nicht viel. Trotzdem war ich ganz schön beschwipst und schrie dann nachts wie ein Hirsch aus meinem Fenster. Es war ein Mageninhaltschrei und am nächsten Morgen offenbarte sich mir erst mal das Dilemma. Mein Zimmer war im 2. Stock und die weiße Hauswand war von oben bis unten sozusagen vollgekotzt. Ich nahm dann einen Eimer Wasser und wollte es abwaschen, das funktionierte aber nicht so, wie ich das wollte. Ich ließ es dann und hatte Glück, daß dies außer ein paar Klassenkollegen niemand gesehen hatte. Daß ich jetzt natürlich eine Zeitlang aufgezogen wurde, war klar.

In der Zeit war ich auch zweimal im Skiurlaub mit der Jugend vom Landratsamt Nürnberg. Einmal 1982 in Schabs und einmal wieder in Freyung, dies war 1983. Da hatte ich auch schon einen Spitznamen, nämlich „Sam“. An einem schönen Wintertag fuhr ich mit ein paar von uns eine Abfahrt runter. Es war mir zu langweilig und ich kürzte allein durch einen Wald im Tiefschnee ab. Ich blieb an etwas hängen und stürzte. Mein Problem – mein einer Ski war weg. Zum Glück kamen ein paar Männer vorbei und halfen mir, meinen Ski zu suchen. Es dauerte eine geschlagene Stunde, bis wir meinen Ski wiederfanden. Die anderen warteten an der Talstation und machten sich natürlich Sorgen. Zum Glück fand ich meinen Ski wieder, sonst wäre der Skiurlaub wohl vorbei gewesen. Die zwei Skiurlaube mit den Gleichaltrigen waren auf jeden Fall eine super Gaudi.

Ein Lehrer der Privaten Wirtschaftsschule, der Herr Schwarzer, für das Fach Rechnungswesen, war ein Egozentriker in Reinkultur und half nur denen, die ihm sympathisch waren. Dies waren vor allem die Mädels. Mit der Sabine hatte er sogar während der Schulzeit eine Affäre. Ich dachte, soll der doch mit Schülerinnen machen, was er will. Nichtsdestotrotz hat er mir schulisch nicht weitergeholfen. Der Direktor und Chef hatte auch eine Anzeige wegen sexueller Belästigung am Hals. Er soll einer Schülerin das Angebot gemacht haben – Oralsex, dann gute Noten. Die hat ihn aber verpfiffen. War schon ein spaßiger Haufen, die Pädagogen in der Privatschule! Alter Schwede! Noch ein Lehrer, der Herr Kirre, der wettete sogar mit mir im Oktober 1984 um einen Kasten Bier, daß ich die Abschlußprüfung 1985 nicht bestehen würde. Wir hatten diese Wette sogar mit unseren Unterschriften in meinem Rechnungswesenbuch niedergeschrieben. Er sollte aber recht behalten. Es kam, wie es kommen mußte, ich rasselte durch die Abschlußprüfung. Ich strebte keinen zweiten Prüfungsversuch an. Ich finde allerdings, daß dies nicht das richtige Verhalten eines Lehrers war. Er hätte mir lieber helfen sollen, oder vielleicht nicht!?

Auf einem Klassentreffen 1990 kam der Herr Schwarzer sogar allein und ging dann später wieder mit der Sabine. Alles klar. Auf diesem Klassentreffen traf ich den Christian F., der wie ich nicht gerade mit dem Strom schwamm. Der hat schon in Berlin und Amsterdam bei Hausbesetzern gewohnt. Er brachte mich eigentlich erst auf die Idee, das irgendwann auch einmal (kommt später) zu machen. Wir sind auf jeden Fall raus zu mir ins Auto, da wir feststellten, daß wir beide kifften, und haben ein paar Purpfeifchen geraucht. Wir sind dann wieder rein und einige haben recht blöd geglotzt, weil wir stoned waren, das war uns doch schnurzegal. Hätte ich von dem Zeug früher schon alles gewußt, wären meine Aufsätze wohl besser geworden. Bei Aufsätzen mußten wir nämlich oft über Drogen referieren. Damals hatte ich doch von Tüten und Nasen keine Ahnung, und ich schrieb halt immer Schmarrn. Heute könnte ich ein Drogenreferat darbieten, daß die Lehrer mit den Ohren schnackeln würden. Ich bin auch zweimal während meiner Privatschulzeit beim Schwarzfahren mit der Straba erwischt worden. Da waren es noch 20,- DM. Die Mutter durfte es ja nicht erfahren, und so gab mir meine Schwester Jeanette das Geld. Wie vorhin schon erwähnt, half mir meine Schwester in solchen Situationen. Meinen Vater kümmerte es nicht, wie es bei mir in der Schule so lief, dafür war ja meine Mutter zuständig. Wenn irgendetwas zu unterschreiben war, ob Zeugnisse oder Mitteilungen oder Verweise, unterschrieb es meine Mutter. Mit ihrem Namen und dem meines Vaters, da beide unterschreiben mußten. Eigentlich war das ja Urkundenfälschung, denn dies machte sie auch bei allen anderen Dingen. Aber Schwamm drüber, es gibt ja Schlimmeres. Meinen Vater kümmerte das nicht, er war nur für die Arbeit und das Geld zuständig.

Ich fing dann 1985 eine Lehre als Kfz-Mechaniker bei einem Mercedes Autohaus an, die mehr oder weniger zufällig zu mir fand. Riesenfehler. Dort war ich wirklich wie ein moderner Sklave. Mit dem Werkstattleiter Maier, Spitzname Langkopf, verstand ich mich gar nicht und der schikanierte bzw. terrorisierte mich, wo es nur ging. Der hatte nicht einmal die Meisterprüfung bestanden, weil er zu blöd war, aber war trotzdem Werkstattleiter, weil er dem Senior-Chef förmlich in den Hintern kroch. Mein Selbstvertrauen war nicht sehr hoch und so ließ dieser besagte Werkstattleiter Maier mich nur Neu- und Gebrauchtwagen putzen. Ich mußte Nummerschilder montieren und Sommer- oder Winterreifen in unzähliger Anzahl montieren; ansonsten Brotzeit holen (auch Azubi („Arschloch zum Bier holen") genannt) und dies jeden verdammten Tag. Manchmal durfte ich auch einen Altwagen ausschlachten und dies war schon ein Highlight. Die einzige gute Zeit dort oben war das halbe Jahr beim Meister Pötsch, der eine separate Kleinreparaturenwerkstatt, „Fahr Well", hatte. Der war ein richtiger Meister, von dem man was lernte, und Spaß hatte man auch noch dabei. Wenn ich zusammen mit den anderen was lernte, war es nichts gescheites. Mit Porzellanstückchen, wie z. B. von einer zertrümmerten Zündkerze, kann man ohne großen Kraftaufwand sämtliche Autoscheiben einwerfen und dies ohne jeglichen Lärm zu verursachen. Dann kurzschließen und los fahren. Einmal zog ich bei einem laufendem Motor von einem 280er Mercedes das Kabel von der Zündspule. Ich bekam so einen Stromschlag, daß alles zu spät war, und den Respekt vor der Elektrizität habe ich seitdem in meinem Hirn gespeichert. Mir fehlte zum Schrauben schon immer die Geduld und das Selbstbewußtsein. Man kann eigentlich auch sagen, ich habe meinen Beruf verfehlt. Das kann natürlich auch ein Grund dafür sein, daß ich nie ein richtiger Schrauber wurde, auch nicht mit meinen Motorrädern. In meinem kurzen Jahr als Geselle durfte ich dann auch Kupplungen, Bremsen und

Zylinderkopfdichtungen reparieren. Ich wurde dann immer gleich ungeduldig, jähzornig und hektisch bei Arbeiten, die ich verrichten mußte. Wenn es nicht gleich klappte oder gar etwas kaputt ging, drehte ich hohl, und das war oft. Mich konnte man immer sehr schnell aus der Fassung bringen und unter Druck machte ich grundsätzlich immer Fehler. Unbelastbar und konfliktunfähig. Ich schrie oft in der Werkstatt rum, wenn es nicht klappte, und meine Arbeitskollegen fragten schon, ob es noch mit mir ginge. Choleriker! „Ungeduld ist die Tugend der Jugend." Ich hätte doch lieber etwas als Schreibtischtäter lernen sollen, da fand ich aber leider keinen Ausbildungsplatz. Es war eine falsche Entscheidung, die ich in diesem Fall fällte. Die Abschlußprüfung bestand ich mit Hängen und Würgen mit der Note 4.

Der einzige Vorteil der Firma war, daß gute Leute dort arbeiteten. Es waren Gleichgesinnte, und die halten bekanntlich in so einer scheiß Firma wenigstens zusammen. Wir trafen uns öfter nach Feierabend, um etwas zusammen zu rauchen. Ohne diese Kollegen wäre ich wahrscheinlich irgendwann Amok gelaufen und hätte den Werkstattleiter Maier erschlagen. Eines Tages rächte ich mich an dem Tyrannen Maier mit folgender Tat: Ich mußte mit einem Arbeitskollegen einen 450er Mercedes vom Maier zum Lackieren fahren. Vor mir fuhr mein Arbeitskollege mit einem Opel Ascona, der auch dem Maier gehörte. Als wir auf eine Ampel zufuhren und mein Arbeitskollege bremste, fuhr ich stockvoll mit dem Benz hinten auf den Opel drauf. Ich jubelte vor lauter Freude im Auto und drehte das Radio voll auf was ging. Wir fuhren wieder in die Werkstatt zurück und der Maier plärrte, daß ihm der rote Langkopf bald platzte. Ich lachte mich innerlich kaputt und dachte: „Du arschgefickter Suppenhahn, jetzt haste dein' Salat." ☺.

An einem Freitag, den 13., hab ich einen 280er Mercedes mit einem Mercedes 300 TE von uns angefahren – keine Absicht. Außerdem bin ich mit einem verkauften, gebrauchten 190er Mercedes auch noch an die Wand des Chefbüros gefahren, und das alles an einem Tag – auch keine Absicht. Er machte das Fenster auf und fragte mich gelassen, ob ich dies mit den Fußgängern auch machen würde, ich verneinte, und damit war das gegessen. Der 190er war nur leicht an der Stoßstange beschädigt und ich reparierte ihn nach Feierabend. Der 280er mußte aber in unsere Spenglerei und dann zum Lackierer, da der schon etwas gröber beschädigt war. Das war die Feuerprobe für den Freitag, den 13., da mir seit damals nie mehr etwas Negatives an diesem Tag passiert ist. Der Seniorchef war auch Präsident der Handwerkskammer, und da konnte man wieder sehen, wie manche Positionen gewissen Leuten zu Kopf steigen. Sie haben dann nämlich ein großes, neues Autohaus an der Nürnberger Automeile gebaut und haben es mit der Zeit voll gegen die Wand gefahren. Heute verkauft der Juniorchef alleine aus einem großen Container, hauptsächlich Neu-, aber auch Gebrauchtwagen. Das, kann man so sagen, ist mir auch eine Genugtuung.

Was Krasses war auch mal, daß ich als Kfz-Mechaniker zu einem späteren Zeitpunkt, als ich nicht mehr dort arbeitete, meinen weißen VW-Bus (damals wegen Zündungsproblemen) in eine VW-Werkstatt brachte. Es kostete mich 500,- DM, was vielleicht 100,- DM an Teilen gekostet hätte, wenn ich es selbst gemacht hätte.

Einen Fiesta hab ich auch mal schwarz repariert. Ich mußte die Ventile einstellen und eine abgerissene Schraube aufbohren. Die Ventile hab ich eingestellt und dann wollte ich die Schraube aufbohren; als dies aber nicht ging, pfuschte ich es aus Faulheit wieder irgendwie hin. Das Ergebnis – Motorschaden. Es war auch noch das Auto von der Christ'l und ich mußte mir wieder anhören, was für ein Versager ich doch bin. Ich dachte bei mir: „Na so was.“

III. Kirche, Kreuzbergwallfahrt, Blasmusik

Ich mußte jeden Sonntag in die Kirche, und an allen anderen kirchlichen Ereignissen, wie Weihnachten, Ostern, Pfingsten, ewige Anbetung, halt immer, wenn die Kirche etwas zu zelebrieren hatte. An meine Taufe kann ich mich logischerweise nicht erinnern. Bei meiner Kommunion, kann ich mich erinnern, hatte ich während des Mittagessens ein Glas zerbissen und hatte aber Glück, daß ich mir nichts dabei tat. Zu diesem Zeitpunkt war die Melanie auch noch da. Ich ging gerne in die Kirche und durfte danach mit meinem Vater zum Frühschoppen, wo ich immer Cola und Salzstängli bekam.

Meine Firmung war auch sehr schön. Meine Cousine Annafried war dabei, weil mein Pate evangelisch war. Erst war die Firmung und dann ging ich mit der Cousine Annafried schön zum Essen. Was aber noch wichtiger für mich war, daß wir nach dem Essen ins Kino gingen. Der Film hieß „Der letzte Countdown“ mit Kirk Douglas und war einer meiner geliebten Zeitreisenfilme. Meine Cousine Annafried schlief während des Filmes, was mich aber nicht störte. Außerdem bekam ich eine sehr schöne SWATCH-Armbanduhr, auf die ich sehr stolz war. Dies war das Ende der Kirchenweihen für mich!

Von Hersbruck aus zum Kreuzberg/Rhön (932 m ü. M.) bin ich acht Mal gewallfahrt. Ich bin dreimal als normaler Wallfahrer und fünfmal als Trompeter gelaufen. Das heißt, die ersten drei Mal lief ich noch so mit, und da war ich ja auch noch gläubig im Sinne des Erfinders. Ich betete und sang grundsätzlich immer mit und konnte auch alles auswendig, da ich ja von klein auf alles eingebläut bekam. Ein Ministrant wurde ich aber trotzdem nie. Wir waren anfangs bei der Kreuzbergwallfahrt eine schöne kleine Buben-Gemeinschaft und noch so unschuldig.

Da waren der Minigerman, Schrumpfgerman, Anglergerman, Ötztalerland-Gebirgsweiher und ich, der German. Die Welt war für uns da noch voll in Ordnung und sorglos. Eine Wallfahrerin, die Ex-Bürgermeisterfrau, war schon etwas alt, lief aber trotzdem immer mit. Was heißt hier lief, die meiste Zeit fuhr sie mit dem Unimog, der die Reisetaschen der Wallfahrer transportierte, oder sie lief alleine voraus, weil sie ja so langsam war. Die anderen Wallfahrer hatten schon ein Gedicht über sie: „Wallfahrer fahren durch das Land, die anderen tappen hinterher". Bei einer Wallfahrt von uns waren in der Regel so um die 100 Wallfahrer dabei.

Als ich die nächsten fünf Male zum Kreuzberg wallfahrte, spielte ich Trompete. Ich hatte dann auch meinen ersten, leichten Alkoholrausch im Café Wien in Euerdorf, mit einer Berliner Weiße Waldmeister und einer Berliner Weiße Himbeere. Mein Knie war zu der Zeit noch in Ordnung. Mein Vater war auch immer dabei. Später steigerten sich die Trunkenheiten doch etwas. Einmal, 1986, hab ich mit dem Ötztalerland-Gebirgsweiher im ehemaligen Dorfgefängnis in Euerdorf übernachtet. Eine Familie hatte sich das Gebäude gekauft und als Wohnhaus umgebaut. Sie hatten in den ehemaligen Zellen die Gitter und Gefängnistüren restauriert und an Kreuzbergwallfahrer als Übernachtungsmöglichkeiten vermietet, was ein besonderes Flair vermittelte. Ich war so voll, daß ich nicht mehr wußte, wo meine Übernachtungsmöglichkeit war. Ich irrte durchs Dorf und schlief dann im Torbogen des Dorfausgangs ein. Als ich wieder aufwachte, wußte ich wieder, wo ich hin mußte, ging noch eine bißchen in meine Zelle und haute mich noch ein klein wenig aufs Ohr. Ich hatte am nächsten Abend oben am Kreuzberg nicht einmal Bock auf Kreuzbergbier. Im Jahr 1987 war ich so voll oben am Kreuzberg, daß ich sogar in den Guß und ins Bett brach. Ich hab es aber gut vertuscht, daß keiner drauf kam, daß ich es war, da wir ja zu zehnt im Massenquartier schliefen. Ein anderes Mal, es war das letzte Mal, als ich 1989 dabei war, fiel ich angetrunken rückwärts die Treppe runter und stürzte voll in eine Tür rein. Das Lustige daran war, daß ein Pärchen gerade voll beim Mausen war, und die natürlich not amused waren. Ich lachte mich kaputt. Uns Blasmusikanten gaben die anderen Wallfahrer immer das Bier aus. Unser Danklied für den Hopfenblütentee ging so: „Und immer immer wieder geht die Sonne auf!“ Und die Maßkrüge gingen gen Himmel. Ich verdiente Geld durch das Trompetespielen und das Bier war auch noch gratis. Herz, was wolltest du mehr.

Ich fing nach Hersbruck dann das Musizieren in Offenhausen bei den Blasmusikfreunden an. Wir spielten auf Festen, Faschingszügen und auf Kirchgängen. Ein fettes Fest war auch in Gaimersheim bei Ingolstadt, wo wir spielten. Ich hatte wieder einen Gewaltrausch und wurde auf der Heimfahrt von einer Stechmücke (Staunzer) ins Auge gestochen, so daß mein ganzes rechtes Auge total zugeschwollen war. Ich konnte am Montag nicht mal in die Schule. Nach kurzer Zeit fusionierten wir Blasmusikfreunde dann mit der Offenhausener-Frankonia-Blasmusik. Meine Trompeten-Laufbahn endete 1989, als ich dann schon im Rocker- und Hippie-Milieu verkehrte. Seitdem hatte ich die Trompete nie mehr in der Hand.

Da ich gerade beim Kreuzberg war, komme ich hier auch einmal zum am Fuße liegenden Bischofsheim/Rhön, denn da hatte ich auch schon das eine oder andere Erlebnis. Wir waren mal in der 5. Klasse in Bischofsheim im Schullandheim. Wir machten tagsüber schon mal Flaschendrehen, mit dem Ziel, daß sich Männlein und Weiblein küßten. Das erste Mal mit einem Mädchen rumknutschen, und die Schönste aus meiner Sicht war die Miriam. Leider hatte ich nicht die erwischt, die ich wollte, denn die Flasche drehte sich nicht nach meinen

Wünschen. Am Abend kletterten wir Jungs zu den Mädels in den Massenschlafraum. Die Karten wurden neu gemischt und jeder fand so sein Bettchen bei einem Mädchen. In dem Fall erwischte ich die Miriam. Es passierte natürlich noch nichts, aber geprickelt hatte es schon. Später bekamen die Lehrer es doch mit und wir mußten wieder zurück in unser Domizil. Neues Erlebnis!

IV. Unfälle

Ich will hier einmal in chronologischer Reihenfolge meine Unfälle aufzeigen:

1. Eine Treppe runtergefallen und das Kinn genäht worden, als ich in einem Rohbau, wo mein Vater arbeitete, spielte.

2. Vom Schäferhund in den Oberschenkel gebissen worden.

3. Rechter gebrochener Unterarm in einer Regenrinne in den Weinbergen. Während der Weinlese spielten wir als Kinder in den Weinbergen rum. Es war meist mein Großcousin Otto dabei. Auf jeden Fall spielten wir Fangen und ich rannte eine Regenrinne, ca. einen halben Meter breit, hinunter. Ich stolperte und fiel auf meinen rechten Unterarm und er brach. Meine erste Fraktur. Da es das erste Mal war, daß ich mir etwas brach, schrie ich vor Schmerzen. Die Melanie und ich fuhren sofort in die Notfallaufnahme der Universitätsklinik und ich wurde geröntgt – glatter Bruch, und ich bekam meinen ersten Gips!

4. Mittelfinger gebrochen beim Fußballspielen. Wir spielten vor Melanies Wohnung Fußball. Irgendwie wurde ich gefault und flog so ungünstig auf meinen Mittelfinger, daß er gebrochen war. Die Melanie und ich fuhren wieder mal in die Notaufnahme Universitätsklinik – Röntgen, glatter Bruch, und ich bekam wieder einen Gips, die Nummer zwei. Ich rannte vier Wochen mit eingegipstem Mittelfinger durch die Gegend. Was, im Nachhinein gedacht, natürlich aussah wie ein Fuckfinger.

5. Bänderdehnung am linken Fußgelenk beim Rollerskaten. Ich fuhr so mit meinen Rollerskates, damals noch mit vier Rollen und vorne einem Stopper, durch die Gegend.

Als ich in die Weinbergstraße, wo wir wohnten, einbog, wollte ich auf den Gehsteig hüpfen. Auf jeden Fall fiel ich wieder irgendwie hin und merkte, daß etwas mit meinem Knöchel nicht stimmte. Meine Schwester Jeanette und ich fuhren in die Notaufnahme Universitätsklinik – Röntgen, und sie stellten fest, daß ich eine starke Bänderdehnung hatte, und bekam wieder für drei Wochen (meinen dritten) Gips. Heutzutage würden man dafür wahrscheinlich keinen Gips mehr bekommen!?

6. Im Italienurlaub in Fano, an der Adria, wurde ich gegen einen Felsenbrocken geschleudert. Wir waren zu viert, Melanie, Maximilian, ich und mein Schwager. Der Maximilian dürfte da vielleicht drei Jahre alt gewesen sein. Wir hatten schönes Wetter und viel Spaß. Die Angelina und ihre Eltern, Verwandte von meinem Schwager, waren auch dabei. Die Angelina und ich (zwei Engel in weiß) trugen auch die Ringe bei der Hochzeit von der Melanie. Es erwachten schon ein paar Züge der Zuneigung für die Angelina bei mir. An einem Tag, es war kein gutes Wetter, ging ich mit meinem Schwager an den Strand. Die Wellen waren ganz schön hoch und wir gingen ins Wasser. Mich und meinen Schwager trieb es auseinander, komischerweise ganz schön weit?! Ich trieb immer mehr auf die rechts aufgeschütteten Felsbrocken zu. Auf einmal packte mich eine Welle und schleuderte mich gegen die Felsbrocken. Ich kam irgendwie durch die Wellen wieder mehr mittig und schwamm dann zurück zum Strand. Ich hätte da ohne Frage auch locker ertrinken können. Mein Knie war offen und wir suchten gleich einen Arzt in Fano. Der nähte meine Wunde am Knie und ich hatte wirklich in diesem Fall einmal einen Schutzengel. Mein Schutzengel hatte nämlich sonst immer Urlaub, wenn ich ihn brauchte. Wir fuhren dann auch mal in den Zwergenstaat San Marino und machten da sozusagen

Sightseeing. Da ich ja ein Kind war, interessierte es mich freilich nicht so und ich kann mich auch an gar nichts von dort erinnern. Ich frage mich bis heute: „Ließ mich mein Schwager absichtlich bei dieser Strömung und den Wellen wegtreiben?“ Auf jeden Fall kam es mir damals schon sehr spanisch vor! Ich hatte auch immer Angst vor seinen großen Händen, denn er packte mich manchmal heftig am Genick!

7. Schnittwunde an der linken Hand neben der Pulsader. Ich sprang in meinem Domino und meinem kindlichen Leichtsinn an Fasching von einer Mauer und fiel direkt in Scherben. Dies trug sich so Anfang der 80er zu. Ich blutete wie ein Schweinchen und hatte auch noch Glück, da es direkt neben der Pulsader war. Die Praxis vom Dr. Stümper in Hersbruck war zum Glück gleich um die Ecke. Er verarztete mich sofort und machte einen fetten Verband drum. Ich konnte dann weiter mit meinen Freunden losziehen und Alkohol trank ich zu dieser Zeit ja auch noch nicht. Die Narbe sieht man heute noch, sowie die ganzen anderen Narben an meinem Körper.

8. Platzwunde bzw. Loch im Kopf mit Gehirnerschütterung beim Catchen im Funkerraum im Jahre 1984. Wir catchten im Dunkeln und ich knallte mit dem Kopf gegen den Heizkörper. Ich natürlich wieder. Erst merkte ich gar nicht, daß ich blutete,. als wir dann aber das Licht anmachten, sah ich das Blut, es lief mir über mein Gesicht. Ich ging direkt zum Arzt, wieder Dr. Stümper, und meine Platzwunde am Kopf wurde genäht.

9. Platzwunde bzw. Loch im Kopf mit Gehirnerschütterung, nach fünf Tagen meiner Lehrzeit im Mercedes Autohaus. Ich fing am 01.09.1985 meine Lehre im Mercedes Autohaus in Nürnberg an. Ich war sehr euphorisch, das Automobil kennenzulernen. Am Anfang war es gut, wie bei allem. Mein Geselle war anfangs der Bernhard und der war in Ordnung und

erklärte alles ruhig und geduldig. Am fünften Tag gingen wir hinter die Garagen. Wir trugen irgendwelche Balken vor. Als wir für den letzten Balken hinter gingen, stieß ich mit meinem Kopf voll an die Ecke eines Balkens der hinteren Abdeckung. Ich war sofort weg und wachte erst wieder im Ersatzteillager auf. Der Krankenwagen war schon da, das heißt, ich war ganz schön lang weg. Sie nahmen mich gleich mit ins Krankenhaus und ich wurde schon wieder am Kopf genäht. Eine Gehirnerschütterung durfte natürlich auch nicht fehlen. Ich lag drei Tage im Krankenhaus und das erste Mal in der Missionsärztlichen Klinik, die mich noch öfters sehen würde und sich zu meiner Stammklinik entpuppen sollte. Ich kam nach zwei Wochen Krankheit wieder zurück auf die Arbeit und bekam ein richtiges Schwein als Gesellen. Der war der First-Mechaniker im Mercedes Autohaus. Der Titel „Dummes Schwein" für ihn wäre eine Beleidigung für alle Schweine gewesen. Der hat mich auch nur gepiesackt, genauso wie der Maier. Entweder er hat mich runtergelassen oder er hat mich verarscht mit irgendwelchen Fachbegriffen. Ich glaub, ich hatte es schon einmal erwähnt, im Mercedes Autohaus war ich ein moderner Sklave, kein Auszubildender. Erniedrigung ist ein schlechter Lehrmeister, und Demütigung ist der Nährboden für Rache und Haß!

10. Ich hatte mal eine Schlägerei im Bunker. Einer hielt mich fest und der andere boxte mir ins Gesicht. Das Blut floß mir aus der Nase und die Nase war gebrochen. Ich hatte auch noch helle Kleidung an und ich sah aus wie in einem Splatterfilm. Da ich nicht der Nüchternste war, konnte ich nicht sagen, wer es war. Ich legte mich auf die Bühne und schlief. Auf jeden Fall merkte ich noch, daß mir einer am Arm rummachte. Als ich aufwachte, stellte ich fest, daß meine schöne SWATCH-Firmungsuhr geklaut worden war. Manchmal

dachte ich, dies ist alles nur ein unendlicher Alptraum. Wie ich in meinem Zustand nach Hause kam, weiß ich nicht.

11. Am rechten Knie wurde 1989 meine Kniescheibe versetzt, und dann bekam ich 1991 eine Kreuzbandplastik. Zusammengenommen waren es vier Operationen.

12. Erste Fraktur des linken Unterschenkels nach Motorradunfall, insgesamt drei Operationen, in Schweinfurt in der Landwehrstraße im Juli 1992. Der Krankenwagen war sehr schnell da, weil das St.-Josef-Krankenhaus gleich dort um die Ecke war. Das war mein Glück, daß der Krankenwagen sofort da war. Der Notarzt sagte zu den Bullen, die sich auch schon wieder da rumtrieben: „Der Patient ist nicht vernehmungsfähig und sie sollten unter der Woche mal in das Krankenhaus kommen." Glück gehabt, denn ich hatte die ganze Nacht durchgezecht. Als wir im St.-Josef-Krankenhaus ankamen, waren meine Schmerzen schon heftiger und ich klagte laut darüber. Allerdings war ich in einer Nonnenhöhle gelandet. Die sagten zu mir: „Führen Sie sich nicht so auf, Sie sind nicht der erste Mensch, der sich etwas bricht." Ich sagte: „Schnauze, du Pinguin!" Sie schnitten meine Lederhose auf, mein Bein war sofort ziemlich heftig angeschwollen, und aus diesem Grunde konnte auch nicht gleich operiert werden. Ich lag eine Woche im Streckverband, ehe sie mich operieren konnten. Die Woche im Streckverband war die Hölle. Ich mußte auf die Bettpfanne und mir den Hintern von den Nonnen abwischen lassen. Mit der Urinflasche hatte ich keine Probleme. Ich fragte einmal die Nonnen, ob sie mich raus auf den Balkon schieben könnten, damit ich eine Zigarette rauchen könne, denn ich lag ja im Streckverband und da kann man ja nicht aufstehen. Sie sagten zu mir: „Stehen Sie doch auf und gehen Sie raus, wenn Sie eine Zigarette rauchen wollen!" Am liebsten hätte ich die Pinguine aus dem Fenster geschmissen. Zum Glück waren wenigstens die Ärzte keine Nonnen. Nach

einer Woche wurde ich dann operiert, bekam einen Knochenmarknagel – der von unterhalb des Knies in das Knochenmark vom Schienbein gedrückt wird und dann oben und unten verschraubt wird – und war dann noch drei Wochen dort, bevor ich in die Missionsärztliche Klinik verlegt wurde. Das Missio kannte ich ja schon, und das war ein Krankenhaus, welches in Ordnung war. Dort kannten mich die Krankenschwestern und die Ärzte ja schon und sie sagten: „Nicht Sie schon wieder, Herr Svenisson!" Ich wurde dann irgendwann entlassen, war insgesamt ein halbes Jahr krankgeschrieben und fing im Januar 1993 wieder meine Arbeit beim Harley Davidson Zubehörhändler an.

13. Ein Hefeglas in Pottenstein, im Wahn, selbst auf der Stirn zerschlagen. Wir vom DEADHEAD MC waren an Ostern in Pottenstein beim Zelten. Ich hatte mit dem Sandro eine Auseinandersetzung, war leicht depressiv und anstatt ihm eine reinzuhauen, schlug ich mir selbst das Hefeglas auf der Stirn kaputt und die rote Soße lief in Strömen. Ich konnte nicht mal mehr aus den Augen schauen, so war ich vom Blut überströmt. Die Rocco-Biene hat mich dann erst einmal saubergemacht, die Wunde mit Klammerpflaster geklammert und mir einen Kopfturban verpaßt. Dann mußte ich erst einmal einen Joint zum Entspannen bauen. Nächste Narbe!

14. Cola-Kiste auf den Kopf bekommen, bei Schlägerei in Hirschbach auf Beatabend.

15. Ein Intimunfall. Bei recht heftigem Sex mit der Debbie ist mir die Vorhaut leicht eingerissen, daß ich ins Krankenhaus mußte und natürlich bei meinem Glück eine Ärztin Wochenenddienst hatte. Es kam, wie es kommen mußte. Sie verarztete meinen kleinen Freund und er wurde prompt wieder hart. Es gibt da einen Trick, den ich seitdem kenne. Nicht daß dieser Trick sehr prickelnd wäre oder auch nur zur Nachahmung

empfohlen werden könnte. Sie nahm einen Kaffeelöffel und schlug kurz und schmerzlos vorne auf die Eichel. Er fiel wie ein Baum. Sie nähte dann die Vorhaut mit zwei kleinen Stichen und verpaßte mir einen fetten Verband. Beim Sex war erst mal Pause angesagt. Ich sag mal so, zum Glück ist es mit der Debbie passiert. Wir mußten auf der Heimfahrt doch etwas schmunzeln!

16. Loch im Trommelfell, nach einem Tritt aufs Ohr unter Wasser, in der Dominikanischen Republik.

17. Zweite Fraktur des linken Unterschenkels nach meinem Motorradunfall am 23.04.1997, den ich in Rottershausen hatte. Gesamt 8 Operationen. Wir waren am späten Vormittag auf dem Nachhauseweg vom ROAD ANGELS MC. In einer 90-Grad-Kurve beim Ortsausgang kam alles zusammen. Ich fuhr zu schnell, es war auch noch Sand in der Kurve und richtig fit war ich auch noch nicht. Ich hatte aber nicht extrem gezecht. Wie sich danach herausstellte, war auch noch ein Gabelproblem mit im Spiel. Auf jeden Fall rutschte das Vorderrad meiner Harley Sportster 883 weg und das Bike fiel mir auf mein linkes Bein und schleifte mich mit. Das Bike knallte gegen ein Straßenschild und ich rutschte weiter. Ich merkte sofort, daß mein Unterschenkel gebrochen war. Ich kannte das ja von meinem ersten Unfall. Wieder mal Pech gehabt. Im Auto hinter mir saßen die Debbie und der Birdy. Ich wollte nicht wieder nach Schweinfurt ins Krankenhaus und so fuhren wir von Rottershausen bis nach Nürnberg in die Missionsärztliche Klinik. Die Fahrt ging zwar flott, dauerte aber trotzdem ca. eine Stunde. Am Anfang ging es ja noch durch den Schock, aber mit der Zeit kamen die Schmerzen heftig. Ich biß richtig in den Arm meiner Debbie, so daß man sogar meine Zähne im Arm sah. Im Großen und Ganzen war ich aber ziemlich tapfer. Ich wurde dann gleich operiert, und

es wurde mir eine 10 cm lange Platte eingesetzt. Am Abend konnte ich schon wieder das Sonntagsspiel zwischen dem FC Bayern und Bayer Leverkusen im Fernseher anschauen. Ich lag zwei Wochen im Krankenhaus und wurde dann entlassen. Es war ein ziemlich großer Grind neben der Operationsnaht und die Ärzte meinten, das könnte vielleicht Probleme machen. Nach drei Wochen, die ich zu Hause war, wachte ich in meinem Bett auf, war schweißgebadet und hatte Fieber. Ich rief die Debbie auf der Arbeit an und die kam gleich. Wir fuhren zu meiner Hausärztin, Frau Dr. Seltsam. Die machte den Grind ab und darunter war, im wahrsten Sinne des Wortes, das Fleisch verfault. Es war komplett offen und man konnte sogar die Platte und die Schrauben sehen. Sie wies mich sofort wieder in meine Stammklinik, das Missionsärztliche ein. Ich kam gleich in ein Einzelzimmer, weil mein Bein septisch war und ich mir durch andere Patienten noch mehr Bakterien/Bazillen in meine offene Wunde hätte holen können. Ich bekam gleich einen Schlauch in mein Bein und der war an einen Motor, der neben dem Bett stand, angeschlossen. Der Motor lief Tag und Nacht, um den ganzen Eiter und was weiß ich noch für einen Dreck rauszuziehen. Ich war also in Einzelhaft und der Besuch, der kam, mußte immer einen Mundschutz aufsetzen und einen OP-Kittel tragen. Ich war 11 Wochen in meiner Einzelhaft und wurde 7mal operiert. Auf die Wunde wurde Kunsthaut festgenäht und ich bekam einen Fixateur. Jede Woche mußte ich in den OP, die Kunsthaut kam runter, es wurde saubergemacht und es kam wieder frische Kunsthaut drauf. Es mußte sich ja neues Gewebe unter der Kunsthaut bilden, und diese Prozedur wiederholte sich 6mal. Nicht genug damit, meinten die Ärzte auch noch, daß sie das Bein vielleicht doch noch amputieren müßten. Zum Glück trat dieser worst case nicht ein und ich war erleichtert. Zwischendurch hatte ich auch noch, woher auch immer (Krankenhausmatratzen?), die Krätze (Scabis), und jetzt durfte mich nicht einmal mehr jemand besuchen. Dann hatte ich auch noch einen Nervenzusammenbruch und hab mir selbst mit den flachen Händen voll auf den Kopf eingeschlagen. Ich war am Rande des Wahnsinns. Ein Tag war schrecklicher als der andere. Wer so viele Operationen hinter sich hat wie ich, der weiß, wovon ich rede. Ein Psychiater wäre zu dem Zeitpunkt vielleicht ratsam gewesen, da kam aber wohl keiner drauf. Das einzige, was mir blieb, waren die Glotze und Bücher. Da ich noch nie der große Leser war, gab's schließlich nur noch die Glotze. Zwischendurch war es mir auch schon egal und ich rauchte bei offenem Fenster. Als die Leute mich wieder besuchen durften, ließ ich mir auch was zu Kiffen und Bier mitbringen. Das war mir doch dann alles scheißegal. Ich rauchte und kiffte natürlich nur bei offenem Fenster. Was wollten die denn machen, mich rausschmeißen? Die Ärzte sagten bei der Visite nie was. Eine Krankenschwester tat sich wichtig und maulte rum. Ich sagte zu ihr: „Wohl nix zu ficken dehäm, hä, weil du dich immer wichtig tun mußt und rumzickst.“ Da ist sie mit hochrotem Kopf abgedampft. Hahaha! Bei der letzten Operation wurde der Fixateur dann entfernt und ich bekam wieder mal einen Knochenmarknagel, aber diesmal aus Titan (der Edelstahlmarknagel kostete 1.500,- DM und der Titanmarknagel 2.500,- DM, zahlte ja die Krankenkasse, is klar). Es verheilte relativ gut und ich bekam ein Jahr später den Knochenmarknagel wieder entfernt. Es blieben sogenannte Hammerzehen zurück und mein kompletter linker Fuß ist taub, ungefähr so, als wäre er eingeschlafen. Oberhalb des Knöchels und der Narbe geht das Gefühl erst wieder los. Ich hab natürlich auch noch andere Probleme, wie z. B. daß der Fußspann anschwillt oder ich auch oft eiskalte Füße hab. Als Resümee, muß ich sagen, relativ gut für das, was war und besser als amputiert! Großen Sport kann ich natürlich auch nicht betreiben. Ich belaß es beim Schwimmen, Fahrradfahren und Spazierengehen, wobei ich das auch nicht sonderlich übertreiben kann. Dies war für mich bis heute die letzte Operation, und die Gesamtzahl aller rechten Knieoperationen und Operationen am linken Unterschenkel wird wohl hoffentlich bis an mein Lebensende reichen!!! Die Ironie an meinen beiden Motorradunfällen liegt darin, daß beide auf dem Nachhauseweg von einer ROAD ANGELS MC Party waren. Dazu kommt, daß ich mir beide Male nur den linken Unterschenkel gebrochen habe und sonst nichts hatte, nicht mal einen blauen Fleck. Außerdem hatte ich außer diesen beiden Unfällen keinen Motorradunfall gehabt. Ich weiß auch nicht, was das für Zufälle und für Zeichen waren. In wichtigen Situationen und Möglichkeiten in meinem Leben, wie beim Mauerfall oder bei Veränderungsmöglichkeiten beim Harley Davidson Zubehörhändler oder auch bei unserem Wechsel zum KING RIDERS MC, hatte ich immer einen Unfall respektive Krücken. Ironie des Schicksals!

18. Eine Kopfverletzung im Jahr 2000 in Fürth. Der Wolfi, Jörg und ich gingen auf die Summer-End-Fete der Partyband SUSPECT in die FRANKENstein-Bar in Fürth. Es war ein musikalischer Leckerbissen. Der Wolfi und der Jörg kannten die Jungs, weil sie aus dem gleichen Kaff kamen. Es war ein schöner berauschter Abend, denn es war wieder alles zum Berauschen am Start und wir feierten mit den SUSPECTs im Separee. Der Wolfi und der Jörg gingen zu später Stunde, aber ich blieb noch dort und ignorierte im Alkohol- und Drogenrausch mal wieder, daß sie mich mit nach Hause nehmen wollten. Ich ging dann mal auf le toilette und auf dem Weg zurück ins Separee stieß ich im Getümmel mit dem einen oder anderen zusammen, denn es war noch gerammelt voll. Plötzlich schlug

der Blitz ein. Irgendwie weiß ich erst wieder was ab da, als ich am Ausgang auf der Treppe saß. Ich war voller Blut und wußte nicht, was geschehen ist. Auf einmal kam ein Krankenwagen vom Juliusspital und nahm mich erst einmal mit. Ich war total verwirrt und schrie auch noch die Ärzte an. Sie verarzteten mein Gesicht – Nasenbeinbruch und Gehirnerschütterung und eine 5 cm lange Narbe über dem rechten Auge, die genäht worden ist – und stellten mich ruhig. Ich wachte erst am Mittag wieder auf. Da war auch schon der Wolfi da und besuchte mich. Er fragte: „Was hasten da wieder angestellt?" Ich fragte ihn, wo er war und er sagte: „Ich hab dich gefragt, ob du mit zu mir fährst und du hast gesagt, ich bleib noch da, weil du wieder total hochgeschossen warst." Ich mußte drei Tage im Krankenhaus bleiben. Ich weiß bis heute nicht, was ich ins Gesicht bekam und auch nicht, vom wem. Der Wolfi und ich sind nämlich dann mal bei Gelegenheit in die FRANKENstein-Bar gefahren und haben die Barkeeper nach der Attacke gefragt. Die hätten angeblich nichts gesehen? Das hätte doch auffallen müssen! Naja, ich nahm es hin und hakte es wieder unter „erlebt" ab. Die Bullen damit zu beauftragen, wäre Perlen vor die Säue!

19. Rechts vom Kinn 3 cm Schnittwunde (durch einen großen Spiegel an dem die Ecke abgebrochen war), die ich 2003 selbst mit Klammerpflaster versorgte. Der Spiegel stand bei mir in der Gambler-Bude (Raucher-, Computer- und Zockzimmer). Der Rollo war herunten und der Spiegel stand direkt vor meiner Stereoanlage. Ich wollte im Dunklen meinen CD-Player anmachen und rammte mir selbst aus Versehen den Spiegel ins Kinn. Blöd, oder?

20. Beim Scheinwerferausbau (weil mir ein Betonmischer reinfuhr) am Opel Astra hab ich mir den Mittelfinger voll aufgeschnitten und hab es nicht nähen lassen. Tölpelfleisch. Ich

ging nicht zum Arzt und es hat total geeitert und es dauerte vier Wochen, bis es verheilt war.

21. Ein Fahrradunfall war auf meiner Hauptstrecke, die ich im Sommer immer fuhr. Ich fuhr und in einer Kurve kam mir frontal ein Fahrrad entgegen. Ich wich aus Reaktion sofort aus und stürzte mit einer Vorwärtsrolle in den Straßengraben. Ich zog mir eine schwere Rippenprellung zu und es dauerte fünf Wochen, bis es wieder gut war.

22. In meiner Lehrzeit hab ich mir regelmäßig einmal im Monat mindestens eine Schnittwunde oder irgendeine kleine Verletzung an den Händen zugezogen. Es mußte immer was sein. Manche Leute würden dies als, wie gesagt, Tölpelfleisch bezeichnen.

23. Meine Röntgenkarriere ist ebenfalls nicht unerheblich. Ich wurde sehr oft geröntgt, auf jeden Fall über 100 Mal, definitiv. Normalerweise müßte ich im Dunklen schon leuchten. In der Röhre zur Computertomographie war ich auch schon zweimal, einmal zur normalen und einmal zu einer radioaktiven.

24. Ich hatte 13 Vollnarkosen. Es kommen auch noch 3 Rückenmarksnarkosen dazu. Das Krasseste war allerdings eine Rückenmarksnarkose, als ich während der Operation dachte, mein Schädel wäre in einem Schraubstock eingespannt und platzt. Ich wurde zusätzlich noch in eine Vollnarkose versetzt. Ich war drei Tage neben der Spur. Das reinste Gehirnzellenmassaker. Ich hab wahrscheinlich auch schon eine eigene Blutgruppe nach all den Medikamenten, Vollnarkosen, Alkohol- und Drogenexzessen. Dazu noch die Gehirnerschütterungen und Schlägereien, was soll ich da noch sagen? Und wie viele Kilometer ich wohl schon auf Krücken gelaufen bin?!

25. Ich war mit dem Manolo und dem Titan in Nürnberg auf Kneipentour. Wir hatten zu Hause erst mal lecker gegessen, dazu eine Kiste Bier getrunken, und dann gingen wir los. Wir tranken an dem Abend zu dritt, drei Flaschen Wodka mit Red Bull, und ich hatte dann den vollen Filmriß. Als ich am nächsten Morgen beim Manolo aufwachte, hatte ich eine Platzwunde an der rechten Augenbraue und eine Beule am Hinterkopf. Der Manolo erzählte mir, daß ich am Plärrer rumgetanzt wäre und dann voll erst mit dem Gesicht auf den Gehsteig und dann auf den Hinterkopf knallte. Wie er und der Titan mir erzählten, kamen auch noch die Bullen und wollten mich mitnehmen. Der Titan kannte sie und sagte zu ihnen: „Da waren drei Flaschen Wodka im Spiel, wir bringen ihn schon nach Hause." Die zwei schleppten mich mehr oder weniger nach Hause, und ich verpaßte dem Titan auch noch einen Pferdekuß, wovon ich aber genauso wenig weiß. Sein ganzer Oberschenkel war blitzblau. Er war mir nicht böse. Was soll ich sagen: „Der Teufel hat den Schnaps gemacht."

26. Hier noch zwei Getränkeunfälle der Marke „selbst schuld". Ich ging mit den Hersbrucker Jungs am ersten Wochenende im Dezember 2004/'05/'06 auf Weihnachtseinkauf nach Nürnberg. Was heißt hier Weihnachtseinkauf, es war eine einzige Sauferei. Das eine Mal, 2004, fiel ich auf der Heimfahrt im Zug volle Kanne auf meinen rechten Ellenbogen. Ich merkte erst am nächsten Tag, daß er blitzblau war, und daß ein Stück am Ellenbogen abgebrochen war, gar erst ein paar Tage später. Schon völlig schmerzfrei. Das andere Mal 2006 hatte ich auf dem Nachhauseweg zum Zug eine gute Tat vor. Die anderen waren schon am Zug. Ich hatte ein paar Punks etwas Kleingeld spendiert, aber einer fing auf einmal Stunk mit mir an. Aus irgendeinem Grund fielen dann zwei Punks über mich her, ich lag unten und die zwei hockten auf

mir drauf. Ich konnte mich dann befreien und noch eine Retourkutsche spendieren. Der Zappo kam zurück, um mich zu holen, da ich ja auch nicht wußte, auf welchem Bahnsteig der Zug fuhr. Wir rannten an den Bullen vorbei, die hatten aber zum Glück schon ein paar andere in der Mangel. Sie riefen uns noch nach: „Ihr zwei seid die nächsten." Wir mußten zum Zug rennen, um ihn nicht zu verpassen und die Bullen blieben uns zum Glück erspart. Ich rannte die Treppe hoch, und da ich nicht mehr der Nüchternste war, knallte ich voll mit meinen Knien auf die Treppenkante. Meine beiden Knie waren blutig, aber den Zug haben wir noch erwischt. Als wir in Hersbruck angekommen waren, gingen wir noch mal ins Rotmännle, eine Musikkneipe. Ich war dann so angestunken von den Punks und dem Sturz, daß ich nach Hause ging und meine Wunden leckte. Diese Weihnachtseinkäufe waren nie sehr weihnachtlich. Was soll's!

27. Austicker, zeitweiser Ausfall des zentralen Nervensystems. Jetzt kommt eine Geschichte, wo ich mich voll blamiert habe, denn ich weiß, wie es ist, der Arsch zu sein. Im Clubhaus beim KING RIDERS MC Bad Windsheim hatte ich nach meinem Austritt eine Schlägerei mit einem FREEBIKER angefangen. Ich hab angefangen mit der Schlägerei und war zu Beginn durch den Überraschungsmoment auf der Siegerseite. Er meinte dann, daß er sich an mir rächen würde und ich plärrte gleich los: „Dann gehen wir halt gleich vor die Tür." FEHLER! Der Hund gab mir einen Tritt in den Rücken, als ich vorausging, so daß ich aus der Eingangstür fiel. Ich wollte dann noch eine Becks-Flasche nehmen, das redete mir aber noch einer von den KINGS aus. Er war ca. 30 Kilo schwerer als ich, und als er auf mir saß, hatte ich keine Chance mehr. Welchen Schaden er davontrug, weiß ich nicht, aber ich hatte Knieprellungen und meine linke Gesichtshälfte war voll fett komplett geschwollen,

und eine leichte Gehirnerschütterung war mit Sicherheit auch dabei. Normale Menschen würden mit solchen Verletzungen auf jeden Fall ins Krankenhaus gehen und bestimmt zwei Tage stationär zur Überwachung bleiben. Für mich war das ja nichts Neues und man kuriert so was alleine auch aus. Ich war natürlich drei Tage definitiv flach gelegen, wie ein verletzter Löwe in seiner Höhle. ROAR! Ich hegte nicht mehr diesen Groll gegen mich oder auch gegen andere. Ich kann mir darum selbst nicht erklären, warum ich da wieder so ausgetickt bin. Wenn man austeilen will, muß man auch einstecken können, und ich kann beides, denn ich war schon immer hart im Nehmen. Man muß halt nur wieder aufstehen, Mund abputzen und weiter geht's. Me and my monkey!

28. Geburtstags- und Hausbauhelferfest vom Zappo. Es war eine normale Feier, als wir um Mitternacht mit Karaoke begannen. Wir waren noch zu acht und ich war der zweite, der sang, und zwar „New York, New York" von Frank Sinatra. Jeder traute sich, denn es war ja voll die Gaudi. Als mein Großcousin Otto singen sollte, weigerte er sich und ich stichelte: „Traust dich net, hä; is doch ne sau Gaudi." Ich hatte sonst nichts gesagt oder getan. Er war noch ein stärkerer Trinker als ich und war wohl zu dem Zeitpunkt schon hackevoll. Er fing sofort wieder das Plärren an, so wie er es in jedem seiner Räusche ab einem gewissen Zeitpunkt tat: „Du faule Sau; ich sach zu dir doch a immer, du sollst schaff und schaffst nix. Wir müsse schaff, um dich zu bezahle. Such dir Ärwet, is doch mir egal, ob du krank bist." Dies war eine normale Aussage in seinen Räuschen – wohl aus dem klassischen Grunde: Neid –, aber diesem Rausch folgte noch mehr. Er stand auf, ich saß in einem Sessel, er ging auf mich zu und schlug auf mich ein. Er sprang dann mit voller Wucht mit seinen 120 kg, ich wiege gerade mal 80 kg, auf mich drauf und ich brachte ihn nicht

gleich runter. Er schlug mir immer mit der flachen Hand auf meinen Kopf, oder auch woanders auf den Körper, und schrie: „Siehste, für dich langt die flache Hand. Ich schlach dich net mal mit der Faust, sonst könnt ich dich einfach töt, wenn ich wollt." Als er dann aufstand, flippte ich aus und dann plärrte ich: „Du dumme, fette Metzgersau. Das einzige, was du kannst, ist, wehrlose Tiere abzuschlachten, du Dummian. Du gefühlloser und emotionsloser Stein." Dann ging ich aus Wut auf ihn los, konnte ihn aber nicht ins Gesicht schlagen, da er ja mein Großcousin war. Ein anderer hätte von mir schwer was mitbekommen. Garantiert! Also ging die Rauferei noch kurz weiter. Ich setzte mich dann an die Feuerstelle, um etwas runterzukommen. Wir gingen nach einiger Zeit wieder rein und versuchten, die Stimmung wieder zu retten. Ich sang dann wieder einige Karaokelieder und das ärgerte ihn so, daß er dann meinte: „Ich muß hier wech. Ich muß einfach hemm." Das Resultat der Aktion: Ich hatte eine blutige Nase, unzählige blaue Flecken, zwei gebrochene Rippen und die restlichen Rippen der linken Seite waren geprellt. Von den körperlichen Schmerzen (ohne Tabletten konnte ich gar nicht schlafen, egal in welcher Schlafstellung) mal abgesehen, traf mich die Respektlosigkeit mir gegenüber noch schlimmer, da wir ja quasi zusammen aufwuchsen. Ich laborierte sechs Wochen rum, bis ich wieder schmerzfrei war. Ein Heiliger war ich ja nie, hab so einige Schlägereien angefangen, aber meine Verwandt- und Bekanntschaft habe ich nie so angegriffen und in der Art verletzt. Die Beleidigungen mir gegenüber zogen sich über 3 Jahre hin, wurden von Mal zu Mal schlimmer, und mit diesem I-Tüpfelchen war für mich dieser Großcousin seit diesem Zeitpunkt Luft! „Ob ein böses Wort oder ein geworfener Stein, beides holt man nicht mehr ein." Es dauerte ein halbes Jahr, bis er sich dann an Fasching bei mir entschuldigte. Ich nahm an, aber Kontakt muß ich keinen mehr mit ihm haben. Es wird nie mehr, wie es mal war. Wenn ich nicht dran schuld war, dann kam mir etwas oder jemand in die Quere; so sicher wie das Amen in der Kirche!!!

Hier sind wir am Ende meiner kleinen Unfallsammlung. Ich zähle jetzt sieben Narben in meinem Gesicht, und dies ist ja auch Leistung, wenn auch eine negative. Außerdem die vielen Narben an meinem Körper und auf meiner Seele. Ich hab viel gelitten, und was nicht tötet, härtet ab. Ich weiß, wovon ich spreche. Die Schmerzen waren ein vertrautes Gefühl. Ich war doch so tapfer und hab meine auferlegten Pechsträhnen relativ gut verkraftet!!!

Ich dachte mir oft, warum immer ICH! Das Pech hat mich die ganze Zeit verfolgt! Mein SCHUTZENGEL und mein GLÜCK waren immer da, wo ich nicht war!!!

Ich glaube, es lastete ein FLUCH auf mir!

V. Krankheiten

Wie viele Tage war ich krank in meinem Leben? Unzählige! Hier noch ein beiläufiger Name von mir selbst: Seuchenprinz!

1. An Kinderkrankheiten hatte ich die Masern, die Röteln, die Windpocken und auch Mumps.

2. Viele grippale Infekte. Es waren so viele, daß ich nicht mehr weiß, wieviele es waren.

3. Fünfmal Scabis (Krätze): 1979, 1991, 1997, 2000 und 2006. Schon immer hatte ich ein Hautekzem, in der Pubertät massig Pickel und auch heute noch regelmäßig. Ich kann wohl so alt werden wie Methusalem, ich bekomme immernoch Pickel. Wer noch keine Krätze hatte, kann nicht ermessen, was das für eine beschissene Krankheit ist. Es juckt dermaßen, daß man sich wie wahnsinnig kratzt. Tagsüber geht es relativ gut, aber nachts im Bett meint man, man liegt in einem Ameisenhaufen. Wenn man früh aufwacht, hat man sich sogar im Schlaf blutig gekratzt. Jetzt kommt die Heiltortur. Man muß jeden Morgen das Bett abziehen, sich duschen (danach komplett mit Jakutien einreiben), und frische Klamotten anziehen. Den ganzen Tag lüften. Abends muß man das Bett wieder überziehen, sich duschen (danach wieder komplett mit Jakutien einreiben) und die Sachen natürlich alle täglich waschen. Diese ganze Prozedur dauert eine Woche, und ich werde mich immer an den Geruch von dem Jakutien erinnern, bis heute. Noch ein kleiner Haken an der Krankheit ist, daß es durch Körperkontakt übertragbar ist. Durch mein Hautekzem bin ich sehr anfällig für Krätze. Ich konnte sogar mit anderen Menschen Körperkontakt haben, hatten die eine gesunde Haut, bekamen sie mit ziemlicher Sicherheit nicht die Krätze. Ich verstand dann das Sprichwort: „Ich wünsch dir die

Krätze an den Hals." Mir wurden auch schon des öfteren verdächtige Leberflecke/Muttermale rausgeschnitten, wegen des Verdachts auf Hautkrebs.

4. Hautausschlag, ausgelöst von Schwammspinnern/Baumraupe, die bei uns am DEADHEAD MC Clubhaus von den Bäumen fielen, ist vom Juckreiz her vergleichbar mit der Krätze.

5. Fußpilz hatte ich schon häufig, aus den gleichen Gründen: meiner empfindlichen Haut. Durch das Schwimmbad, in das ich oft gehe, ist die Chance, Fußpilz zu bekommen natürlich noch erhöht.

6. Nesselsucht 2005: Jetzt kommt es. Wiederum durch meine schlechte Haut bekam ich die Nesselsucht. In dem Fall ging das Jucken, aber es ist vieles angeschwollen. Es begann am Vatertag 2005. Wir wollten gerade los mit unserem bierbeladenem Bollerwagen, und ich konnte nicht mehr richtig auftreten. Ich zog meine Schuhe aus und meine Füße waren völligst angeschwollen. Sie sahen aus wie von einer Luftpumpe aufgepumpt. Wir blieben dann hocken und zockten Schafkopf und tranken einige Biere. Bis auf die Füße ging es ja. Am nächsten Tag, ach du Schreck, sah mein Penis genauso aus wie meine Füße, völlig aufgedunsen. Er sah aus wie ein dickes, fettes Knäudele. Mein Hals war dazu auch noch geschwollen. Am nächsten Tag ging ich zu Prof. Dr. Eckhart. Der lernte gerade seine Nachfolgeärztin ein. Die grinste sich einen und ich dachte: „Na ja, du hättest vielleicht auch gern einmal so einen Dicken drin." Ich bekam eine Kortisonspritze und eine Wochenpackung Kortisontabletten. Seitdem kam es nicht mehr wieder vor.

7. Ich hatte Blutbläschen am Trommelfell. Die wurden dann 1982, während der Fußball-WM, durch eine Operation

in der Rotkreuzklinik entfernt. Ich war das erste Mal allein im Krankenhaus. Es war die erste Hölle!

8. Dreimal hatte ich Magenspiegelung wegen zu hoher Magensäure und Verdacht auf Magengeschwüre und dem Bazillus Helicobacter Pylori. Dies immer ohne jegliche Narkose.

9. Notfallklinik wegen Stechen im rechten Auge 2001 nach dem Schlaganfall von der Debbie. Wahrscheinlich aus Gründen der Belastung und vom Streß. Antibiotika und weg war's.

10. Dornwarze seit 1992. Da ich meinen linken Unterschenkel, wie schon bekannt, zweimal gebrochen hatte, ist mein Unterschenkel nicht mehr wie bei einem gesundem Bein normal gerade, sondern rechtslastig und dadurch ist der Druck physikalisch direkt auf eine Stelle am Fußballen. Ich trage seitdem Einlagen, muß aber trotzdem vierteljährlich zur Fußpflege, um mir die Dornwarze am linken Fußballen rausschneiden zu lassen.

11. Einen Weisheitszahn bekam ich in der Zahnklinik 1993 auch gezogen, und dies war auch kein Zuckerschlecken. Er drückte und schmerzte schon eine ganze Zeit, und er mußte dann doch raus, da schon alles angeschwollen war. An mir ging kein schmerzhafter Kelch vorüber.

12. Hämorrhoiden 1995 wurden von der Hautärztin Dr. Teilner-Fack weggespritzt. Das war auch sehr prickelnd, sich von einer Frau an der Rosette rumspielen zu lassen, ohne eine Gegenleistung erbringen zu können.

13. Eiter im Zahn in der Dominikanischen Republik 1995.

14. Zweimal Wurzelspitzenresektion 1995 und 1996. Das war die Folge des Eiters in meinem Zahn in der Dom. Rep. Da wird das komplette Zahnfleisch unterhalb des betroffenen Zahnes aufgeschnitten und komplett mit den Nebenzähnen

die Zahnwurzelspitzen gesäubert. Dies machte Prof. Dr. med. dent. Seidel. Irgendwie funkte es nicht richtig und ich mußte die gleiche Prozedur ein Jahr später wieder über mich ergehen lassen. Die meisten negativen Sachen erlebte ich zweimal. Hahaha. Humor ist, wenn man trotzdem lacht.

15. Rippenfellentzündung 1994. Ganz schön schmerzhaft. Die Ärzte fanden erst nicht, was es war. Dann wurde bei einem Facharzt für Nuklearmedizin eine Kernspintomographie gemacht. Ich kam mir vor wie in einem Kernkraftwerk, denn es war überall das Biohazard-Zeichen. Der Heilungsprozeß dauerte recht lang.

16. Gutartiger Tumor auf der Zunge, der von Dr. von Kickritz 1994 entfernt wurde. Er schnitt mir den Tumor raus, und der wurde zur Untersuchung, ob gut- oder bösartig, eingeschickt. Als ich dann zur Besprechung zu ihm kommen mußte, eröffnete er mir, daß der Tumor gutartig wäre. Und gut so! Er sah meine Tattoos und meinte, ich sollte doch einmal einen HIV-Test machen, der Tumor würde vielleicht durch die Tattoos kommen. Ja, ja, die Ursache nicht gefunden, also sind es wieder die Sachen, die von den Ärzten geächtet werden. Von wegen HIV-positiv, dummes Gebabbel. HIV-positiv war und bin ich nicht. Hat vielleicht mal einer den Gedanken verschwendet, daß ich damals im Mercedes Autohaus nur mit Bremsklötzen und Kupplungen aus Asbest zu schaffen hatte?!

17. Gichtanfall (Fingerkrampf wie eine Kralle und ich konnte die Finger nicht mehr gerade strecken), nachdem ich aus dem Krankenhaus entlassen wurde. Es war auf unserer KING RIDERS MC Party 1997 auf der Geländebahn in Hersbruck nach exzessiver Nacht. Ich war ja fast ein Vierteljahr im Krankenhaus und hatte wieder nur im Kopf: Sex, Drugs and Rock'n Roll. Ich warf, zog und schüttete mir alles rein, und dies vertrug mein geschwächter Körper doch noch nicht so

ganz. Ich feierte sozusagen, bis der Arzt kam. Zum Glück war am nächsten Tag alles wieder weg.

18. Einige Nervenzusammenbrüche. Unter anderem an Fasching 2004 in Altötting, wo mich ein blöder Italienerwirt aus seiner Kneipe warf, bloß weil ich ihn aus Versehen im Getümmel anrempelte. Ich war dann so scheiße drauf, daß ich auf der Straße ironischerweise rumschrie: „Deutschland den Ausländern, Deutschländer raus." Das wiederum hatten dann einige mißverstanden und meinten zu mir, ich wäre ein Ausländerhasser. Da sah man wieder mal, wie die Menschen zuhören. Ich verfiel dann erst mal voll der Depression, was sich aber dann auch noch mit Aggressivität mischte. Ich hatte den vollen Nervenzusammenbruch und das Hubertchen tröstete mich dann in irgendeiner dunklen Gasse. Auf der Nachhausefahrt am nächsten Tag, das Hubertchen fuhr, starrte ich nur depressiv aus dem Fenster und fiel in die Musik, die im Radio lief. Es lief auch noch von Joachim Witt „Goldener Reiter, ich war so hoch auf der Leiter, doch dann fiel ich ab, ja dann fiel ich ab …", und dies gab mir den Rest. War ich froh, als ich zu Hause war und keinen Menschen mehr sah.

19. Öfters Blockade der Lenden- und Halswirbelsäule seit 2002 (LWS und HWS-Syndrom), den sogenannten Hexenschuß. Der Schmerz zog meist im linken Oberschenkel bis zum Knie. Es ging aber bis dato immer mit Spritzen, Fango, Rotlicht und Massage wieder weg. Das stößt mir im Schnitt einmal im Jahr zu. Every year the same procedur.

20. Kiefernhöhlenvereiterung 2004.

21. Schon immer nervöses Herz; Fachbegriff ist das: „Hyperkinetisches Herzsyndrom".

22. Klingeln in den Ohren (lat. Tinnitus Aurium) seit 2004.

23. Wegen manischer Depression – bipolare Störung – war ich schon zweimal in der Psychiatrie, 2005 und 2006.

Krankenaktenstand 2008

Mein ganzes Leben war ein Kampf gegen Krankheiten, Unfälle und Menschen. Wenn ich darüber nachdenke, weiß ich gar nicht mehr, wie ich das mit den ganzen Unfällen und Krankheiten gemeistert und ausgehalten habe. Und überhaupt war ich teilweise völlig ausgebrannt – Burn-Out-Syndrom!

Krankenhäuser:

- Rotkreuzklinik
- Universitätsklinik
- St.-Josef-Krankenhaus
- Juliusspital
- Missionsärztliche Klinik. (Stammklinik!)
- Rehabilitationsklinik Murnau
- Psychiatrie Schloß Erlangen
- Psychiatrische Klinik Nürnberg

Das erste Mal im Januar 2005 in der Psychiatrie Schloß Erlangen – war am Anfang etwas gewöhnungsbedürftig. Ich muß auch dazu sagen, daß ich vom medizinischen Dienst (frischgebackene, vorurteilsbehaftete, häßliche Ärztin) der AOK Nürnberg eine Zwangseinweisung ausgestellt bekam. Wenn man Suizidgedanken hat, sollte man das keinem mitteilen, das mußte ich am eigenen Leib erfahren. Sie fragte mich bei der Untersuchung, wie ich mich denn umbringen wollte. Meine Antwort: „Ich probierte, mich an meinem Kronleuchter aufzuhängen, aber talentiert, wie ich bin, ging dies schief. Der Kronleuchter riß aus der Deckenhalterung und ich fiel zu Boden. Da war ich natürlich schon wieder bedient und so sauer auf mich, daß ich's dann ließ. Ich bin auch schon in Unterhose nachts zur Kirche in Hersbruck gelaufen und wollte mich dort runterstürzen. Die Kirche ist nachts aber abgeschlossen, so bin ich wieder nach Hause und hab da wieder volle Pulle Musik gehört und hab mich vollaufen lassen. Ich stand auch schon auf einer hohen Autobahnbrücke und wollte runterspringen. Habe es aber wegen meiner Tochter Jenny, die die größte auf der Welt für mich ist, nicht getan. Ich wünschte mir einfach nur den Tod!"

Diese Aussage reichte, und ich wurde sofort in die sogenannte Klapsmühle eingewiesen. Es stellte sich aber mit der Zeit als gar nicht so schlimm heraus und es war wie in einer Kurklinik. Ich konnte raus, wann ich wollte – außer nachts, ab 20:00 Uhr war dicht –, um im schönen Schloßpark meine Ruhe zu haben und spazieren zu gehen. Ich konnte nach Erlangen rein, um mal nach Lust und Laune ein Bierchen zu zwitschern und Billard zu spielen. Ein Fernseher und ein DVD-Player waren da. Außerdem mächtig viel gerippte Filme aus dem Internet – und dies in der Psychiatrie, HOHOHO. Da waren nicht gerade die pädagogisch und psychisch wertvollsten Filme dabei. Auf meiner Station waren schon einige schräge Vögel dabei, und es war auch interessant zu sehen, was es denn alles so für psychische Krankheiten gibt. Vom Alter her war es von 15 bis 75 Jahren, und auf der Station waren auch Frauen und Männer gemischt. Mit einem bin ich doch glatt wieder aneinandergeraten, und ich hatte ihn auch schon am Kragen an die Wand gedrückt, bevor die Pfleger ihn und mich trennten. Es gab genug Zeugen, daß er begann und somit war ich aus dem Schneider. Die anderen mochten ihn sowieso nicht und sie freuten sich, als ich ihn am Kragen packte. Er wurde erst einmal weggeschlossen. Mit ein paar Girls auf unserer Station verstand ich mich auch gut und wir trieben uns viel im Raucherraum rum, rauchten, sahen Filme und zockten. Man fühlte sich eigentlich nicht eingesperrt. Freitags konnten wir in Erlangen sogar zum Schwimmen ins örtliche Hallenbad. Beim Schwimmen traf ich auch einen alten Kumpel vom WIKINGER MC, der in der Forensik (gerichtliche Psychiatrie) war. Die Forensiker durften nämlich unter Aufsicht auch einmal die Woche ins Schwimmbad. Tagsüber war ich auf Beschäftigungstherapie beim Korbflechten und hab mir sogar einen großen Einkaufskorb, einen Wäschekorb und drei Tabletts geflochten. In der Korbflechtwerkstatt war mein Kumpel auch ab und zu, und da lernte ich auch noch einen vom SKULL RIDER MC kennen, der auch in der Forensik saß. Also schlecht war's da nicht; man kann sagen, ich war in bester Gesellschaft. Meine zuständige, unkompetente Stationsärztin in Erlangen, die gerade mal zwei Jahre dort praktizierte, stellte die völlig falsche Diagnose „Dysthymie und depressive Anpassungsstörung" und meinte auch noch, sie hätte recht, diese Dumpfbacke. Es war auch der eine oder andere Pfleger dabei, ich sage bewußt nicht Pflegerin, der seine Position ausnutzen wollte und meinte, er könnte den großen Zampano spielen. Da waren Bürschli dabei, die ich auf der Straße mal böse angeschaut oder angeschrien hätte, und sie wären stiften gegangen. Ich erzählte allen Bekannten, daß ich wegen meines linken Unterschenkels auf Kur in Bad Orb gewesen wäre. Die einzigen, die es wußten, waren meine Mutter und mein Bruder.

Das zweite Mal im Januar 2006 in der psychiatrischen Klinik in Nürnberg war von der ärztlichen Versorgung her viel besser. Ich ließ mich auch freiwillig von meinem Psychiater einweisen. „Welcome Home – Sanitarium." Ich kam durch Beziehungen meines Bruders auf die Privatstation vom Professor, der auch Psychiatrieleiter war. Die Krankenschwestern waren netter und die Stationsärztin, die für mich zuständig war, auch. Dies waren da schon kompetentere Ärzte, und ich fand sie auch viel netter, nicht wie diese unkompetente Ärztin in Erlangen. Sie stellten die Diagnose „Bipolare affektive Störung, gegenwärtig depressiv (manisch-depressiv)", die auch von meinem behandelndem Psychiater gestellt wurde.

Die bekanntesten manisch-depressiven Kollegen von mir waren Frank Sinatra, Falco und Kurt Cobain. Ich konnte auch wieder im Wald und in der Stadt spazierengehen, und das brauchte ich auch. Ich wollte niemanden sehen und niemanden hören, außer wenn ich in die City zum Schwimmen und Saunieren ins hiesige Hallenbad ging. In der Anstalt war kein Schwimmbad. Die einzige Therapie, die ich dort machte, war die Kochtherapie, und das war gut so. Man bekam das Geld vom Krankenhaus, kaufte in der City ein und kochte dann zusammen mit einer Therapeutin, die aufpaßte, ein selbst ausgesuchtes Rezept. Danach saßen wir zusammen und jeder aß sein selbst gekochtes Essen mit Genuß, und meine Speisen wurden immer superlecker. Auf jeden Fall kam dann der Peter Spielmann, auch bipolar, auf die Privatstation. Er fiel mir sofort auf, weil er in dem Schwesternstützpunkt rumgekaspert hatte. Ich verstand mich gleich mit ihm und wir gingen ab und zu ins Bräustüberl in der nahegelegenen Brauerei. Es wurde dann mit der Zeit schon wieder was Tägliches draus, bis zum kommenden Absturz. Wir gingen wieder ins Bräustüberl, und das schon mittags um zwei. Wir tranken jeder zwei Hefe und wollten dann wieder hoch in die Klinik. Auf einmal kamen zwei Bekannte vom Peter, die Eike und der Sigi. Also gut, wir tranken noch ein Hefe. Aus dem einen Hefe wurden mehrere und auf einmal gab es auch noch Williams-Christ-Birne. Die zwei erzählten mir dann, daß der Spitzname vom Peter „Schwindel" wäre, und da wurde mir klar, daß er mir vorher schon einige Räuberpistolen aufgetischt hatte. Der Peter mußte dann irgendwann schon zum Kotzen. Ich war wieder mal trinkfest und die Eike hat uns später zur Klinik hochgefahren. Wir waren beide knalledicht. Erst einmal mußten wir beide in der Klinik blasen. Der Peter hatte 1,5 Promille und ich 1,7 Promille. Am nächsten Tag war natürlich Visite und da wurde es angesprochen. Wir bekamen gesagt: „Dies eine Mal lassen wir es durchgehen." Alles klar, ich hatte verstanden. Ich hatte mich dann mit dem Peter verstritten, da ich mitbekam, wie er immer mehr Schwindeleien verbreitete, die gar nicht stimmten, und deshalb zog ich sofort die Reißleine. Er nahm auch keine Ratschläge, Diagnosen oder Medikamente vom Professor an. Er lies sich entlassen und sprang nach fünf Tagen von einer ziemlich hohen Autobahnbrücke. So schnell geht's! Ich muß gestehen, ich war nicht auf seiner Beerdigung, denn ich war ja noch stationär in der Psychiatrie und konnte ehrlich gesagt nicht schon wieder auf eine Beerdigung gehen. Die Medikamente vom Professor, die ich seitdem nehme, geben mir so etwas wie Normalität zurück. Meine kleinen Aussetzer zwischendurch kommen aber schon immernoch vor. Ne schlechte Phase macht wohl jeder mal durch, bei mir waren die schlechten Phasen allerdings gehäuft. Als Resümee muß ich sagen, ich bin manisch-depressiv im Sinne der Anklage. Ich hatte dadurch immer in meinen manischen Phasen 100% garantierten Spaß, hab mit Geld rumgeschmissen und war sehr euphorisch. Mein Geld hab ich grundsätzlich noch nie angelegt, ich hab's verlebt. In meinen depressiven Phasen war ich natürlich immer am Boden zerstört. Diese Diagnose habe ich mittlerweile akzeptiert und lebe ganz gut damit. Mein Selbstbewußtsein ist mittlerweile auch wieder gestärkt. Bei diesem Psychiatrieaufenthalt hab ich meinen Bekannten erzählt, ich wäre auf Messebau in Dänemark gewesen, und es wußten wieder bloß meine Mutter und mein Bruder, wo ich war.

„Die Psychiatrie hat mittlerweile schon den Status einer Religion, denn sie entscheidet, was richtig und was falsch, wer normal oder abnormal ist. Wir entscheiden, wir haben die Macht über euch." Dies sagte die unkompetente Psychiaterin zu mir. Sie schließen nämlich nicht nur kranke Leute, wenn sie nicht nach der Norm funktionieren, einfach mal so weg. Ich hab's erlebt, die nicht angepaßten Jugendlichen und Erwachsenen, die halt diese kranke Welt nicht verkrafteten oder die durch diese Welt krank geworden sind, und die man wegschloß. Ich wurde ja auch gezwungen. Inquisitionen gab's schon immer!

VI. Lebenslauf

Schulbildung

09/75 – 07/81	Volksschule Hersbruck
09/81 – 07/82	Hauptschule Lauf
09/82 – 07/85	Private Wirtschaftsschule Nürnberg

Beruflicher Werdegang

09/85 – 08/88	Ausbildung zum Kfz-Mechaniker im Mercedes Autohaus
08/88 – 11/89	Tätigkeit als Kfz-Mechaniker im Mercedes Autohaus
11/89 – 01/92	Medizinische Rehabilitation/ Kreuzbandruptur
01/92 – 08/95	Tätigkeit als Lagerist beim Harley Davidson Zubehörhändler
08/95 – 10/96	arbeitssuchend
10/96 – 04/97	Tätigkeit als Lagerist und Massagerollenbauer bei Fitneß & Beauty GmbH
04/97 – 06/99	Medizinische Rehabilitation, nach Motorradunfall

06/99 – 01/00	Rehavorbereitungslehrgang/RVL im Berufsförderungswerk Nürnberg gGmbH
01/00 – 01/02	Umschulung zum Industriekaufmann im Berufsförderungswerk Nürnberg gGmbH
01/02 – 04/02	arbeitssuchend
04/02 – 04/03	Tätigkeit als kaufmännischer Angestellter in Werbeagentur, Grafik – Satz – Druck
04/03 – 05/04	arbeitssuchend
05/04 – 06/05	arbeitsunfähig wegen manischer Depression
06/05 – 12/05	Arbeitsmaßnahme bei „Neue Chance“ der Kolping Dienstleistung gGmbH; Ohne Bezahlung, nicht mal ein Euro die Stunde! Moderne Sklaverei!
01/06 – 07/07	arbeitsunfähig wegen manischer Depression
07/07 – dato	Erwerbsunfähigkeitsrentner auf Zeit, 2 Jahre!

Alles, was ich angefangen hab, hab ich nicht zu Ende gebracht. Mein Problem war, daß ich nie etwas alleine arbeiten konnte, wie Unternehmer, Selbständige oder auch irgendwelche Weinbäuerli. Ich hatte nie eine Arbeit richtig ernst genommen, außer meinen Drogengeschäften. Der Teufel mag wissen, welche Zukunftschancen ich mir aus meinen Drogengeschäften erträumte!? Ich war auch Versicherungsvertreter für Unfallversicherungen der Gesellschaft „Erste allgemeine Versicherung", und dann einmal Parfümvertreter für „LR", und ich trug sogar mal Anzug und Lederkrawatte. Den Taxischein hab ich auch probiert zu machen – ohne Erfolg, denn ich war wieder mal überhaupt nicht motiviert. Außerdem begann ich auch eine Umschulung zum Zahntechniker, Betonung liegt auf begann.

Eine geile Sache war die Arbeit als Security auf Konzerten. Da konnte man das Nützliche mit dem Musikalischen verbinden, denn ich konnte manchmal dem einen oder anderen Star persönlich die Hand schütteln. Darunter waren die Hände von:

Axl Rose von Guns n' Roses, den Jungs von Deep Purple, Neil Young, den Jungs von Scorpions, Hans Söllner, Marius-Müller Westernhagen und Peter Maffay.

Dann hab ich eine zeitlang in einer Spielhölle für einen Albaner gearbeitet, und dies entweder in Gostenhof/Nürnberg oder in Schwabach. Das lief natürlich alles schwarz ab. Wir stellten in Kneipen auch Geldspielautomaten auf und bauten des öfteren Billardtische (schwere Schieferplatten) auf. Ich fing auf einmal das Zocken an Geldspielern an. Am Anfang hatte ich Glück und gewann immer, weil ich die Gäste beobachtete, wieviel Geld sie in die verschiedenen Geldspieler warfen. Das waren einige Automaten und eigentlich durfte ich das nicht, aber das war mir ja wiedermal egal. Ich hatte in kurzer Zeit 3.000,- DM Gewinn. Irgendwie verließ mich aber dann das Glück und ich notierte mir die Verluste. Nachdem ich den Gewinn dann wieder verzockt hatte und mit 500,- DM Miesen dastand, zog ich die Reißleine und hörte auf, da ich merkte, daß ich sonst immer weiter zocken und verlieren würde. Ich hab bis heute keinen müden Cent mehr in diese Kisten geworfen. Was ich viel mit Kumpels spielte, war Billard, und ich war auch öfter mal mit dem Smokey beim Snooker. Das Zocken fand ich schon immer sagenhaft, ich alter Gambler – No risk no fun. Es fing mit Mau-Mau, Schnauz oder Sechsundsechzig an, und dann kamen natürlich Schafkopf und Poker. Am liebsten zockte ich schon immer Schafkopf, das war mein Steckenpferd. Wir spielten natürlich immer um Kohle, was sonst, wir war'n ja keine Mädchen.

Ich habe ein paarmal in Braunschweig Zuchtmäuse (jede hatte einen Wert von 2.000,- Euro) für Tierversuche und Tierzucht der Universitätsklinik geholt. Diese Fahrten checkte mir eine bekannte Laborantin aus und dies lief immer schwarz ab. Dabei sprang natürlich gut Cash raus. Da konnte man mal sehen, wo es überall Schwarzarbeit gab, nicht nur auf dem Bau. Ich fing dann auch einmal als Kurierfahrer für TNT an, aber das war mir zu stressig und ich ließ es ganz schnell wieder.

Die Arbeit und ich wurden nie gute Freunde. Meine Devisen:

„Wer nichts macht, macht nichts falsch."

„Verschieben wir's doch auf morgen."

Oder „Saufen, Ficken, Geld verprassen. Weiber an die Möse fassen." Ich blieb immer meinem Motto treu: „Geil, vergnügt und arbeitsscheu!"

Wenn ich aber mal was erreicht hatte, hab ich mich immer gleich auf meinen Lorbeeren ausgeruht. Wie nach dem Bestehen der Abschlußprüfung zum Industriekaufmann, denn da hätte ich mehr draus machen können. Dazu kommt, daß ich schon immer stinkfaul war, wie mein Sternzeichen Löwe. Ein Löwe schläft mindestens 18 Stunden – nach wissenschaftlichen Erkenntnissen – am Tag und ansonsten frißt oder maust er. Das Jagen überläßt er natürlich den Weibchen. Ich finde, daß die Löwen schon clevere Tiere sind. Den Begriff Schlaflosigkeit kenne ich gar nicht, ganz im Gegenteil, ich kann auch locker mal so 18 Stunden schlafen. Wenn ich aufwache, drehe ich mich rum und schlaf gleich wieder weiter, und manchmal träume ich sogar denselben Traum weiter. Außerdem traf ich so die Melanie schon häufig in den letzten 27 Jahren, aber halt leider nur in den Träumen. Ich kann lange und viel schlafen und habe dabei viele Träume, dadurch schlafe ich unheimlich gern. Kein Schlaf ohne Traum. Wenn ich träume, laufen pure Filme ab.

Hier noch Eigenschaften des Löwen: „Der Löwe ist das Sonnenkind der Tierkreise. Kombiniert mit dem Element Feuer, präsentiert er sich als gewinnbringende, kontaktfreudige Persönlichkeit. Aufmerksamkeiten genießt er wie eine Katze, der man das Fell krault. Aber wehe, die Bewunderung läßt nach, schon zeigen sich die scharfen Krallen. Da der Löwe der Glanzpunkt jeder Gesellschaft ist und er im Geben so generös wie im Nehmen ist, wird es ihm an Zuwendung nicht mangeln. Planet: Sonne; Element: Feuer; Charakter: Positiv, männlich; Tag: Sonntag; Farbe: Orange; Schmuckstein: Rubin; Metall: Gold; Blume: Sonnenblume; Glückszahl 19."

Schlußwort zur Arbeit:

„Es gibt drei Möglichkeiten zu leben und auf dieser Welt zu wandeln. Dies ist entweder als Arbeiter, als Trickser oder als Erbe."

„Die Trickser würden nie arbeiten und die Arbeiter nie tricksen."

„Es ist schwere Arbeit, ein leichtes Leben zu führen."

„Wer müßig lebt und flüssig spricht, für den ist normale Arbeit nicht."

VII. Der Tod auf meinem Weg

In diesem Kapitel erörtere ich einmal meine Bekanntschaft mit dem Tod. Es gibt den krankheitsbedingten Tod, den Unfalltod, den gewaltsamen Tod in verschiedensten Variationen und den altersbedingten Tod.

Bei mir geht es jetzt aber mit dem Freitod (Suizid), im Volksmund auch Selbstmord genannt, weiter. Wie kann er Selbstmord heißen? Ein Mord hat meist einen Hintergedanken, um etwas zu vertuschen, aus Haß oder Neid, um damit etwas Finanzielles oder Erpresserisches zu erreichen. Der Freitod ist eine Erlösung von Verzweiflung, Hoffnungslosigkeit oder unheilbarer Krankheit und hat keinerlei Leidenschaft. Der Freitod ist ein fundamentales Recht eines jeden Menschen, von dem jeder Einzelne jederzeit Gebrauch machen dürfen sollte. Es ist keine Streitfrage, sondern eine legitime Handlung für jeden Menschen selbst, denn ein Körper gehört nur einem selbst, sonst keinem. Wer oder was hätte das Recht, jemandem reinzureden, was er sich oder seinem Körper antut? Doch nur selbsternannte Moralapostel. Eigentlich ist die einzige richtige Bezeichnung:

„Sie haben sich das Leben genommen!"

Vorbei ist des Menschen Not. Es waren einige Menschen in meinem Verwandtschafts- und Bekanntenkreis, die sich umbrachten. Mein Vater war auch manisch-depressiv und setzte eigenständig seine Medikamente ab. Er erhängte sich wahrscheinlich aus diesem Grund bei uns im Keller, in dem Haus, das er selbst erbaute. Mein Vater bekam keine Unfallrente, obwohl er einen schweren Arbeitsunfall beim Mauern hatte. Auf der Arbeit stürzte ein frisch gemauerter Giebel über ihm ein, durch starken Wind, und begrub ihn. Ein Wunder allein, daß er überhaupt überlebte. Er lag ein halbes Jahr im Gipsbett und dann noch einmal ein halbes Jahr normal im Bett. Ein Jahr Krankenhaus! Er konnte nicht mehr arbeiten und war Frührentner. Der Grund, warum er keine Unfallrente bekam, war so ein beschissener Professor im König-Ludwig-Haus in Würzburg. Der bescheinigte, daß die Verletzungen, die er erlitt, nicht vom Unfall kämen, sondern natürlicher Verschleiß im Laufe eines Maurerlebens gewesen wären. Er sagte wortwörtlich: „Dies kommt halt allein davon, wenn man das ganze Leben Stahlkappenschuhe trägt und auf dem Bau arbeitet. Das geht auf die Gelenke und den Rücken."

Meine Mutter sagte noch: „Er mußte ja Geld verdienen und mußte aus sicherheitstechnischen Gründen auch Stahlkappenschuhe tragen."

Darauf dieses arrogante korrupte Menschlein in weiß: „Das ist sein Problem, hätte er halt einen anderen Beruf erlernt."

Dadurch bekam er nur eine jämmerliche Frührente. Im Nachhinein fragte ich mich, warum meine Eltern es nicht mit einem Anwalt probiert hatten, aber das hätte wahrscheinlich auch nichts genutzt. Ich war ja noch zu jung, um mich mit diesen Sachen auszukennen. Er arbeitete dann nebenbei, was halt noch so möglich war, teilweise als Landschaftsgärtner, bis er von uns ging. Der Hauptgrund war aber mit Sicherheit der Tod meiner Schwester, was er wie ich nie verkraftet hatte. Na ja, die Ärzte sagten ihm auch noch, er dürfte keinen Alkohol mehr trinken und nicht mehr so viel fettes Schwein essen, das könnte auch noch mit ein Grund gewesen sein. Er war wie ich dem Alkohol nicht abgeneigt. Dieses ganze soeben erklärte war in der Summe wohl der sogenannte Todesstoß. Er starb mit 64 Jahren.

Hier noch die weiteren Freitod-Toten:

Ein Onkel hat sich vor den Zug geworfen. Ein alter Kumpel, der Andi, wählte auch den Freitod durch den Strang. Mein Kumpel Thomas „Dusty" Rauchmaul hatte sich eine Packung Rohypnol reingepfiffen, und zusätzlich zur Sicherheit noch eine Plastiktüte über'n Kopf gezogen. Es war sein zweiter Freitodversuch, denn beim ersten Mal hat ihn ein Bekannter gefunden. Er hatte die Schlaftabletten mit Jägermeister geschluckt und erbrach sie dadurch in der Bewußtlosigkeit. Nach der notärztlichen Behandlung wurde er zwei Wochen in die geschlossene Psychiatrie eingeliefert. Er konnte so labern, daß er nach zwei Wochen aus der Geschlossenen wieder entlassen wurde. Danach machte er es dann richtig, wie er es immer prophezeite. Des weiteren ein alter Kumpel, der Roderich jr. Lauer (genannt Rattefick), der sich mit einer Knarre in den Kopf schoß. Vor kurzem erst erfuhr ich noch, daß sich ein weitläufiger Verwandter, Björn, das Leben mit einem Strick nahm.

Aus der Gegend gab es noch mehr, die sich umbrachten, ich weiß nicht genau wieviele, aber es waren einige. Der Professor in Nürnberg sagte zu mir, daß in einem Jahr mehr den Freitod wählen, als im Straßenverkehr zu Tode kommen. Die Freitodzahlen und Freitodvarianten werden aber nie veröffentlicht, aus Angst, daß es zu viele Nachahmer/innen geben könnte. So viel Verzweiflung wie heute gab es früher nicht, auf sicher. Ist das Leben und unser Land nicht wunderschön!?

Ich war auch schon so weit, mich selbst zu terminieren, aber jetzt schon draufzugehen, ist für mich keine Option mehr!

Wo wir hier schon mal beim Tod sind, möchte ich auch die ganzen Beerdigungen aufzählen, bei denen ich war:

Verwandte: ☹

Uroma, altersbedingt; 2 Opas, altersbedingt; 2 Omas, altersbedingt; Schwester Melanie 1981, nach Autounfall; Vater Paul 1992, Freitod – erhängt; Onkel, Freitod – vor Zug geworfen; Tante an Krebs; Pate an Krebs; Tante, altersbedingt; Onkel, Herzinfarkt.

Bekannte: ☹

Drei Kumpels nach Freitod; ein MC Brother an einem verschleppten Virus; drei MC Brothers nach Motorradunfällen; ein Szenebekannter an Überdosis; ein Jugendschwarm an Brustkrebs; ein Bekannter an Herzinfarkt; ein ehemaliger Arbeitskollege an Darmkrebs; Eine Klassenkameradin aus der Volksschule ist mit ihrer 11-jährigen Tochter 2006 bei einem Autounfall tödlich verunglückt. Das war die wahrscheinlich größte Beerdigung, von der Anzahl der Trauergäste, die ich je mitmachen mußte. Diese Beerdigung war genauso schrecklich wie die von der Melanie.

Ich kam mir schon manchmal wie ein Beerdigungstourist vor. Diese Beerdigungen reichen mir auch mit 39 Jahren erst mal für eine gewisse Zeit. Der Tod gehört zum Leben dazu, aber er sollte nicht gehäuft in jungen Jahren auftreten, das ist nicht gut.

Außerdem:
Motorradfahrer töten nicht – sie werden getötet.

Rest in Peace! Ruhet in Frieden!
In Memory of … In Gedenken an …
I'll never forget you! Ich werde euch nie vergessen!

WE SEE US IN HEAVEN

VIII. Sebastian

Kurz vor Weihnachten 1987, genau eine Woche vorher, rannte mir ein 3-jähriger Junge namens Sebastian ins Auto. Ich hatte zu diesem Zeitpunkt meinen Führerschein erst fünf Monate und war natürlich geschockt, daß mir auch beim Autofahren gleich schon wieder ein Unglück passierte. Es ist anzufügen, daß ich nicht schuld war und auch nüchtern. Ich fuhr bei uns durchs Kaff, so gegen 18:00 Uhr, in der Laufer Straße Richtung Nürnberg. Es war da schon dunkel, es regnete und der Junge war dunkel gekleidet. Er riß sich von der Hand der Mutter los und rannte auf die Straße. Ich hatte keine Chance auszuweichen. Ich sehe heute noch mit geschlossenen Augen, wie das Kind durch die Luft flog. Es waren ca. 100 Meter. Die Mutter bestätigte der mittlerweile eingetroffenen Polizei, daß ihr Kind sich von der Hand losriß. Der Notarzt war auch sehr schnell da und rettete damit dem 3-jährigen Jungen das Leben. Er hatte einen Milzriß, eine schwere Gehirnerschütterung und war nicht bei Bewußtsein. Über Weihnachten lag er im Koma und Sie können sich vielleicht vorstellen, daß dies ein Horrorweihnachten für mich war. Er erwachte zum Glück nach Weihnachten aus dem Koma und hatte auch keinen bleibenden Schaden davongetragen. Die Eltern haben keinen Strafantrag gestellt, weil sich das Kind eben losriß. Die Ermittlungen der Polizei wurden eingestellt. Als ich den nächsten Tag auf die Arbeit zum Mercedes Autohaus fuhr, fragten sie mich noch im Spaß, ob mir ein Reh in mein Auto rannte. Ich erzählte ihnen die Geschichte, und sie waren ausnahmsweise mal einfühlsam und mitfühlend. Die Motorhaube von meinem Talbot Solara war tief eingedrückt, der Scheinwerfer war, genauso wie der Kühlergrill, kaputt und in der Stoßstange (die aus Fiberglas war) war ein großes Loch. Den Schäden allein zufolge war es ein Wunder, daß dieses kleine Kind überlebte. Bei diesem Unfall war es dasselbe wie beim Unfall von Maximilian und der Melanie: „Kleine Kinder haben einen besonders großen Schutzengel." Ich habe dann einmal seine Familie besucht, habe dem Sebastian ein schönes Stofftier mitgebracht und mußte mich selbst davon überzeugen, wie es ihm ging. Dies war ja sozusagen auch nur recht und billig. Es ging ihm wieder gut! Ich muß sagen, in dem Fall hatte ich einmal wahres Glück im Unglück. Ich hatte auch nie wieder einen Unfall mit Personenbeteiligung, und das ist gut so.

Gott sei Dank!!!

IX. Cliquen/Gangs

Vorwort!

Meine Kontakte hatte ich schon immer nicht gerade mit den normalsten Leuten. Es waren schon immer Außenseiter, Individuelle, Drogenkonsumenten, Rocker und Hippies, die ich kannte und mit denen ich zu tun hatte. Ich wollte immer in einer Grauzone leben. Ich war ein Außenseiter, neben der Gesellschaft lebend: *Problem Child*. Ich wollte seit der Pubertät eigentlich immer Ganove werden. Ich weiß nicht, wieso es mich immer zu den Ganoven hinzog, aber es ist und war schon immer ein Traum von mir. Es sind halt andere Menschen mit einer anderen Lebensauffassung. Genauso wie bei mir, ich lebte mein Leben nach meinen Vorstellungen, nicht nach der Vorstellung der anderen. Ich war nie ein normales und ordentliches Mitglied der Gesellschaft. Eigentlich bin ich schon bald aus der sogenannten normalen Gesellschaft ausgestiegen, da mich diese falsche Moral anödete. Ich war nie ein Lügner und nahm nie ein Blatt vor den Mund, das handelte mir allerdings sehr viel Ärger ein, denn wer die Wahrheit sagt, muß mehr als andere geben, und dies hab ich schmerzhaft erfahren. Ich hatte immer meine eigene Meinung. Für einen sogenannten „Tritt ins Fettnäpfchen“ war ich prädestiniert. Es sind die peinlichen Momente, die manche Würze ins Leben bringen.

Wenn ich hungrig war, hab ich gegessen. Wenn ich durstig war, hab ich getrunken. Wenn ich was gedacht hab, hab ich es gesagt. Und dies hat mir nicht immer Freunde gemacht.

Außerdem wollte ich nie ein Geschöpf meiner Umgebung sein, sondern meine Umgebung sollte von mir geschöpft sein!

Ich war Punker, Popper, Rocker, Hippie, Dealer, Zocker, Kiffer und Lover, sozusagen ein Kind von und auf der Straße. Es war schon als Kind mein Traum, irgendwann mal lange Haare zu haben. Ich konnte mir den Traum erfüllen. Mein Aussehen habe ich sehr oft geändert und mein Stil war, daß ich nie einen hatte: el chamäleon! Am Anfang trug ich Rappo in meiner Punkzeit und dann blondgefärbte Dauerwelle in meiner Discozeit. Dann ließ ich ab 1989 die Haare bis 1997 nicht mehr schneiden. Ein Haufen Weiber waren schon immer auf meine geilen, dicken, langen Haare neidisch. Von wegen „Männer kriegen dünnes Haar". Mir wurde von Frauen öfter gesagt: „Du bist ein richtig schöner Rocker." Und es gibt da auch ein schönes Lied: „Ich hab die Haare schön, ich hab die Haare schön, ich hab, ich hab, ich hab die Haare schön." 1997 nach meinem Unfall hab ich mir dann einen Rappo verpaßt und dann wieder bis 2000 wachsen lassen. Ließ sie dann wieder abschneiden und ließ mir die Haare schwarz färben. Wie gehabt wuchsen meine Haare dann bis 2003 und fielen dann wieder. Ich hatte mir dann blonde Strähnchen machen lassen. Von diesem Zeitpunkt an sind die Haare wieder ohne zu schneiden bis Februar 2007 gewachsen. Seit 2007 trage ich meine Haare wieder kurz. Soll heißen, blank polierte Glatze, wer weiß wie lange?! Außerdem hatte ich sehr oft verschiedene Bartschnitte und natürlich im Winter Vollbart, als Winterfell.

Man konnte Stilnomade sagen, oder ich sag mal so: „Das Grauen hat viele Gesichter. Ich hatte alle!"

Hersbruck!

In der Ortschaft Hersbruck, in der ich aufwuchs, war schon immer was los. Ob es an Fasching war, in den Kneipen, auf Weinfesten oder sonst welchen Festen von Feuerwehr oder Vereinen. Ich wuchs quasi schon mit Alkohol auf und man konnte sagen, es wurde mir in die Wiege gelegt. Wir kauften uns als Kinder auch schon immer Kaugummizigaretten beim

Edeka, um Raucher zu spielen. Da lag es auf der Hand, daß man später gezwungenermaßen Raucher werden würde, könnte, sollte? Bei mir war es dann so, daß es tierisch rauchte!

Die erste Clique Mitte der Achtziger, wir nannten uns „Bad Boys“, war in Hersbruck, und der Funkerraum und der Spielplatz waren unsere Treffpunkte. Zu dieser Zeit hatte ich den Spitznamen „Paul“, wegen meines Vaters, oder auch „Spätzerpaul und der Spucknapf des Todes“ genannt. Wie vorhin schon erwähnt, war mein Vater in meiner Kindheit mein Held und die Welt war in Ordnung. Durch die Pubertät und meine neue Weltanschauung gab es immer mehr Differenzen zwischen uns beiden. Mein Vater und ich haben uns einmal so gestritten, daß er mir dann ein Hackbeil nachwarf und meinte: „So kannst du mit deinen ‚Bad Boys' reden!“ Zum Glück traf mich das Hackbeil nicht. Ich lernte, ihn zu hassen. Der Tod meines Vaters hatte mich bei weitem nicht so mitgenommen wie der meiner Melanie. Ich glaube auch, wenn ich mich so erinnere, daß wir im Zorn auseinandergingen. Als Kind war er mein Held und dann mein Gegner. Ich glaube, daß dies bei vielen Vater-Sohn-Beziehungen vorkommt. Ich konnte halt nicht seinen Vorstellungen entsprechen. Ruhe in Frieden!

Man mußte einige Mutproben mitmachen, unter anderem Diebstahl. Erst waren es nur kleine Dinge, die ich geklaut hab, wie z. B. Kaugummis. Dann kamen vor allem Zigaretten, Tabak, Papers und Klamotten. Beim Edeka-Markt in Lauf bin ich öfter mit einem Bundeswehrparker rein und hab die Taschen vollgestopft, was nur ging. In dem Fall nur Tabak, Zigaretten und Papers. In der Schule hab ich die Waren dann verkauft. Der Kris und ich sind mal in dem Krims-Krams-Laden „Schublade“ in Lauf gewesen, um uns mal wieder zu bereichern. Wir haben in dem Laden Aufnäher, T-Shirts und Shorts geklaut. Der Kris ist dabei erwischt worden und mußte seine Büchertasche ausleeren. Die war voller Aufnäher. Die Verkäuferin sagte zu ihm: „Wenn ich dich noch einmal hier sehe, dann erfahren das deine Eltern." Ich sagte dann noch: „Mensch, Kristiano, was machst denn du für ein Zeug, das hast du doch gar nicht nötig", um von mir abzulenken. Ich hatte nämlich drei T-Shirts und einige Aufnäher in meinem S'-Oliver-Beutel gehabt. Ich hatte aber auch beim Klauen wie mit meinen Drogengeschäften immer das Glück, nicht erwischt zu werden. Zu meiner Privatschulzeit in Nürnberg-City war es damals ja noch einfach, Klamotten zu klauen, da sie ja noch nicht gesichert waren. Man zog sich aus, zog die neuen Klamotten, die man haben wollte, an, und die eigenen drüber. Dies machte ich nicht oft, kannte aber einige Mädels, die sich sozusagen darauf spezialisiert hatten. Die kleinen Biester, immer die neueste Mode an, aber immer auf unschuldig getan und sie kamen damit sogar bei Kaufhausdetektiven durch, ich war dabei. „Und ewig lockt das Weib!"

Wir streunten auch kreuz und quer im Landkreis rum. Einmal brachte ich von der Arbeit Unterbodenschutz mit. Wir streunten an verschiedenen Nächten durch Hersbruck, Offenhausen, Hirschbach, Hartmannshof, Schnaittach und besprühten die Wände, Laternen und Mauern mit dem Hakenkreuz oder den SS-Runen. Irgendwie hat mich Hitler schon immer fasziniert, ich weiß auch nicht wieso, da ich eigentlich nie rechts eingestellt war. In Hersbruck waren wir natürlich die Hauptverdächtigen, aber es konnte uns ja keiner an den Karren fahren bzw. es beweisen. Was auch unseren zerstörerischen Taten zum Opfer fiel, waren die weißen Straßenpfosten, und davon nicht gerade wenige. Wir schauten immer die neuesten, brutalsten Horror- und Actionfilme an, Hauptsache brutal und grausam. Der Kris besorgte schwarz über die Zerzabelshofer immer die neuesten Filme, und so waren wir immer auf dem laufenden.

Da war es wohl kein Wunder, daß wir aggressive, aneckende und provozierende Taten verübten. Einmal sind wir an Karfreitag demonstrativ als Soldaten verkleidet, sogar mit Gasmasken, durch Hersbruck gezogen und zogen den Zorn der Christen auf uns. Es war uns, ich will mal so sagen, scheißegal. Der Mike hatte eine Filmkamera dabei, und wir drehten dann einen Laienkriegsfilm auf der Geländebahn, der natürlich nichts besonderes war. Beim Kris konnten wir das erste Mal auch 8 mm-Pornofilme von seinem Vater anschauen. An den ersten Pornofilm kann ich mich noch erinnern: „Schöner als fliegen". Der Kris mußte dann gleich Pornovideofilme besorgen, um unsere Neugiergeilheit zu stillen. Die daraus resultierende Konsequenz war, selbst Erfahrungen zu sammeln. Wir waren ja öfter auf dem Spielplatz und da kamen auch die Moni, Silke und die Knetsch vorbei. Dadurch hatten wir dann auch die ersten Kontakte mit dem weiblichen Körper. Wir hielten die Moni oder die Silke, wer halt da war, an Händen und Füßen fest und zogen sie dann aus, um sie zu befummeln. Wir massierten ihre Möpse und es ist possible, daß auch mal ein Finger unter die Gürtellinie gewandert ist. Irgendwie gefiel es ihnen nicht, aber irgendwie doch, und sie erzählten es komischerweise auch niemandem. Die Knetsch, vielleicht gerade 13 Jahre alt, war da viel gefügiger. Ihr machte das Fingern und Befummeln richtig Spaß, und sie machte es sogar freiwillig – mit Strip – für Zigaretten. Wir waren so um die 15 Jahre alt, aber von Vergewaltigung würde ich hier nicht gerade sprechen – eigentlich mehr Doktorspiele – und wir haben sie ja auch nicht körperlich verletzt.

Unter dem Funkerraum war eine ältere Clique, die nannten sich „Lost Generation". Da waren der Hanzo, Mäc und der Mike dabei. Die drei kamen zu einem späteren Zeitpunkt aber zu unserer Clique. Wir feierten bei uns im Funkerraum einmal Silvester und betranken uns kreuz und quer mit allem, was wir kriegen konnten – Bier, Wein, Dracula, Absinth. Ich war schon um 10:00 Uhr total voll. Es lag Schnee und ich legte mich im Rausch raus in den Hof. Ich schlief ein und hatte Glück, daß mir nichts abfror.

Ich lernte nämlich später vom KING RIDERS MC einen kennen, der legte sich im Winter im Suff auch in den Schnee und ihm froren beide Füße ab. Er konnte nur noch mit Spezialschuhen laufen, und da sah er aus wie ein Roboter. Es kam auch noch entscheidend hinzu, daß er zwei Meter groß war. Furchteinflößend!

Auf jeden Fall bin ich kurz vor 12:00 Uhr zum Prost-Neujahr-Anstoßen wieder aufgewacht. Der Mike stellte drei Kanonenschläge nebeneinander und zündete sie nacheinander an. Bloß, als er den letzten anzündete, ging der erste schon los. Er war dann etwas neben der Rolle und hörte etwas schlecht, er hatte aber keinen bleibenden Schaden. Wir waren zu der Zeit auch oft nebenan in der Gaststätte „Hochrhein", wo ein Spielautomat, „Space Invaders", und ein Kicker standen. Zu der Zeit hatten wir ja nicht viel Kohle, Asche, Geld, Fett, und so spielten wir beim Kickern um Zigaretten. In der Turnhallen-Gaststätte waren wir auch oft, da stand der Spielautomat „Donkey Kong" und das zockten wir auch ohne Ende. Der Wirt dort hieß Heinz und der war richtig fett. Ich sag mal so, 180 kg wog der bestimmt. Eine andere Stammkneipe, wo wir immer waren, war das „Rotmännle", wo die Irma 25 Jahre die Wirtin war. Da zockten wir meistens Schafkopf oder Schnauz. Zu der Zeit trank ich noch Cola-Bier und Cola-Hefe. Zu essen gab es die Pizza 80 mit Peperoniwurst, das war die billigste und beste.

Das erste Mal, als ich was gekifft hatte, war auch mit meinen „Bad Boys", 1985. Der Kris besorgte von den Zerzabelshofern schwarzen Afghanen/Hasch. Wir gingen auf den Berg nach Hersbruck in die St.-Michael-Hütte und rauchten den Hasch. Wir hatten auch Bier dabei, das wollte aber keiner. Bei mir kam es gar nicht so toll rüber und ich fühlte mich überhaupt nicht stoned. Der Mike faselte immer: „Wenn ich durch die Büsche sehe, dann sehe ich Hersbruck leuchten." Wie gesagt, bei mir wirkte es nicht so toll, aber ich probierte es den nächsten Tag noch einmal. Es war das gleiche Ergebnis, wieder nicht richtig stoned. Ich sagte: „Ich rauche in meinem Leben nichts mehr, des bringt mir nichts." Das war allerdings nicht der Fall, weil ich ja 1988 voll einstieg und seitdem kiffte. Ich hatte zwischendurch immer mal eine Rauchpause gemacht, zwecks antörnen. Ich lernte aber dann welche kennen, die immer, und ich meine immer und jeden Tag kifften.

Im Sommer 1987 fuhren wir in den Urlaub nach Bibione/ Italien. Dabei waren meine Kumpels (Zonk, Kris, Hanzo, Mike, Mäc) und dort lernten wir eine gleichgesinnte Gang kennen. Sie war'n aus Criesbach und waren ein Iron Maiden-Fanclub und genauso alt wie wir. Wir war'n ja aus der Disco-Szene und mir gefiel auf einmal die Metal-Musik. Seitdem bin ich überzeugter Metal-Fan. Ich feierte auch meinen 18. Geburtstag in Bibione und spendierte reichlich Amaretto und Asti zum Gluckern; supergut. Wir hockten uns auf den Marktplatz, feierten da mit ein paar Schwedinnen und Schweden, und die hatten auch noch Klampfen (Gitarren) dabei. Mit Musik läuft alles von alleine. Es war eine gediegene Nacht. Einmal in dem Urlaub war ein Sturm, wie ich ihn noch nicht erlebt hatte. Gegenüber war eine Pizzeria, bei der es das Dach abdeckte, und diese fahrenden Mülltonnen mit vier Rädern aus Metall fuhren bei uns am Haus vorbei. Lustig. Am nächsten Tag war am Strand alles verwüstet, die Liegestühle lagen überall verstreut. Eines Abends war ich so besoffen, daß ich nachts an den Strand ging und mich in einen Liegestuhl legte, um zu schlafen. Meine neuen Nike-Turnschuhe zog ich aus und stellte sie daneben. Als ich aufwachte aus meinem kurzen Schönheitsschlaf, lief ich zu unserem Bungalow zurück. Und als ich da angekommen war, merkte ich erst, daß ich meine Schuhe nicht anhatte. Ich lief wieder zurück zum Strand, um sie zu suchen, hatte aber im Dunklen keine Chance, sie zu finden, da ich ja nicht mehr wußte, wo ich gelegen hatte. Die waren weg und ich ärgerte mich wieder mal sehr über mich selbst. Es war auf jeden Fall ein geiler Urlaub!

Fasching!

Die Faschingszeit war immer ein Highlight in Hersbruck, eine Faschingshochburg. Am Faschingssonntag war bei uns immer der Faschingszug. Am Rosenmontag und Faschingsdienstag ist Straßenfasching und wir gingen als Dominos (lat. Dominus – Herr) von Haus zu Haus. Der Domino trägt ein schwarzes, wadenlanges oder langes Kleid mit spitzer Kapuze (mit Zeitungspapier ausgestopft) und eine schwarze Larve, wo man nur die Augen sieht. Manche hängen sich auch alte Vorhänge um. Die Grundzüge stammen aus dem Norditalienischen Commedia dell arte. Wir gingen von Haus zu Haus, wo man mit Getränken und Essen kostenfrei bewirtet wurde. Sie können sich vorstellen, wie da der Alkohol floß. Als ich 14 Jahre alt war, lief ich an Fasching die Dürrengasse in Hersbruck runter, traf damals den späteren Kumpel Mike und der gab mir eine Kippe, die ich gleich mit ihm paffte (natürlich nicht auf Lunge). Ich wurde prompt von meiner Tante und meinem Onkel gesehen. Das war ein Affenzirkus. Ich durfte natürlich an diesem Fasching nicht mehr weggehen. Ich hatte also ziemlich früh Kontakt mit Alkohol und Nikotin. Am Faschingsdienstag abends um 18:00 Uhr war bei uns immer die Entmaskierung im Oberdorf. Da war das ganze Oberdorf voller Dominos, alles schwarz. Die Larven fielen und wir haben sie dann verbrannt. Jeder wußte, daß man an Fasching lieber nicht mit dem Auto durch Hersbruck fahren sollte. An einem Faschingsdienstag fuhr ein Bewohner einer Quergasse vom Oberdorf mit seinem Jeep langsam durch die Dominos. Es war natürlich klar, daß der eine oder andere mal auf das Auto schlug. Auf einmal gab der Gas und fuhr mit Vollgas durch die Menge. Er fuhr über zwei Dominos, die es glücklicherweise fast unbeschadet überlebten. Auf jeden Fall ist die ganze Dominorotte hinterher, und ich natürlich mit vorn dran. Da er hier wohnte, mußte er in seine Gasse einbiegen. Das war eine Sackgasse. Er schaffte es gerade so in sein Haus, und dies war sein Glück. Der Jeep von ihm war völliger Schrott, denn es wurden die Scheiben eingeschlagen und der Rest wurde mit allen möglichen Gegenständen von den Dominos demoliert; das Hoftor auch. Wären nicht einige Polizisten aus Hersbruck unter den Dominos gewesen, wären wir mit Sicherheit auch noch in das Haus eingestiegen. Die Bullen schlichteten, die Dominos aber schrien, unter anderem auch ich: „Hängt ihn auf, die Sau."

Er überlebte! Wie das aber mit dem Auto und dem Hoftor ausging, weiß ich nicht. Dies war allerdings der einzige gewalttätige Übergriff an Fasching, den ich erlebte.

Hier die verschiedenen Teilnahmen an Faschingszügen:

Ich habe auf mehreren Faschingszügen in Hartmannshof, Offenhausen, Hirschbach, Schnaittach und Hersbruck Blasmusik gespielt.

„Bronx 87" Hersbruck (mit Mäc, Mike, Kris, Zappo, Zonk).

„RAF (Russisch Amerikanische Freundschaft)" 1988 mit den „Zapf's Stammtischbrüdern".

Schöpferische Faschingspause: Der Fasching 1991 wurde ja wegen des Golfkrieges abgesagt, der um Öl, Geld und Macht ging. Als der Jugoslawien-Krieg quasi vor unserer Haustür stand, interessierte das niemanden, da den Krieg ja nicht unsere geliebten verbündeten Amis führten und nichts dabei zu verdienen war! Aus diesem Grund kehrte ich dem Fasching in Hersbruck 15 Jahre den Rücken, denn ich ließ mir nicht vorschreiben, wann, wie und wo ich Fasching zu feiern hatte. Außerdem war in der Rockerszene sowieso das ganze Jahr Fasching. Der deutsche Michel – obey your master you german slave – spielte das Spiel der Faschingsabsage 1991 natürlich wieder mit! Isch net!

Als ich dann ab 2004 wieder in Hersbruck wohnte, hatte ich erst keinen Bock mehr, dort an Fasching wegzugehen, machte aber an den folgenden Faschingszügen dann doch wieder mit:

„Wir sind Papst" 2006 (ich als Jesus), „Sieben Zwerge" 2007 und „Horrorgang" 2008 (ich als Jason), und alle drei Male wieder mit den Hersbrucker Jungs.

Bunker Offenhausen, Schnaittach!

Ich mußte einfach weg aus dem unsäglichen Dorfmief und bin froh, daß ich dann aus Hersbruck weg bin, um was zu erleben und Erfahrungen zu machen. Sie waren, sind und werden nicht einfach, die Erfahrungen!

Ich war in meiner Laufbahn auf der Straße in ziemlich vielen verschiedenen Cliquen und Gangs unterwegs. In der Zeit von 1985 bis 1987 war ich jeden Freitag und Samstag im Bunker (Tanzcenter Offenhausen) unterwegs, und ich war mit den Schnaittacher und Offenhausener Jungs zusammen. Ein Fox- und Discotänzer, daß die Cowboystiefel glühten. Der

Bunker war in dieser Zeit mein zweites Zuhause. In dieser Zeit entstand auch mein einzig echter Spitzname:

„SCHWINES“. Er evolutionierte aus Svenisson, Sveni, Schweni, Schweini, Schwini, „SCHWINES“.

Der Name Schwines war 20 Jahre im Stadt- und Landkreis wohlbekannt. An Fasching hab ich einmal im Bunker eine Mumie gemacht. Ich hatte nur eine Unterhose und ein Muscle-Shirt an. Meine Schwester Jeanette hat mich von oben bis unten komplett mit Mullbinden eingewickelt. Es dauerte zwar etwas, war aber eine saustarke Verkleidung (schneeweiß). Da ich dann später etwas angetrunken war, bin ich irgendwann rumgelaufen und hatte nur noch meine Unterhose und mein Muscle-Shirt an. Die Mullbinden hangen an mir, so daß viele Leute drauftraten beim Tanzen. Kurz gesagt, ich war ziemlich zerfleddert. Des weiteren war ich im Bunker einmal als Girl verkleidet. Ich hatte ein rosa Minikleid von meiner Schwester an, war geschminkt und frisiert. Ich ging voll als Girl durch und manche Typen machten mich sogar voll an. Bei Faschingsverkleidungen, weitere folgten, war ich immer vorn dabei. Am ersten Mai haben wir immer fette Feten gefeiert. Mit Saufen, Schlammcatchen, Holz klauen (Riesenfeuer) usw. Wir feierten meist drei bis vier Tage, und das ohne jegliche Körperpflege. Das war irgendwie *back to the nature*. Uns fiel ja nie etwas Gescheites ein, und da passierte auch schon mal was. Der Mausi klebte sich einen Bart aus Watte an, und der Hägar machte sich einen Jux und brannte mit dem Feuerzeug den Bart an. Der entflammte wie Zunder, und hätte er nicht die Creme vom Hinkleben im Gesicht gehabt, wären wohl schwerere Verbrennungen zurückgeblieben. Glück gehabt, der Tolllack. Der Hägar baute dann ein paar Molotowcocktails und das Mitternachtsfeuerwerk konnte starten. Wir zündeten rings um uns die ganze Pampa an. Explosive Fete!

Einmal sind wir von der Bunker-Gang 1986 zum Skifahren nach Isola 2000 in Frankreich gefahren. Auf dem Weg nach Isola 2000 hatten wir in Monaco Pause gemacht. Wir waren ja erst 16 Jahre alt, gingen aber in den vorderen Teil des Spielcasinos. Wir zockten mit den einarmigen Banditen, bis so ein Croupier, oder was immer der war, kam. Er meinte immer zu uns: „Passporte, Passporte". „Leck uns am Arsch", sagten wir zu ihm, und wir zockten weiter. Es kam dann noch einer, und der war anscheinend sein Vorgesetzter. Auf jeden Fall beförderten die zwei uns vor die Tür, aber egal, Hauptsache mal im Spielcasino in Monaco. Im Eifer des Gefechtes hatten wir den Joey vergessen und keiner hatte es bemerkt. Wir mußten dann die ca. 20 Kilometer wieder zurückfahren und fanden ihn zum Glück. Er hatte schon mit seiner Mutter in Offenhausen telefoniert und die wollte ihn schon abholen, das wurde dann wieder abgeblasen. Als wir dort ankamen, lag so wenig Schnee, daß alle unsere Ski beim Fahren verreckt sind. Es war kein besonderer Urlaub und das waren auch meine letzten Fahrten mit Skiern.

Zu Hause angekommen, trafen wir uns am Wochenende wieder im Bunker. Wir haben uns im Bunker dann mal mit zwei Zuhältern aus Nürnberg angelegt, die hier wahrscheinlich Frischfleisch suchten, wenn Sie wissen, was ich meine. Sie zogen dann ab, da wir in der Überzahl waren. Die Woche darauf bewaffneten wir uns, da wir dachten, die kommen mit mehreren Zuhältern. Wir versteckten um den Bunker herum Baseballschläger, Messer usw., um uns zu verteidigen. Wahrscheinlich war es besser, daß sie nicht kamen.

Eines Abends im Sommer standen wir so vorm Bunker rum, als mich auf einmal einige packten, zum nahegelegenen See trugen und in voller Montur reinschmissen. Es waren die Schnaittacher und der Boldi und der Mausi aus Hersbruck dabei. Ich war total fertig, stinksauer und stand tropfnaß da. Der einzige, der zu mir stand, war der Joey aus Offenhausen, und zu dem gingen wir dann, um erst mal meine Klamotten zu trocknen. Von da an wollte ich verständlicherweise nichts mehr mit diesen feigen Kröpfern zu tun haben. Eines der größten Arschlöcher, mit denen ich in der Zeit verkehrte, war der schon erwähnte Mausi, denn das war ein richtig linker Hund. Er kam auch aus Hersbruck und war früher bei mir in der Klasse. Der hat mich abgelinkt und bei anderen angeschwärzt, wo er nur konnte. Einmal, als wir zelteten, hat er uns auch an eine größere Clique in Hersbruck verraten. Die überfielen uns nachts, machten unsere Fahrräder kaputt und banden sie auf die Bäume. Die Zelte blieben auch nicht verschont. Der war einer der Kategorie „linkischer Verrätermensch", unberechenbar, bösartig und feige!

Hartmannshof 1!

Danach bin ich dann wieder mit den Hersbruckern unterwegs gewesen. Ich hatte dann ja auch meinen Führerschein, ein Auto und jetzt ging der Spaß erst richtig los. Irgendwie hat es den Mike und mich dann nach Hartmannshof verschlagen. Wir gründeten dann Ende 1987, in der Gaststätte „Zum Zapf", mit einigen Jungs die ‚Zapf's Stammtischbrüder'. Hier ein Auszug unserer Stammtischhymne:

„Wir sind vom Zapf die Stammtischbrüder, ihr habt's noch nicht erlebt, und wenn wir einmal feiern, die ganze Bude bebt. Wir trinken keinen Kaffee, denn darauf pfeifen wir, wir besaufen uns viel lieber mit gutem Ständer Bier."

Zu der Zeit kiffte ich noch nichts, unsere Devise war: Saufen, bis der Arzt kommt. Eine Philosophie war immer: „Sieben Bier sind auch eine Mahlzeit, da hat man aber noch nichts getrunken." Wir kickten auch oft bei Stammtischturnieren mit, das waren immer „Bier und Spiele“. Ich stellte mich ins Tor, damit nicht gleich wieder etwas passierte.

Natürlich feierten wir auch da den 1. Mai, und das wie gehabt ein paar Tage lang. Ich kam auf die Idee, mit dem Auto runter ins Kaff zu fahren, und wir zogen uns dazu noch nackt aus. Wir fuhren prompt in eine Kirchen-Prozession und ich saß nackt auf dem Dach. Wir haben uns sozusagen kaputtgelacht und sind auf den Fetenplatz auf dem Berg beim Dreiländer Kreuz zurückgefahren. Dort angekommen, war weiter Party angesagt. Da waren wir natürlich erst einmal das Dorfgespräch schlechthin. Aber Hallo!

Die Stammtischzeit wurde dann durch meine noch wildere Zeit abgelöst. Es ging mit den Hippies, Rockern und Drogen los!

Hartmannshof 2!

Der Romeo, der Habicht und ich machten 1989 mit unseren Motorrädern Urlaub am Bodensee. Wir versuchten ewig, eine Pension zu finden, doch da wir immer nur eine Nacht nächtigen wollten und wir nicht gerade nach den anständigsten Touristen aussahen, gab uns keiner ein Zimmer. Als wir dann ein Trockendock fanden, schliefen wir einfach in einem der rumstehenden Segelschiffe, das mit einer Plane abgedeckt war. Dies war gemütlich, denn draußen schüttete es in Strömen, und es kostete ja nichts. Die anderen Nächte schliefen wir mit dem Zelt in der Pampa. Ein absolutes Highlight war unser Flug mit einer Cessna über den Bodensee. Der Preis von 50,- DM pro Person für eine dreiviertel Stunde ging in Ordnung. Als wir mitten über dem Bodensee waren, fragte der Romeo, was passieren würde, wenn man diesen Steuerknüppel, wie auch immer das Ding heißt, nach vorne drücken würde. Der Pilot drückte es prompt ganz nach vorne, und wir flogen im Sturzflug auf den Bodensee zu. Das war so eine extreme Adrenalinausschüttung, daß man es in allen Fasern des Körpers und allen Ecken des Gehirns spüren konnte. Gänsehaut garantiert, einfach geil. Anderentags sind wir nach Kloster Andechs gefahren und haben uns lecker Haxen und Klosterbier einverleibt, ganz nach bayerischer Lebensart. Einfach zünftig.

Am Altweiberfasching in Bischofsheim/Rhön war ich mal mit dem Romeo, Dodo und Skully, und da war mächtig was los. Die Frauen waren alle völlig losgelöst, quasi gängig. Ein kleiner Quickie im Auto war da leicht auszuchecken. Ich bin dann in der Nacht nach Hause gefahren und wurde prompt von den Bullen am Ortsausgang angehalten. Ich war leicht angetrunken, aber sie kontrollierten außer meinen Papieren nichts. Ich durfte weiterfahren und dies war auch mein Glück. Schwitzschwitz! Ich habe durchgemacht und bin direkt auf die Maloche.

Im Frühjahr 1990 fuhren wir zweimal in die damals noch DDR, und zwar nach Oberhof. Mit dabei waren beide Male der Romeo, Sexer, Axel, Smokey, Ranger, ich und noch ein paar Ossis. Bei Axels Mutter, die hatte eine Kneipe mit ein paar Zimmern im Zonenrandgebiet, wohnten schon frisch eingetroffene Übersiedler, und wir konnten dadurch mit denen Schwarzgeld tauschen, konkret korrekt für uns. Als wir am Abend in so eine ehemalige Parteibonzen-Disco gingen, fragte uns die Bedienung, was wir trinken möchten. Wir bestellten jeder eine Flasche Sekt und sie fragte noch: „Sind nicht zwei oder drei für den Anfang genug?“

Wir sagten: „Nö, nö, bring uns mal jedem ‚ne Bottle vom besten Champus, den ihr so auffahrt.“

Uns kostete jeden eine Flasche umgerechnet 30 Pfennig oder so, drum dachten wir uns, lassen wir's fließen. Wir ließen voll den Wessi raushängen. Um Mitternacht lief die russische

Nationalhymne und wir glotzten ganz schön blöd. Damit wurde dann auch das Ende dieses Abends in der Disco eingeläutet. Wir fuhren dann mit einem Trabi zu neunt, kreuz und quer liegend, in unsere Pension zurück. Was nicht so alles in einen vermeintlich kleinen Trabi reinpaßte. Wir waren erstaunt. Der Ranger war auf einmal verschwunden und tauchte erst nächsten Mittag wieder auf. Er fand unsere Pension nicht und klingelte an sämtlichen Häusern, bis ihm schließlich einer Obdach gewährte, wie er uns erzählte. Am nächsten Tag gab es in der Pension Frühstück, zum Mittagessen mußten wir uns allerdings bei unserem Vermieter Essenmarken holen, und dann gab es in einem Gemeinde-Speisesaal das Mittagessen. Der Ostflair war 1:1 in dieser Zeit, dürfte klar sein. Tagsüber sind wir in die City gefahren, ich hatte ein paar Pornohefte dabei und hab sie an Passanten verhökert, die gingen weg wie warme Semmeln. Zum WM-Wintersportgelände fuhren wir auch, und es war geiles Sonnen- und Schneewetter. Als wir uns dann eine Kneipe zum Abendessen ausgesucht hatten, gingen wir rein und setzten uns hin. Es kam uns irgendwie spanisch vor, keiner bediente uns. Als wir nachfragten, hat man uns mitgeteilt, daß man sich hier am Eingang erst einmal anzustellen hatte, sonst würde man nicht bedient werden. Wir aßen dann Broiler (Hähnchen), diese Bezeichnung hatte ich noch nie gehört und lachte mitten in der Kneipe erst mal drauf los. Dazu gab's Ostbiere. Die zwei Ausflüge zusammengenommen, kommt auf jeden Fall „Abenteuerurlaub Eastern Germany" heraus: „Gänse fleisch ma sogen, was fürn Wogen des is?" Sehr amüsant!

Durch den Axel hatte ich den Ranger aus seinem Nachbardorf kennengelernt. Der Ranger rauchte nicht, sondern aß nur den Shit, baute aber einen Joint nach dem anderen, und die mußten wir dann immer wegzischen. Das war ein abgefahrenes Dorf, aber hallo. In diesem Dörfchen (ca. 300 Seelen) konsumierten damals mindestens 50% Drogen, ob jung oder alt, immer rein damit. Die hatten sogar eine eigene Speedküche, und Gras wurde sowieso angebaut, also Drogenmangel herrschte da nie. Sogar die Eltern vom Ranger konsumierten damals sämtliche Drogen und die waren so um die 65 Jahre alt, pi mal Daumen. Ich war einmal oben und es war voll das schlechte Wetter. Wir schossen dann mit dem Luftgewehr aus dem Fenster auf die Scheune gegenüber. Danach spielten wir Dart, und da wir ja berauscht waren, steckte auf einmal ein Dartpfeil im Oberschenkel der Mutter. Alles lachte sich kaputt, inklusive der Mutter. Also dieses Dorf war schon abgefahren und ich kann sagen, daß ich so ein Dorf nie wieder kennenlernte und mit Sicherheit nie wieder kennenlernen werde. Ich glaub nicht, das von den Leuten damals heute noch viele leben, da diese Ereignisse ja schon über 15 Jahre zurückliegen.

Das große Fressen! Wir machten Fondue beim Dodo, und dies war wirklich eine Völlerei der ersten Klasse. Dabei waren der Wolfman, Smokey, Romeo, Habicht, Axel, Grandler, Marcel, Dodo und ich. Wir aßen von Freitagabend bis Sonntagnachmittag. Es gab in Würfel geschnittene 10 kg Rinderfilet, 10 kg Schweinefilet und 10 kg Putenfilet, Weißbrot, verschiedene Soßen und ein bißchen Salat. An Getränken gab es Bier, Whiskey und Wein und jede Menge Rauchwaren (verschiedene Gras- und Haschsorten). Wir machten alles in 48 Stunden kurz und klein, ohne jegliche Bewegung und im Schichtschlaf. Es war superlecker und eine Völlerei der ersten Klasse. Mahlzeit!

Ein anderes Mal trafen wir uns an einem Freitagabend zu sechst beim Smokey. Er wohnte noch bei den Eltern und die waren in Urlaub. Juchhu. Es fiel uns ein, eine Haschpizza zu machen. Zutaten: Tiefgefrorene Pizza, 10 gr. Hasch und los geht's. Den Hasch mußten wir aufflocken (Bröseli machen) und auf der Pizza verteilen. Jetzt einfach in die Röhre und dann verspeisen. Es war soviel Hasch auf der Pizza, daß wir es ohne Ketchup, Senf oder Mayo gar nicht runterbrachten. In dem Fall ist der Beginn der Wirkung später als beim Kiffen, kommt aber dann um so heftiger. Fly, fly away! Ich hätte am Samstag im Harley-Laden malochen müssen und stieg morgens auf meine SR 500. Ich war nicht in der Lage, die Kiste anzutreten, denn E-Starter hatte ich keinen. Also rief ich im Geschäft an und sagte Bescheid, daß ich indisponiert bin, und ich bekam auch überhaupt keine Probleme dadurch. Ich mußte erst einmal wieder hoch zum Smokey und mich ablegen. Als ich mittags aufwachte, hatte ich den Nierengurt, das Halstuch und die Lederjacke auch noch an. Wie gesagt: Fly, fly away! Die anderen waren auch noch nicht fit, und wir machten dann am Nachmittag erst einmal richtig Frühstück. Dies war eigentlich das einzige Mal, wo ich Haschisch gegessen hatte, und es war auf jeden Fall sensationell!

Es war Anfang der 90er, da gab es bei Hartmannshof auch einen gut versteckten Fetenplatz und der hieß „Links Links". In der Zeit tendierte ich auch ein wenig zur Hippieszene, da ich von den Jungs dort den Ricksson, Tailor und den Dänen aus der Partyszene kannte. Der Anfahrtsweg war: auf der Hauptstraße Hartmannshof Richtung Hersbruck erste links, dann gleich wieder links (versteckt im Dickicht) und die Gesellschaft dort war auch doppelt links. Da trieb sich quasi die linke Hippie- und Kifferszene aus dem Landkreis Nürnberg im Sommer rum.

„If you want to be a Hippie, put a flower on your Pippie."

Im Sommer raus, ein Lagerfeuer und was gekifft. Die Natur genossen in jeglicher Hinsicht. Man konnte eigentlich kommen, wann man wollte, es war immer jemand anwesend. Da wurde eigentlich nur gekifft, über ewige Freiheit philosophiert, Lagerfeuer, Mucke und gut war's.

„We are the people, the rolling people, the why people, the waiting people, the wanting people, the tambourine people, the alternative people, the angel people." *Aphrodite's Child*

Drogen sind und bleiben bewußtseinserweiternd. Deshalb sind sie auch verboten, weil das Establishment Angst vor der denkenden Bürgerklasse hat. Das Saufen ist erlaubt und gewünscht, denn es bringt eine Menge Steuern, und irgendeinen Knochen muß man seinen Befehlsempfängern ja vorwerfen.

Über Staatsoberhäupter wurde natürlich auch gewettert: „Nichtangriffspakt Hitlers mit Churchill und Stalin." „Keiner hat die Absicht, eine Mauer zu errichten", Ulbricht. „Es kann jeder davon ausgehen, daß das ein feiges Attentat von Lee Harvey Oswald auf John F. Kennedy war", sagte Lyndon B. Johnson und ließ sich Stunden später in der Airforce One als President vereidigen. Wer es glaubt!? „Es werden blühende Landschaften in Ostdeutschland entstehen", Kohl. Diese Aussagen stellten sich als klassische Politikerphrasen heraus. Wenn Recht und Wahrheit auf die Politik treffen, ziehen das Recht und die Wahrheit immer den Kürzeren!

Und last, but not least der Vietnamkrieg:

„Das Konzept ist, daß die Weißen die Schwarzen losschikken, um gegen die Gelben Krieg zu führen, und um Land zu verteidigen, daß sie den Roten gestohlen haben." *Hair*

!Lieber Love and Peace als Krieg und Frieden. Frieden schaffen, ohne Waffen!

Es war ein schöner Fleck Erde zur damaligen Zeit. Heute ist es ein weiterer Ort, der gar nicht mehr aufgesucht wird.

Viele Bekannte von damals haben mittlerweile Häuser gebaut, Kinder bekommen oder haben sich selbständig gemacht. Es ist halt wie damals bei Woodstock. Die Ideale einer Generation gehen im Laufe des Lebens im System verloren. C' est la vie, so ist das Leben eben!

Hirschbach!

1988 trat ich dann aus dem Stammtisch aus, und dann ging es mit dem Rocker- und Hippiemilieu los. Ich lernte auch nebenbei die BIKERS Hirschbach so Anfang der 90er kennen. Die waren auch richtig coole Jungs. Wir fuhren oft zusammen auf Partys und Rallys mit den verschiedensten Maschinen:

Harleys, Joghurtbecher (Rennmotorräder wie z. B. Suzuki GSX-R oder Kawasaki ZZR), Chopperumbauten, Engländer, Italiener und auch deutsche BMW älteren und neueren Baujahrs. Einer hatte einen Honda Bol' Dor, Vierzylindermotor mit 900 ccm, in einem Starrahmen. Die Kiste war mattschwarz, hatte einen leeren Auspuff und war auf Schottland angemeldet. Das heißt keine Blinker, vorne keine Bremse und alles scheißegal. Fuck the TÜV, in fucking spießig Germany. Das war eine richtig monstermäßige Kiste. Unsere Devise war:

„Egal was für eine Farbe, Hauptsache schwarz."

Wir waren ein richtig abgefahrener Haufen und machten oben in Hirschbach, auf dem alten Fußballplatz, immer spektakuläre Feten, ob daß einfach so war oder am 1. Mai. Da kamen viele andere Gleichgesinnte aus der Gegend und es tanzte der Bär. Da ich in dieser Zeit schon den DEADHEAD MC kannte, zog es mich mehr zu denen hin. Hatte aber immer noch weiter mit den Hirschbachern zu tun gehabt, da wir uns ja öfter auf Motorrad-Partys sahen!

Und jetzt: enge Freundschaften!

X. Freundschaften

Wolfman/Lemmy:

Mit meinem Freund Wolfman/Lemmy verbinden mich schon sehr viele, lange Geschichten. Da er auch aus Hersbruck kam, hatten wir schon immer engen Kontakt. Wir waren zusammen erst beim DEADHEAD MC und dann beim KING RIDERS MC.

Meine Metal-Karriere begann mit Iron Maiden, die ich insgesamt dreimal sah. Auf Monsters of Rock in Schweinfurt 1988, ein 2-Tage-Festival, bin ich mit meinem Kumpel Wolfman und mit meinem ersten Auto (Talbot Solara) nach Schweinfurt gedüst. Ich hatte gerade erst meine Kfz-Mechaniker-Abschlußprüfung bestanden und das mußte zelebriert werden. Es war wirklich eines meiner geilsten Konzerte und mein erstes Festival. Ich war ganz vorne und fing sogar durch unglaubliches Glück ein Plektrum vom Bassisten Dave Murray mit Autogramm. Nach dem ersten Konzerttag gingen wir zurück zum Auto und fetzten da weiter. Die Jungs vom Nachbarauto hatten irgendwelche Pillen und ich war natürlich gleich wieder dabei. Später im Auto war ich so zu, daß ich den Wolfman während des Schlafens vollgereihert hab. Meine Schaltung und Handbremse bekamen natürlich auch ihren Teil ab. Ich mußte nächsten Morgen erst mal wieder klar Schiff machen, und es war ganz schön ekelig. Es war ein sensationelles Wochenende. Dieses Festival war der Startschuß meiner Leidenschaft für Heavy-Metal.

Schon nach kurzer Zeit lernte ich METALLICA (Metal-Götter, die besten Metaler aller Zeiten und meine Favoriten Band) kennen. Ich hab sie bis dato fünf Mal live gesehen. In der Carl-Diem-Halle Würzburg mit dem Album „... and Justice for all"; Festival in Mainz/Finthen Airbase, mit AC/DC, Mötley Crüe, Black Crowes und Queensryche; Frankenhalle Nürnberg mit dem „Black Album"; Rock am See in Konstanz, mit dem Album „St. Anger"; last, but not least, in der Arena auf Schalke (mit dem besten Publikum, das ich jemals sah, und ich sah viel), mit dem Album „St. Anger" und der Vorgruppe Slipknot (Pure Gewaltverherrlichung auf der Bühne, sehr seriös). Allesamt Konzerte für die Ewigkeit!

Dann ging ich auf die ersten Rocker-Partys, ließ mir die Haare lang wachsen und machte meinen Motorrad-Führerschein. Der Wolfman und ich waren einmal auf der Fahrt von einer Party des SCHWARZEN RITTER MC 1994 nach Hause, als meine Harley auf der Autobahn liegenblieb. Der Wolfman hatte schon ein halbes Jahr keinen TÜV mehr auf seiner Yamaha SR 500. Wir waren beide noch ganz schön banane und die Sonne brannte mit 40 Grad runter. Ich mußte die Harley mindestens einen Kilometer ansteigend schieben, bevor wir eine Notrufsäule erreichten. Ich war tropfnaß geschwitzt. Der Wolfman meinte: „Ich bin noch total unterwegs und ich hab keinen TÜV mehr, du mit deiner scheiß Harley." Ich hab gesagt: „Dann hau halt ab, der ADAC kommt eh gleich." Er wartete doch. Als der ADAC kam und seine Gerätschaft anhängte, stellten wir fest, daß das Kabel von der Lichtmaschine runtervibriert war und die Lichtmaschine nicht mehr lud. Wir steckten das Kabel rein und schon lief die Kiste wieder. Seit diesem Zeitpunkt bin ich ADAC-Mitglied, und dies war Pfingsten 1994.

Der Wolfman hat zwar hie und da einmal Drogen ausprobiert, es aber dann auch gleich wieder gelassen. Wie aus mir bei den KING RIDERS der „Pinocchio" wurde, so wurde aus dem Wolfman der „Lemmy". Bei uns war einer dabei, der sogar den Clubspitznamen „Assfucker" auf dem Schwanz tätowiert hatte! Tüchtig!

Bei Lemmys und Sweetys Hochzeit war mächtig was los. Die war im Jahr 1999. Es war die komplette Verwandtschaft der beiden da, und alle KING RIDERS MC Chapter waren natürlich auch anwesend. Als die zwei aus der Kirche kamen, wurden alle Motorräder angemacht und voll Kanne hochgedreht. Der Master vom Chapter Bad Neustadt/Saale, hatte seine Pumpgun (Schrotflinte) dabei und schoß zum Motorengeheule des öfteren in die Luft. Die Kinder schrien und die Alten waren verschreckt. Es war sogar Polizei anwesend, in Form des Schwagers vom Lemmy, denn der war bei der Abteilung OK (Organisierte Kriminalität). Das hatte aber keine Konsequenzen. Die Hochzeit war voll gut und mit Sicherheit auch nicht billig. Der Hitman vom Nürnberger Chapter spielte mit seiner Band auf, und die Debbie und ich tanzten graziös drauf los, daß die Hochzeitsgesellschaft ganz schön gestutzt hat. Ich, der Tänzer und Liebhaber! Gut tanzen konnte ich schon seit meiner Disco-Zeit im Bunker, und ich tue es noch heute leidenschaftlich gern. Die Hochzeit ging auf jeden Fall, bis die Sonne schon hoch am Himmel stand.

Vom Lemmy war ich bei der Abstimmung über mich zum Prospect enttäuscht. Er hat nach all den Jahren unserer Freundschaft gegen mich gestimmt. Ich unterstelle ihm hier nichts, glaube aber, daß er aus Gründen seiner Karriere im MC gegen mich stimmte, und außerdem arbeitete er zu der Zeit bei unserem Präsidenten Henker. Ich bin heute nicht mehr nachtragend, aber damals wollte ich schon erst mal nichts mehr mit ihm zu tun haben. An Fasching 2007 warn wir wieder mit den anderen Jungs aus Hersbruck zusammen als Dominos unterwegs, und wir verstanden uns wie früher und feierten schön unsere Fasenacht. Bei guten Freunden heilt die Zeit Wunden.

Er ist heute Präsident vom KING RIDERS MC, Mother-Chapter Nürnberg, und damit First-Präsident aller KRMC Chapter.

Habicht und Dodo:

Die Freundschaft mit dem Habicht begann 1988 in Hartmannshof. Sie sollte sieben Jahre dauern. Es war eine gute Freundschaft, dachte ich. Mit ihm habe ich erst das Kiffen und dann das Schnupfen (Kokain, Speed) begonnen. Er war quasi der letzte Auslöser und Verführer zu meinem Gang auf den falschen Pfad. Was hat mich so in die Irre geführt, war es mein Verstand oder mein Herz? Ich weiß es nicht. Ironie des Schicksals, daß man danach alles besser weiß! Dem Absturz war dann sozusagen der Weg geebnet. Bei uns war auch noch immer der Dodo dabei. Wir drei hatten anfangs ziemlich viel Zeit in unserem Auto im Wald verbracht. Gekifft, gesoffen und dann im Auto genächtigt, und es war egal, ob Sommer oder Winter, was ich mir heute so gar nicht mehr vorstellen könnte. Man konnte auf jeden Fall nicht von den Bullen beim Kiffen erwischt werden, was uns natürlich primär wichtig war. Wenn wir Hunger hatten, sind wir immer mit dem Auto zum McDonalds gefahren und haben uns erst einmal wieder runtergefressen. Zustand beim Fahren, egal!

Ein waghalsiger Gag war, während der Fahrt mit dem Dodo und dem Habicht abwechselnd ein Dachbier zu trinken. Dachbier hieß, bei offenem Fenster während der Fahrt – und das mit mindestens 80 km/h – mit den Beinen nach innen auf der Tür zu sitzen, und mit dem anderen gegenüber anzustoßen. Zum Glück ist da nie etwas passiert, aber zu der Zeit hatten wir uns darüber sowieso keine Gedanken gemacht. Es war auf ihre Weise eine, wie soll ich sagen, nicht nachvollziehbare Zeit.

Bei Wetten oder Feststellungen sagte ich: „Wenn das stimmt, dann heiß ich ‚Sven Egon Schweininger'!" Noch so eine Art Spitzname, aber mehr beiläufig. Der Tomek konnte sich am Anfang nämlich Schwines nicht merken und so sagte er immer Schweininger zu mir. Ich hatte sogar eine Kaffeetasse mit dem Aufdruck von den Jungs zum Geburtstag geschenkt bekommen.

Wir waren natürlich zwischendurch auch mal auf Rocker-Partys oder auf irgendwelchen anderen Feten und nicht nur im Wald. Egal aber, wo wir waren, Hauptsache stoned und/ oder voll. Der Dodo flackte auch mit uns rum. Er war bloß 1,50 m groß. Er war unser Äffchen, da er auf Bäume kletterte wie ein Äffchen. Meine Eltern waren Anfang der 90er im Urlaub und wir hatten neben meinem Elternhaus eine ziemlich hohe Birke. Mein Vater wollte nicht, daß sie gekürzt wird und so gab mir meine Mutter den Auftrag, sie während ihres Urlaubs zu kürzen. Dafür war unser Dodo natürlich der richtige Mann, denn er war ja klein und flink. Der Habicht, Dodo und ich rauchten erst einmal eine Tüte und dann ging es los. Der Dodo kletterte in Rekordzeit den Baum hoch, und hatte sogar eine Motorsäge dabei. In diesem Moment kam ein Bekannter mit seinem Allrad-Jeep und wir banden ein langes Seil oberhalb der Absägstelle an. Unser Nachbar, der Jäger war, quatschte den Dodo dauernd voll, wie er es zu machen hätte, und der Dodo sagte dann: „Verschwinde, du dummer, alter Jäger – du Grufti – und geh mir nicht auf den Sack." Auf jeden Fall sägte der Dodo, ritsche ratsche, den Baum an und ich zog das Seil mit dem Jeep auf Spannung. Der Dodo sägte weiter und ich fuhr los. Es tat einen Schlag und die Baumspitze, ca. 3 m, schlug auf den Boden. Sie schlug ein richtig tiefes Loch in den Boden. Jetzt mußten wir noch das Holz zerlegen und am Abend machten wir es uns mit ein paar Tüten gemütlich. Wir schauten „Geschenkt ist noch zu teuer“ mit Tom Hanks, das ist ein richtig lustiger Film. Da schüttete der Tom Hanks einen Eimer mit Wasser in eine Badewanne und dann bricht die Wanne durch die Decke. Er lachte sich dann fast tot, und wir auch. Wir spulten diese Stelle immer wieder zurück und schauten sie garantiert 20x hintereinander an, und ich bekam bald keine Luft mehr. Lustiger Film.

Mit dem Dodo und dem Romeo war ich mal in der langen Kino-Nacht im Odeon-Kino in Würzburg, es lief „Cocktail“ und „Highlander“. In dem Kino durfte man Zigaretten rauchen und wir saßen in der letzten Reihe des Kinos. Ich hatte eine Purpfeife dabei und so zogen wir uns ein paar Purpfeifchen mit Haschisch im Kino rein. Da man beim Purpfeife rauchen immer nur einen fetten Zug nimmt, hält man den Rauch erst in der Lunge und dadurch kommt nicht mehr viel Rauch beim Ausatmen heraus. So merkte keiner was davon im Kino, denn wir rauchten ja auch gleich noch eine Zigarette hinterher. Wir machten uns eine gediegene Kino-Nacht.

Der Habicht meinte einmal zum Dodo und zu mir, daß wir zwei wirkliche Freunde für ihn wären, er aber kein 100%iger Freund für uns wäre, und das dies ihm leidtäte. Da hätten meine Alarmglocken schon läuten müssen. Hier kommt nämlich die erste Geschichte mit dem Affen. Als ich noch beim Mercedes Autohaus arbeitete, kaufte ich einen gebrauchten 525er BMW, im Topzustand für günstige 500,- DM. Er wollte den BMW unbedingt, und da ich ja dachte, er ist mein Freund, verkaufte ich es ihm für 500,- DM. Er fuhr den BMW nur einen Monat und verkaufte ihn an einen Hartmannshofer für sage und schreibe 2.500,- DM. Es war ausgemacht, daß, wenn er den BMW verkaufen würde, wir den Gewinn teilen würden. Er gab mir keinen Pfennig und meinte, er bräuchte das Geld dringend.

Noch ein Anzeichen der Falschheit ist der nächste Fall. Es war November 1989 und wir waren in Hartmannshof in einer Kneipe. Es waren der Smokey und die Felicitas dabei, wir wollten gehen, und der Habicht ging sein Auto holen. Ich stand vor der Kneipe auf der Straße und er kam angefahren. Ich blieb stehen, da ich dachte, er hält an. Er hielt nicht an und fuhr mich direkt am rechten Knie um. Ich lag auf der Straße, und der Smokey und die Felicitas halfen mir auf. Ich konnte nicht mehr richtig auftreten, es war irgendwas mit meinem Knie. Der Habicht entschuldigte sich und verschwand, wie er es immer tat, wenn er nicht weiter wußte oder ihm was nicht paßte. Ich fuhr dann mit zum Smokey und wir rauchten erst einmal einen Joint.

Der Smokey meinte: „Der Habicht hat jetzt halt ein schlechtes Gewissen, weil er dich umgefahren hat."

Ich sagte: „Der ist doch nur wieder zu feige, sich bei mir ordentlich zu entschuldigen."

Ich schlief beim Smokey auf der Couch und fuhr dann am nächsten Morgen mit meinem Auto auf die Arbeit ins Mercedes Autohaus. Ich humpelte nur herum, aber das interessierte natürlich wieder keinen in diesem scheiß Laden.

Es war mir dann scheißegal und ich fuhr in die Missionsärztliche Klinik. Die haben mich geröntgt und ließen mich gar nicht mehr weg. Dies war der Anfang meines großen Leidensweges in der Missionsärztlichen Klinik. Mir wurde bei der ersten Operation ein Stück Knochen zwischen Kniescheibe und Schienbein weggemeißelt, und die Kniescheibe wurde dann versetzt. Dies war wie gesagt im November 1989. Ich konnte die ersten vier Wochen mein Bein gar nicht mehr selbständig anspannen und es hing nur so teilnahmslos an mir. Ich dachte am Anfang schon, das war's mit dem Laufen. Wenn ich aufstehen wollte, mußte ich es mit meinem Arm aus dem Bett raus- oder dann auch wieder reinheben. Dieser Krankenhausaufenthalt dauerte sechs Wochen in einem Zimmer, das für vier Personen vorgesehen war, und wir lagen zu sechst darin. Das Krankenhaus war so voll, daß ich in diesem Zimmer auch noch mit lauter Rentnern auf der Urologischen Station lag. Sie können sich vielleicht vorstellen, was in diesem Zimmer für eine Luft war und wie meine Stimmung in diesem Fall war. Absolut Horror. Der Vorhof zum Tod. Es war die Zeit, in der die Krankenkassen noch fast alles bezahlten und es egal war, wie lang man im Krankenhaus lag. Die Zuzahlungen waren damals noch 5,- DM am Tag für längstens 14 Tage. Wegen einer Meniskus-Operation lag man damals noch zwei Wochen im Krankenhaus und konnte das Krankenhaustagegeld von der Versicherung kassieren. Nicht wie heute, wo vieles ambulant gemacht wird und man teilweise noch blutend entlassen wird. Blutige Wahrheit. Damals war die Krankenhauswelt noch in Ordnung; in echt.

Ich war dann arbeitsunfähig bis Fasching 1990 und sollte am Aschermittwoch einen Arbeitsversuch starten, was ich nicht tat. Ich sagte, es ginge nicht, und wurde weiter arbeitsunfähig krankgeschrieben. Ich bekam dann im November 1990 operativ das Metall aus meinem rechten Kniegelenk entfernt. Im Januar 1991 ging es dann weiter, ich wurde dann das dritte Mal operiert und bekam eine Kreuzbandplastik. Wegen des Golfkriegs im Januar 1991, dachte ich und redete mir ein, daß jetzt sowieso alles aus ist, und ich wollte es nicht machen lassen. Ich bin natürlich froh, daß man mich überzeugen konnte, mir die Kreuzbandplastik dann doch machen zu lassen. Was ich durch diese beiden Vorfälle für einen Haufen Krankengymnastik hatte, ging auf keine Kuhhaut. Da war es mit der Zuzahlung noch genauso, daß es fast nichts draufzuzahlen gab.

Seit dieser Zeit kann ich natürlich keinen Leistungssport mehr machen, wie Skifahren, Tennis oder Fußball spielen, aber wenigstens spazierengehen, schwimmen und Fahrrad fahren. Meine heißgeliebte Sauna brauchte ich auch zum Erholen von meinen ganzen Alkohol-, Sex- und Drogenexzessen. Mein Wellness-Schwimmbad war in diesem Fall meist das Palm Beach. Dort entspannte ich einmal die Woche richtig, um das ganze Gift wieder rauszuschwitzen. Ich mußte unter der Woche relaxen und ausruhen für die heißen Wochenenden.

Im Januar 1992 fing ich beim Harley Davidson-Zubehörhändler in Nürnberg als Lagerist an und dies war meine einzige, richtige und längste Arbeit am Stück. Ich arbeitete im Versand, Päckchen packen. Dann beim Thekenverkauf und dann in der Einlagerung. Ich mußte die Teile, die aus Amerika kamen, umetikettieren und sie mit unseren Ersatzteilnummern auszeichnen. Der Job machte richtig Spaß und ich war, nachdem ein Arbeitskollege aufhörte, auch für die Einlagerung zuständig. Plötzlich kam der Neger-Freddy in die Einlagerung und das war ein Bekannter vom Chef. Am Anfang verstand ich mich gut mit dem Neger-Freddy. Wir unternahmen privat öfter was zusammen, und das war immer ein Heidenspaß. Der Glatzen-Piotr aus der Einlagerung war auch immer dabei. Doch auf der Arbeit bekamen der Piotr und ich immer öfter Streß mit dem Freddy, was sich aber dann eh egalisierte, da ich im August 1995 kündigte.

Es gab da auch einige außergewöhnliche Erlebnisse außerhalb der Arbeit. Eine höchst brenzlige Situation war, als ich mit meinen Arbeitskollegen Lucas, Gary, Claudius usw., im VW-Bus nach Italien gefahren bin. Da hatte ich fett Glück. Wir waren auf eine Party vom BLACK WITNESS MC Brescia in Italien eingeladen. Der Vincenzo von denen hatte immer bei uns Harley-Teile gekauft. Wir sind an der österreichischen

Grenze angekommen und waren acht Langhaarige im VW-Bus, welcher nur für fünf Personen zugelassen war. Die Ösis haben uns eineinhalb Stunden gefilzt. Wir mußten uns alle nacheinander ausziehen. Ich hatte 10 gr. Speed, das ich in der Firma eingeschweißt hatte, in meiner Unterhose. Mein Herz schlug wie bei einem Kolibri. Ich lenkte mit einer Landkarte von Österreich ab, um mich zu beruhigen, und sagte zu den Ösizöllnern:

„Ich hab das Skifahren in Scheffau mit sechs Jahren gelernt und bin sogar damals schon Abfahrtsrennen gefahren."

Das Tarnen und Täuschen hat anscheinend doch geholfen, denn als ich nur noch in Unterhose dastand, meinten sie: „Der ko si wiedr aziehn, der hot nix eisteckn."

Das meinte ich vorhin mit „fett Glück gehabt". Die blöden Ösis (Schluchtenscheißer oder Canyonkacker) haben unsere Messer behalten und uns nicht durch Österreich nach Italien fahren lassen.

Sie meinten noch: „Fünf vo eich könne eini gfahrn, die andern drei bleibm do." Wir wollten ja auf die Rockerparty, aber es war Winter, und darum fuhren wir mit dem Bus.

Wir sagten: „Wir sind doch auf eine Motorradparty in Italien eingeladen."

Sie sagten dann noch: „Ward's mit'm Motorradl gfahrn, könnets eini nach Östreich!"

Wir war'n stinksauer auf die blöden Ösis und sind wieder nach Nürnberg gefahren. Dort angekommen machten wir eine Frust-Fete.

Wir war'n vorher schon einmal in Brescia auf einer BLACK WITNESS MC Party. Die Party-Struktur war ein wenig anders als bei uns. Bei denen gab es nur Rotwein und Bier, und keinen Jack Daniels und Weinbrand, wie bei uns. Wir wurden von den Jungs richtig abgefüllt. Zu essen gab es Gnoochi und

Nudeln, nix Bratwurst und Steaks. Wir hatten uns nach etwas Alkohol und Speed, auch ohne italienische Sprachkenntnisse, prima verbal verstanden. Komischerweise verstand ich alkoholisiert Englisch und Italienisch perfekt. Meine Arbeitskollegen, der Lucas und der Claudius, waren ja Italiener, und das hat auch noch gepaßt. Am nächsten Tag gab es Mittagessen, wie ich es noch nicht sah. Als Vorspeise gab es einen riesigen Teller Spaghetti und dazu einen Insalata mista. Dann kamen ein paar Platten Grillfleisch für alle, und zum Spülen Vino Rosso. Wir war'n gestopft voll. Superlecker. Dann fuhren wir nach dem kulinarisch geilen italienischen Wochenende wieder nach Hause.

Ein weiteres Highlight unserer Firma war ein Dragster-Rennen am Nürburgring, denn wir hatten dort einen Dragster laufen. Dragsterrennen sind Viertelmeilen-Rennen geradeaus. Die Zeiten liegen so bei neun Sekunden, plus minus, auf der Viertelmeile und sie sind megamäßig laut. Es war im September schon ganz schön kalt in der Eifel, aber es war wieder einmal spektakulär. Wir schliefen nachts zu fünft in einem VW-Bus. Ich konnte wegen des Amphetamins wieder mal nicht schlafen und ging zurück zu den Dragsterfahrern. Ich lernte da einige von den Fahrern kennen und es war ganz schön aufschlußreich. Da war ein Kumpel vom Helge Schneider dabei, und der zeigte mir auch seine zwei Pumpguns, die er stets in seinem Anhänger dabei hatte. Die Dragsterfahrer sind auf jeden Fall harte Jungs. Definitiv wieder guter Abend! Auf der Fahrt vom Nürburgring nach Hause wurden wir kurz nach Aschaffenburg gefilzt, d. h. kaum daß wir nach Bayern reingefahren waren. Ich hatte wieder einmal Glück, da ich noch eine Rasierklinge zum Aufhacken im Geldbeutel, und Amphetamin in meinem Ledermantel einstecken hatte. Wir waren zu viert, aber gefilzt haben sie natürlich nur mich. Sie fanden es zum Glück wieder einmal nicht und gingen leer aus. Jipieijeh!

Die Zeit beim Harley Davidson-Zubehörhändler war auf jeden Fall eine schöne Zeit, die ich nicht missen möchte.

Mein kaputtes Knie hatte ich dem Habicht zu verdanken, und ich Depp hatte ihn nach alldem, was war, immer noch nicht zum Teufel gejagt. Dann fand ich heraus, daß ein Brandmal auf seinem rechten Oberarm mit einer Zigarette eingebrannt worden war. Er erzählte mir, es wäre von einer Alten vom KING RIDERS MC vor allen Members mit einer Zigarette eingebrannt worden (auf einem Meeting der KING RIDERS, als Bestrafung). Er hatte mich immer damit erpreßt, daß es wegen mir gewesen wäre, weil er mir nämlich einmal etwas über den KING RIDERS MC erzählt hat, was ich nicht hätte wissen dürfen. Ich unterhielt mich einmal mit der besagten Alten darüber und erzählte ihm, daß ich mich mit ihr darüber unterhielt. Sie erzählte es gar keinem, aber er sagte zu mir, sie hätte es den KING RIDERS gesagt. Aus diesem Grunde wäre das Colour eingebrannt worden. Auf jeden Fall redete er mir immer ein schlechtes Gewissen ein, und ich Depp glaubte dies auch noch. Alles LÜGE! Wie ich 1994 erfuhr, hatte er es sich selbst mit einer Zigarette eingebrannt. Wie krank muß man im Kopf sein, sich selbst mit einer Zigarette so etwas einzubrennen, um einen Kumpel zu manipulieren. Es sollte aber noch weiter gehen!

Dann übermannte ihn der totale Wahnsinn. Er erzählte allen, er habe Krebs, nicht mehr heilbar, und er würde bald sterben. Aus diesem Grund wollte ich, daß meine damalige Chefin beim Harley Davidson-Zubehörhändler mir kündigte. Die meinte aber: „Ich kündige dir nicht, es gibt schon genug Arbeitslose.“

Ich argumentierte noch, aber sie blieb stur. Gerade sie, die früher mit ihrem Mann (meinem Chef) im Wohnwagen lebte und ihre Erfolgskarrieren mit Drogen- und Waffengeschäften ebneten. Diese Fotze, über Nacht plötzlich eine Heilige.

Ich sagte zu ihr: „Na dann kündige ich eben selbst!"

Sie meinte noch: „Weischt David, überleg dir desch noch mal gut, du kommscht hier nämlisch dann nixsch mehr rei in die Firma."

Ich sagte: „Weischt Schefin, dafür musch isch disch nixsch mehr den gansche Tach seh."

Der Dialekt kommt, weil sie eine Schwäble, Gelbfüßlerin war. Ich kündigte also, um mit meinem Kumpel Habicht die restliche Zeit seines Lebens zu verbringen. Jetzt kommt's! Er hatte nie Krebs, alles erstunken, erfunden und erlogen, nur um die Aufmerksamkeit der Leute auf sich zu ziehen. Dieser gerissene, hinterfotzige Bastard! Wer weiß, wahrscheinlich würde ich heute noch beim Harley Davidson-Zubehörhändler arbeiten.

Aus diesen ganzen kranken Gründen hatte ich ihm dann 1995 endlich die Freundschaft gekündigt und ihn zum Teufel gejagt. Es tat mir wirklich ganz schön weh, so verarscht und ausgenutzt worden zu sein. Jetzt bin ich aber natürlich froh, daß ich ihn nicht mehr sehen muß. Er ist irgendwo im Saarland verschollen, wo er angeblich irgendeine Tussi geheiratet hat!? Ich wünsche ihm, daß er an die Gleichen gerät, wie er einer ist. In gewissen Fällen, wenn die Schmerzen zu tief sitzen, heilt die Zeit keine Wunden. Solche Menschen wie er sollen zur Hölle fahren!

Felicitas, Habicht und Wolfi:

Da gab es die Felicitas, die sich „Katze" nannte. Die kannte ich schon seit 1989, als sie auf unserer Osterfeier in der

Blockhütte auftauchte und der Habicht ein Verhältnis mit ihr begann. Sie war schon immer eine am gesellschaftlichen Rand lebende Frau. Ich weiß noch von damals, daß sie öfter hwG (häufig wechselnden Geschlechtsverkehr) hatte, und der Romeo und ich haben sie einmal am Nürnberger Bahnhof gesehen, wie sie mit einem Freier in sein Auto stieg. Sie hatte also Stricherfahrung, und vom Red Rider wußte ich, daß sie von mehreren Männern (ihrem Ex-Mann eingeschlossen) nacheinander hergenommen wurde. Unabhängig davon erzählte mir einer vom CHALLENGER MC, daß sie in einer Nürnberger Diskothek unter dem Tisch (wie eine Hündin), ein paar Typen, einem nach dem anderen, für einen Hunderter einen blies. Sie hatte auch schon einige Abgänge und Abtreibungen von verschiedenen Männern, die ich auch kannte. Wahrscheinlich aus diesen Gründen wollte ich nie Sex mit ihr, und die Figur hat mir sowieso nicht gefallen. Sie war aber meine einzige platonische Liebe in meinem Leben. Sie war halt sehr stark nymphomanisch veranlagt. Spitz gesagt, eine Amphetaminnymphe. Sie bekam 1990 von einem Typen, den ich nur vom Sehen kannte, ein Kind namens Kristiana Sun. Er war nach der Geburt verschollen.

Im Jahr 1991 kam sie dann wieder mit dem Habicht zusammen. Mit dem bekam sie dann das nächste Kind, den Johnny Heaven, und weitere folgten. Sie hatten sich dann nach zwei Jahren getrennt. Sie bekam die Kinder aus einem einzigen Grund: um nicht arbeiten zu müssen, denn sie hatte die Sportart „Extremcouching" (außerdem „Party und Fete") erfunden. In der Zeit, als die zwei zusammen waren, war meine Freundschaft mit der Felicitas und dem Habicht sehr eng, da ich da mit der Debbie zusammen war, und die war die Schwester vom Habicht. Da war auch immer was zu schnupfen und zu kiffen da. Ich kaufte dann auch oft schöne Dessous mit der Felicitas für meine Debbie, und dafür war sie genau die Richtige. Ich stand schon immer auf Strapse, denn Strapse sind einfach geil. Sie umrahmen die Liebesgrotte und das Ärschchen wie eine Bühne für den Akt der Liebe. Die Ansicht alleine ließ mir den Zauberstab erhärten. „Wenn ich dich kriege, zeigt dir mein Zauberstab die Liebe!"

Zu einer Zeit, als ich noch beim DEADHEAD MC war, hatte der KING RIDERS MC Motomania in der Frankenhalle in Nürnberg. Als die Veranstaltung vorbei war und es mir reichte, ging ich nach Hause. Kurz nachdem ich zuhause angekommen war, klingelte das Telefon und die Felicitas war dran. Ich sollte doch in ein gewisses Nobelhotel kommen. Ich rief mir gleich ein Taxi und fuhr ins Hotel. Als ich dort ankam, fragte ich nach dem Hotelzimmer. Ich fuhr mit dem Aufzug hoch und kam im Hotelzimmer an, in dem die besagten, üblichen Verdächtigen saßen. Es waren schon ein paar bekannte Vögel da. Wir ließen uns Getränke vom Zimmerservice bringen, und es war auch genug Ecstasy und Speed da. Ich war gleich wieder voll fit. Wir feierten ein Spektakel in dem Nobelhotel, daß alles zu spät war. Die Felicitas rief noch ein paar Leute an, und dann wurde es natürlich noch turbulenter. Für solche versauten Späße war sie immer zu haben, und sie war eine brillante Organisatorin. Wir tranken, schnupften und vögelten kreuz und quer, denn es waren natürlich auch schöne Mädels dabei. Wir zechten bis morgens und gingen dann gleich am Sonntag wieder auf die Motomania. Ich war hochgeschossen und ging hochmotiviert wieder dorthin. Es war die Zeit, als der Rocco und ich die Fusion von unserem DEADHEAD MC mit dem KING RIDERS MC vorantrieben. Da ich in Hochform war, half ich den KING RIDERS sehr gern beim Ausschank, und dann auch beim Abbau. Der Rocco, Red Rider, Gigolo, Dog und ich saßen in einem VW-Bus und machten eine Pause, um etwas Kokain zu schnupfen. Sie sagten zum Rocco und zu mir: „Das habt ihr gut eingefädelt mit der Fusion, und als nächstes schnappen wir uns den WIKINGER MC." Der Gigolo arbeitete nämlich mit einigen WIKINGERN zusammen. Daraus entstand dann leider doch kein KRMC Chapter. Die Motomania war auf jeden Fall eine geile Veranstaltung.

Zu einem späteren Zeitpunkt kam die Felicitas dann mit dem Wolfi zusammen, und sie bekam prompt Zwillinge, die bekamen die Namen Max und Leonidas. Ich hatte mich von Anfang an gut mit dem Wolfi verstanden. Wir hatten den gleichen Musiklevel, die BÖHSEN ONKELZ , die gleichen Drogen, die gleiche Feinschmeckerart, den FC Bayern München, kurz gesagt, es paßte, und er war auch ein ganz feiner Typ.

Er besorgte für ein Konzert in der Frankfurter Festhalle einmal zwei Ehrenkarten für Neil Young & Crazy Horse 2001. Wir machten uns erst mal mit etwas Speed fit und düsten mit meinem Daimler nach Frankfurt. Es war ein sehr geiles Konzert, denn wir konnten sogar hinter die Bühne zum Neil und einen Small Talk halten.

Wir feierten zusammen Feten und gingen zum „Rock im Park" in Nürnberg. Ich drehte mir auf dem Zeppelinfeld, auf dem ehemaligen Führerpropagandaredeplatz, erst mal allein einen ordentlichen Joint und ließ die Vergangenheit dieses Ortes an mir vorbeiziehen. Auf dem AC/DC-Konzert in Nürnberg im Frankenstadion war ich auch mit dem Wolfi und der Felicitas. Ich kam durch ein ehemaliges Member vom GREMIUM MC ganz vorne in den VIP-Bereich. Ich war wieder ganz vorne, wie immer war es saumäßig geil.

Des weiteren waren wir auf einem Rammstein-Konzert in der Arena Nürnberg. Ich mußte mal kurz vor Beginn des Konzerts, aber wir standen ja mitten in der Menge, so daß ich meinen leeren Getränkebecher vollstrullerte. In dem Moment legten Rammstein voll los, ich wurde von hinten geschubst und schüttete den ganzen Becher auf den Rücken vom Jörg. Am Anfang merkte der Jörg erst gar nicht, was los war, und dachte, es wäre Bier. Als er es merkte, zog er sein T-Shirt aus und warf es nach vorne. Ich brauche wohl nicht zu betonen, daß er recht sauer auf mich war. Ich nannte es „einen schmerzlosen Unfall".

Wir fuhren dann ein anderes Mal mit der Bahn auf ein Konzert der BÖHSEN ONKELZ' in die Festhalle Frankfurt. Auf der Fahrt nach Frankfurt hatten wir das gesamte Zugabteil mit unseren Joints eingeräuchert, daß man die Luft hätte schneiden können. Dies natürlich, nachdem uns der Schaffner kontrolliert hatte und außer Reichweite war, is klar.

Wir schauten auch das Champions League-Endspiel 2001, Bayern München vs. FC Valencia, auf Großbildleinwand zusammen, was meine Bayern nach Elfmeterschießen durch unseren Olli King Kahn gewannen. Immer ein Grund zum Feiern. Es waren meistens noch der Winnie (Wolfis Bruder), Jörg, Fucker, Albert und noch ein paar andere Jungs dabei.

Auch ein interessanter Mensch, der mit uns unterwegs war, und mit uns das Leben genoß, war der Nils. Er war ein sehr guter Photograph und auch ein Lebenskünstler. Ein sehr gemütlicher Zeitgenosse. Er hatte leider Aids, denn er war Bluter und bekam früher mal eine Blutkonserve, die mit Aids infiziert war. Ob er noch lebt, kann ich nicht sagen.

Die Freundschaft mit dem Wolfi fand aus folgendem Grund ihr Ende: Die Schwester von der Felicitas erzählte der Debbie, daß der Johnny Heaven nach Ingolstadt zu den Pflegeeltern (dort war er jedes Wochenende) umziehen würde. Die Kristiana Sun würde mit ihr nach Amerika gehen, und sie sagte: „So hat sie ihre zwei Kinder einfach verkauft!"

Auf einer Fete beim Jörg im Keller sagte ich dann spaßeshalber zum Wolfi: „Ey, ich hab gehört, daß die Felicitas ihre zwei Kinder verkauft hat!?“

Ich wußte ja nicht, daß er sich da so angegriffen fühlte, denn die zwei Kinder waren ja nicht von ihm, und außerdem hatte ich das Gerücht ja nicht in die Welt gesetzt. Überbringer schlechter Nachrichten sind früher schon hingerichtet worden. Auf jeden Fall tickte er total aus, packte mich am Hals und würgte mich. Der Winnie, sein Bruder, ging gleich dazwischen und beruhigte uns beide. Einen richtigen Streit hatte ich mit der Felicitas nie, aber meine Freundschaft zu ihr war nach dem Streit mit dem Wolfi beendet.

Außerdem hatten ich und der Red Rider uns immer bei unserem Nürnberger KING RIDERS MC Chapter für die Felicitas eingesetzt. Auch ein Fehler. Im Nachhinein ist man immer gescheiter und ich hätte es besser gelassen. Sie hatte fast keine Freundinnen bei uns im Club, wegen ihres Rufes des offensichtlichen „Nase puderns“, und die Members von uns waren auch nicht von ihr überwältigt. Einmal auf einem Beatabend, den wir KING RIDERS MC Nürnberg veranstalteten, fragte sie mich: „Kannst du mir was von deinem Speed geben?“

Ich gab ihr natürlich mein letztes Zeug. Normalerweise war sie immer mit genug Amphetamin ausgestattet, und das war auch der Grund, warum sich einige Typen immer an ihren Rockzipfel hängten. Ich mußte dann erfahren, daß sie damit den Henker einlud, um sich bei ihm einzuschleimen. Genützt hat es ihr aber nichts, da der Henker und der Lächler sowieso ihre größten Gegner waren. Sie bekam etwas später auch bei unserem Chapter Clubhausverbot. Wir sahen uns nie wieder, denn wie ich erfahren mußte, wurde sie vom Wolfi nach der Geburt der Zwillinge auf den Strich (sie hatte ja schon Erfahrung damit) geschickt, und ist dann später an Aids gestorben.

Ich erfuhr es leider erst viel viel später, so daß ich nicht mal auf die Beerdigung gehen konnte. Sie war immer auf der Suche nach der wahren Liebe und hatte dabei nie wirklich Glück mit den Männern!

Red Rider und Dusty:

Durch den Habicht bekam ich 1994 Kontakt mit dem Red Rider und dem Thomas „Dusty" Rauchmaul. Der Red Rider war der Cousin vom Habicht und der Debbie. Durch die zwei Jungs bin ich in der Zeit dem Jägermeister (Hörnerwhiskey) verfallen. Es mußten immer Jägermeister anwesend sein. Der Dusty wohnte gegenüber von einem Getränkemarkt, wie passend. Es war dann auch immer was zu schnupfen da, nämlich Kokain und/oder Speed. In der Zeit hatten wir nicht oft eine Tüte geraucht, wenn, dann höchstens mal mit Gras. Im Gegensatz zu meiner Anfangszeit, denn da hatte ich mehr gekifft und weniger gesoffen, geschweige denn geschnupft. Wir waren also immer ziemlich hochgeschossen. Meist hockten wir beim Dusty um seinen runden Glastisch, den er selbst gebaut hatte. Es war eine Glasscheibe oben drauf und die konnte man drehen. Die besten Voraussetzungen, um uns die Lines zu legen. Der Tisch hat einiges Pulver, Koks- und Speedlines, in seinem Leben gesehen. Wenn was da war, und das war ja immer, mußte es mit Gewalt weg, und ich stieg ein. Ich kaufte auch schon mal vom Dusty oder der Dusty von mir. Der Red Rider war in dieser Beziehung nur Konsument, denn ich hatte nie mitbekommen, daß er jemals etwas vercheckt hätte. Für ihn war die Hauptsache, daß er mitschnupfen konnte und kein Risiko hatte. Wir machten auch schon mal mit Koks oder Speed an Geburtstagen die Geburtstagszahl auf den Glastisch, und das war mächtig viel

Schnee, um uns die Nase zu pudern. In dem Fall waren aber dann auch noch andere dabei. Die Gier machte sich breit.

„Cocaine around my brian"!

Wir hatten Nächte durchgerüsselt. Der Red Rider hatte auch immer viel Scheiße, sprich Führerscheinentzug, Krankheit, Entlassung usw., mitgemacht und ist trotzdem immer lustig und der Stein in der Brandung gewesen. Er war für mich immer wie ein großer Bruder, den ich nie hatte. Und er war auch mal, vor dem Henker, ein Jahr der First-Präsident vom KING RIDERS MC.

Ich lernte dann auch die Sissi, seine Gefährtin und jetzige Frau, kennen. Ich war oft in Schwabach, wo sie wohnten, und im August 1995 fuhren wir zu viert, die Sissi, Red Rider, Habicht und ich, in die Dominikanische Republik. Wir trafen uns bei mir in der Wohnung und der Stiletto, ein Bekannter, fuhr uns dann mit seinem Taxi nach Frankfurt. Natürlich stärkten wir uns erst mal mit ein paar Lines und Jägermeister. Wir flogen also los in die Dominikanische Republik und es war mein erster Flug über den Atlantik. Der Paketpreis war all inklusive. Dies hieß natürlich, daß der Cuba Libre in Strömen floß. Anmerken muß ich auch, daß das Essen vorzüglich war. Nach vier Tagen hatte ich fürchterliche Zahnschmerzen. Ich lag drei Tage im Zimmer flach und habe mir Filme auf englisch im Fernsehen angeschaut. Der Hotelmanager bestellte am ersten Tag eine Ärztin. Die verschrieb mir Antibiotika, aber es wurde in den folgenden drei Tagen nicht besser. Der Besuch der Ärztin kostete schon 150,- DM. Ich mußte dann unbedingt zu einem Zahnarzt. Der Hotelmanager fuhr mich sogar nach Sosua und wartete, bis die Behandlung fertig war. Ich war überrascht, denn die Zahnarztpraxis hatte sogar unseren Standard. Der Zahnarzt schaute sich die Stelle an den Zähnen an und stammelte irgendwas von wegen: „Entzündung,

Eiter". Er nahm ein Skalpell und schnitt das Zahnfleisch unter dem Zahn ohne Betäubung auf. Es schmerzte zwar, aber als es aufplatzte, merkte ich gleich, daß der Druck weg war, und der Hauptschmerz ließ sofort nach. Der Spaß kostete 200,- DM. Jetzt verstand ich, warum die normalen Bauern auf der Insel fast alle keine Zähne mehr im Mund hatten. Es waren ja zusammen 350,- DM, und das war für die Insulaner ein Vermögen. Ich bekam das Geld natürlich von der Reisekrankenversicherung in Deutschland zurück. Es ging mit meinem Unglück in diesem Urlaub natürlich später noch weiter.

Wir waren eines Abends in der City unterwegs und da gab es haselnußbraune Bitches wie Sand am Meer. Dir hing nicht nur eine am Kittel, sondern gleich drei oder vier. Man konnte auf jeden Fall auswählen, hatte die Qual der Wahl und ich suchte mir eine ganz bezaubernde Schönheit aus. Wir fuhren dann mit einer Taxe zu ihr in eine Einzimmerbretterbude. Ich bumste mit ihr natürlich wieder die ganze Nacht, zog mir aber nicht nur einen, sondern gleich zwei Kondome über. Ich war wieder gut potent, und wir bumsten und quatschten, bumsten und quatschten (sie sprach komischerweise relativ gut deutsch), bis es hell wurde. Als sie zum Pinkeln ging und eine Zeit weg war, machte ich etwas, was nicht gerade die feine englische Art war. Ich weiß bis heute nicht, was mich wieder für ein Affe geritten hatte. Ich rannte in meinen Cowboystiefeln davon, ohne zu bezahlen. Es pfutzte einer mit einem Mofa umher, ich bot ihm 5,- DM und er fuhr mich zu unserem Hotel. Im Hotel angekommen, mußte ich mich erst mal aufs Ohr hauen, bevor ich dann wieder an den Strand ging. Ich betitelte mich selbst als „Sexpreller", wenn ich in den Spiegel schaute, ohne darüber aber jemals zu reden.

Am Strand in der Nähe unseres Hotels war ein Stand unseres Hotels, wo wir auch umsonst den Cuba Libre fließen lassen konnten. Der Red Rider verlor dann mal beim Plantschen im Meer seine Brille, als ihn eine Welle überspülte. Er hatte so eine Brillenstärke, daß die Sissi ihn erst einmal ins Hotel führen mußte, wo er noch eine Ersatzbrille hatte. Der Habicht und ich tauchten noch nach der Brille, die war aber natürlich durch die Strömung schon weggespült.

Wir machten auch den einen oder anderen Ausflug ins Landesinnere und auf die Insel Samana, wo die erste Bacardi-Werbung gedreht wurde, aßen Hummer, genossen die Insel und das geile Wetter. Während ich flach lag, besorgten der Red Rider und der Habicht auf der Insel Kokain. Als ich wieder fit war, war das Butter auf meine Seele. Der Red Rider und der Habicht fuhren mit zwei ausgeliehenen Mofas in die Berge und checkten dort das Kokain aus. Dies war für uns natürlich auch ein Highlight, da wir alle auf Kokain standen. Wie sagte ich im Kokainrausch: „Blinded by the light!"

Wir waren zwei Tage vor unserem Abflug im Hotelpool und machten Blödsinn. Ich tauchte und ging von unten an die Füße von der Sissi. Ich wußte allerdings nicht, daß die Sissi sehr empfindlich an ihren Füßen war. Auf jeden Fall trat sie mit voller Wucht auf mein Ohr. Ich mußte sofort aus dem Wasser und konnte nicht wirklich mein Gleichgewicht halten. Würde es Probleme beim Heimflug geben? Zum Glück nicht. Als wir zuhause angekommen waren, ging ich gleich zu einer Ohrenärztin. Es war schlimmer als gedacht. Ich hatte ein richtiges Loch im Trommelfell. Die Ärztin machte alles sauber, schmierte flüssiges Antibiotika in das Loch und ich dachte, es fährt ein Zug durch meinen Kopf. Sie meinte: „Jetzt können wir nur noch warten, Herr Svenisson, daß es von selbst zuwächst, ansonsten brauchen sie eine Trommelfellplastik." Na dann, es hieß wieder einmal warten und hoffen. Ich hatte aber Glück und es heilte zu. Bis auf die drei Tage, an denen ich flachlag, den Unterwassertritt und die Nutte, die ich stehen ließ, war der Urlaub aber doch in Ordnung. Im Nachhinein erfuhr ich, daß der Habicht dem Red Rider und der Sissi den ganzen Urlaub bezahlte, und mir als seinem angeblich „bestem Freund" wieder einmal nicht. Aber seine Falschheit habe ich ja schon vorher erörtert. Auf jeden Fall war es ein Achterbahnurlaub!

Apropos Kokain! Es war ja meine absolute Lieblingsdroge. Eine Leidenschaft von mir war die sogenannte „Kokarette" (Zigarette mit reingezogenem Kokain); lecker, lecker. Wir rauchten grundsätzlich Kokaretten, immer jeder seine eigene, und wir hatten immer gut lachen, denn wir waren drei unterschiedliche Charaktere. Ich muß allerdings sagen, daß der Red Rider, und vor allem der Dusty, mich immer voll auf ihre Meinung beeinflussen wollten, bzw. mir ihre Meinung zu suggerieren versuchten. Ich mochte sie, aber mit der Zeit wurde mir bewußt, daß es immer nur um ihre Meinung ging. Wer seinen „sogenannten" Freund nicht als gleichberechtigt sieht, der wird zwangsläufig früher oder später selbst daran zugrunde gehen. Was ja zu einem späteren Zeitpunkt dann auch so kam.

Das allerliebste Thema vom Dusty war das Perpetuum mobile (Maschine, die ohne Energiezufuhr Arbeit leisten kann). Wir konnten uns über die Versuche, die er machte, immer kaputtlachen. Ihn störte das aber nicht. Er hatte alles ausprobiert, weil er sich sicher war, daß er es hinkriegt. Er baute die unmöglichsten Gerätschaften. Einmal hat er sich sogar eine kleine Cola-Flasche mit Quecksilber besorgt, aber damit funktionierte es auch nicht. Er hat es leider nicht geschafft, da er sich ja das Leben nahm. Die einzige Erinnerung an den Dusty ist der Schaukelstuhl, den er mir schenkte und auf dem ich täglich sitze und Filme schaue. Er schenkte nie etwas an Geburtstagen oder zu anderen Feierlichkeiten, er war anders und schenkte nur, wann er wollte. Ich schenkte mein Leben lang den verschiedensten Bekannten immer originelle Sachen zu den unterschiedlichsten Anlässen und ich bekam, wenn überhaupt was, nicht viel zurück. Wo wir wieder dabei sind: „Undank ist der Welten Lohn." Was ich dem Dusty nie glauben wollte, hab ich später selbst schmerzlich erfahren müssen. Er fragte mich des öfteren: „Hast du einen richtigen Freund?"

Ich sagte: „Ich hab mehrere!"

Er lachte und sagte: „Wenn du Freunde hast, höchstens einen oder vielleicht zwei!"

Ich dachte, laß ihn quatschen, und glaubte wirklich, ich hätte viele Freunde. Wie sich später herausstellte, hatte er recht, denn von den angeblichen „Freunden", die da waren, wurde ich enttäuscht, denn es waren „falsche Freunde". Ich hatte 1000 Bekannte, aber es war leider kein einziger „richtiger Freund" darunter. Ich bin mein Leben lang zu meinen sogenannten Freunden hin und hab sie besucht. Als es mir schlecht ging, testete ich die verschiedensten Bekannten, ob sie mal zu mir kamen, und meldete mich mal nicht bei ihnen. Ich mußte mit Bedauern feststellen, daß sich keiner meldete, geschweige denn, daß ein einziger vorbeikam. Ich war traurig und sehr enttäuscht ☹. Wahre Freunde erkennt man halt in der Not. Es war eine weitere schlechte Erfahrung in diesem, meinem Leben!

Der Dusty hatte schon manchmal gute Theorien und Philosophien, aber auch seine Austicker. Wir waren mal in der Tschechei, genauer gesagt in Eger/Cheb, auf einer Kaffeefahrt. Dabei waren meine Mutter, Debbie, Sissi, Red Rider, Dusty und ich. Erst mußten wir uns so eine beknackte Vorführung von Matratzen, Decken und so einem Kram anhören. Wir störten die Vorführung und da wurde der Anpreiser richtig sauer. Dies war uns natürlich scheißegal. Wir trieben ihn zur Weißglut, daß er uns sogar des Saales verwies. Es gab danach was zu essen. Dann ging es weiter nach Eger/Cheb auf den Tschechenmarkt, der eigentlich Asiatenmarkt heißen müßte, was uns wichtiger war. Wir kauften Klamotten, Zigaretten und Becherovka (krasser Tschechischer Schnaps). Der Dusty hat sich mit dem Zeug wieder einmal blind gesoffen und machte auf der Heimfahrt die Debbie, die Sissi und meine Mutter an. Meine Mutter meinte: „Was kennst denn du für Leute?“ Ich muß auch sagen, ich schämte mich, daß er meine Mutter so beleidigte. Die Sissi hat dann nicht mehr lang gefackelt und hat ihm eine geknallt. Er hockte sich dann vorne zum Busfahrer und nervte den, daß der ihn dann schon rausschmeißen wollte. Als er von allen geächtet war, hockte er sich aufs Bordklo und rauchte. In Bayreuth war es dann so weit und der Busfahrer schmiß ihn raus. Er war so zu, daß er auch noch von den Bullen dort verhaftet wurde. Der Red Rider fuhr am nächsten Tag hoch und holte ihn ab. Auf jeden Fall kommt mir eine Kaffeefahrt nie mehr in die Tüte.

Der Red Rider und die Sissi bekamen dann zwei wunderschöne Mädchen, kauften sich ein Haus und wurden seßhaft. Der Red Rider ist nur noch Ehrenmitglied beim KING RIDERS MC. Durch die Entfernung lebten wir uns dann peu à peu auseinander. Der Dusty war tot und es blieben von unserer Dreiecksmännerfreundschaft nur noch schöne Erinnerungen!

Crazy:

Der Crazy, wie der Name schon sagt: „verrückt“, hätte mein Zwillingsbruder sein können. Mit ihm, er mit seinem MZ-Gespann und ich mit meiner Honda XL 600, war ich im Januar 1995 beim „Elefantentreffen“ im Bayerischen Wald.

Es ist nach der damaligen Zündapp KS 601 liebevoll „Grüner Elefant“ benannt und findet seit 1956 statt, hauptsächlich am Salzburgring und am Nürburgring. Seit 1989 findet es in Loh bei Solla in der Gemeinde Thurmansbang statt. Es ist immer im Januar oder Februar, also sprich im Winter. Bei uns lag Schnee und es war ein sagenhaftes Ereignis. Nur die Harten komm' in'n Garten. Ich kann ihnen sagen, da waren die richtigen zwei Spinner unterwegs. Wir waren nicht die einzigen Spinner, sondern zwei unter tausend. Da haben Typen echte Iglus gebaut, Hinterreifen ausgebaut und mit Sägeblättern zu Sägen umfunktioniert. Es war auch genug Stroh und Holz da, um es sich gemütlich zu machen. Drei Tage Tee mit Rum, Irish-Coffee und Whiskey. Es gab welche, die sogar ganze Spanferkel im Beiwagen mitgebracht hatten und uns zwei zum Abendmahl im Schnee einluden. Bei diesem Ambiente machte nicht einmal die Kälte und der Schnee was aus. Es gibt kein schlechtes Wetter, es gibt nur falsche Kleidung. Absolute Snow-Party, einfach nur cool!

Was auch geil war, waren die Fahrten an Ostern mit dem DEADHEAD MC nach Pottenstein/Fränkische Schweiz, genauer gesagt nach Waidmannsgesäß im Wald. Im Kaff war 'ne total gute Kneipe. Da haben wir dann öfter gegessen (unter anderem Kloß mit Soß') und getrunken (Schneemaß = weißes Limo mit Vanilleeis und Doornkaat oder Bacardi). Die Schneemaß ist superlecker, denn man kann sie trinken wie Limo, die Wirkung ist um so fataler. Da lag manchmal an Ostern noch Schnee, und wir hatten ja gezeltet. Wir hatten natürlich ein Feuer, um uns aufzuwärmen, und es hat riesig Spaß gemacht. Wie gesagt: Es ist nie zu kalt, es gibt nur falsche Kleidung.

Auf jeden Fall war ich mal mit Schneemaß und Jägermeister so zu, daß ich mir auf'm Weg von der Kneipe zum Zeltplatz selbst ein Hefeglas auf dem Kopf zerschlug. Dies war wegen eines Streites mit dem Sandro. Wie doof muß man eigentlich sein, daß man sich selbst ein Hefeglas auf dem Kopf zerschlägt, weil ein anderer einen nervt? Einmalig, sag ich mal so, oder? Die Schnittwunde verarztete mir die Rocco-Biene, als wir wieder hinten auf dem Zeltplatz angekommen waren. Ich hatte halt 'ne depressive Minutenphase. Die hatte ich ja schon das eine oder andere Mal, wenn ich voll war. Kaum verarztet, ging die Fete natürlich weiter. What else!

Der Crazy hatte auch immer voll rumgesponnen, wie ich. Das eine Mal in Pottenstein hatte er Krücken und war so voll, daß er auf allen vieren rumkrabbelte. Er war von oben bis unten mit Schlamm verdreckt. Auf alle Fälle kommt jetzt eine Geschichte übern Crazy, die es in sich hat. Die Geschichte lautet: „Nürnberger Balkonsturz", nicht „Prager Fenstersturz". Wir war'n mal auf einer BATS MC Party und haben da natürlich schön abgefeiert. Die Niki fuhr später noch in die Rockfabrik, und der Crazy und ich fuhren mit. Der Crazy war total voll und war auf einmal verschwunden. Wir dachten uns nichts dabei. Er ist irgendwie in seine Wohnung im 4. Stock gekommen, setzte sich aufs Balkongeländer und rauchte eine Kippe. Auf einmal verlor er, durch die Trunkenheit das Gleichgewicht und fiel vom Geländer direkt auf Beton. Wir erfuhren es erst am Montag, und als ich es hörte, war ich sofort der Meinung, daß er tot war. Der Crazy überlebte! Dies aber wahrscheinlich nur, weil er total besoffen war und einen großen Schutzengel hatte! Wie sagt der Volksmund: „Kleine Kinder und Betrunkene haben einen besonders großen Schutzengel."

Er war natürlich sehr lang im Krankenhaus. Seine Zähne waren komplett eingeschlagen, Schädelbasisbruch, Knochen und Rippen gebrochen. Eine bohrte sich in die Lunge und die Wirbelsäule war auch angebrochen. Der Crazy war zäh wie ich und hatte auch schon viele Verletzungen. Er überlebte es, ging auf Reha und machte dann seinen Metallbaumeister. Er baute sich eine Firma auf, denn er hatte ja schon seinen Stahlbautechniker, den er mit dem Figgo machte. Die beiden besuchten mich mal im Krankenhaus und brachten drei Biermaß mit, die sie in der Kneipe nebenan kauften. Sie ließen sie natürlich, als sie leer waren, wieder füllen. Da haben wir schön 'ne kleine Fete im Krankenhaus auf dem Balkon gemacht. Sehr gute Ablenkung von der Eintönigkeit im Krankenhaus. Auf jeden Fall ist der Crazy immer der gleiche Typ wie ich gewesen. Spinner hoch 10! Ich war stolz, ein Spinner zu sein, und er auch!

Was auch immer ein Heidenspaß war, war'n die Weihnachtspartys bei dem FREE MEN MC. Da ging es an Heiligabend los. So gehört sich das an Weihnachten, Essen und Feiern. Es war immer was los dort an Weihnachten, und es waren auch einige Christkindlein anwesend. Die Felicitas kam zu später Stunde und hatte auch Ecstasy dabei. Da ging es erst mal richtig los. Wir verstanden es schon, zu feiern. Auf einer Sommerparty beim FREE MEN MC hab ich mit meiner Harley den Ratbike-Pokal geholt, und danach gab's Getränke frei. Der Alkohol floß in Strömen. Als es schon wieder hell war, haben wir ein wenig Wrestling zelebriert. Der Wolfman und einer vom BLACK BATS MC waren die „Hermanns", ich war der „Undertaker" und der Crazy war der „Doink". Da haben der Crazy und ich aus Spaß etwas gegen die Hermanns gecatcht. Spaß muß sein. Bei dem FREE MEN MC war ich sehr oft, da ich mich mit den Jungs sehr gut verstand, und dies schon seit den Anfängen meiner Rockerkarriere. Dem FREE MEN MC beizutreten, war damals auch eine Option für mich, aber ich entschied mich für den DEADHEAD MC. Ich wüßte nicht, daß ich in den 90ern eine FREE MEN MC Party ausgelassen hätte.

Ich war stets ein Suchender nach der perfekten Freundschaft und Gesellschaft, meine Umgebung und meinen Bekanntenkreis hatte ich stetig gewechselt. Ich konsumierte sozusagen Menschen. Freunde kamen und gingen wie Kellner in einem Lokal. Ich hab tausende Menschen kennengelernt und dabei die schlimmsten und die besten getroffen. Wenn ich in Cliquen und Freundschaften feststellte, daß es abgenutzt war, ging es irgendwie von allein, daß ich mir ein neues Terrain suchte, und dies war glaub ich gut so. Andere Ansichten, Einstellungen und Lebensweisen waren für mich immer wichtig, und ich konnte dadurch viel dazulernen. Ich wollte noch nie immer das gleiche machen, das war mir zu langweilig. Das Leben war für mich Veränderung. So ging ich halt immer wieder neue Wege. Ich dachte mir: „Macht es gut, ihr Jungs und Mädels, die Zeit mit euch war schön." Ich ließ im Laufe der Zeit hier und da Teile meiner Seele und wurde oft enttäuscht. Das Scheitern menschlicher Beziehungen, wenn man es so nennen kann, gehörten bei mir dazu. Das Leben ist kein Kindergeburtstag, und letzten Endes: „Was vorbei ist, ist vorbei!" „It's all over now!"

FRIENDS!?

WILLKOMMEN IN DER MITTE DES BUCHES,
MIT DER SCHÖNSTEN SACHE DER WELT:
DER SEXUELLEN ZUSAMMENKUNFT!

XI. Frauen und ich

Ja, Frauen und ich, das ist so ein Thema. Ich hatte am Anfang immer Probleme, eine Frau ins Bett zu bekommen. Freundinnen hatte ich zwar oft, aber keinen Sex. Ich weiß auch nicht wieso. War ich zu schüchtern, daß ich nicht zugriff, war es die ständige Bedrängnis wegen der sexuellen Zusammenkunft oder lag es an meiner unübersehbaren Akne Vulgaris? Ich meine, ich hatte eine richtige Pickelfresse. Dies mußte ich mir auch oft anhören. Ich hab wirklich alles probiert, über Hautärzte, übertriebene Reinlichkeit oder sonst irgendwelchen Mittelchen, aber es nützte nichts. Es lag wahrscheinlich nie an meiner Attraktivität, die von meinem überhöhten Minderwertigkeitskomplex bei weitem übertroffen wurde. Sexuell aufgeklärt wurde ich von keinem und mußte mir alles Wissen selbst irgendwie irgendwo beschaffen. Das war eigentlich ausschließlich aus der Bravo und von Pornofilmen. Wenn ich zu Hause einmal fragte, wo die Kinder herkommen, hieß es immer: „Aus Abrahams Wurschtkessel."

Meine ersten Mädels und Schwärme, bei denen ich's des öfteren probiert hab oder mit denen ich teilweise gegangen bin, waren alle bezaubernde Schönheiten. Da waren die Manuela aus Hersbruck 1984, Heike aus Hersbruck 1985, Heike aus Schwabach 1985, Tanja aus Schwabach 1985, Melanie aus Schwabach 1986, Corinna aus Hartmannshof 1986, Claudia aus Nürnberg 1987, Simone aus Hartmannshof 1987, Tanja aus Hartmannshof 1987, Andrea aus Lauf 1988, Evelyn aus Hartmannshof 1988, Daniela aus Erlangen 1988, Tiger Lilly aus Hersbruck 1989 und die Kerstin aus Neustadt/Aisch 1989. Ich hatte mit keiner von denen Sex. „Kein Nümmerchen unter diesem Anschluß!" Ich hab mich blöde angestellt, etwas verklemmt, schwer von Begriff und soviel verbockt, daß es auf keine Kuhhaut ging. Wenn die Mädels, die mit mir gegangen sind, mich nicht sofort ranließen, respektive nicht mit mir bumsen wollten, machte ich wieder den Abflug. Hätte ich manchmal etwas Geduld gehabt, hätte ich überhaupt keine Probleme mit dem Koitus bekommen. Außerdem fand ich vor kurzem einige Liebesbriefe und Postkarten, die ich von den Mädels bekam, und konnte nicht fassen, was ich da alles las. Ich mußte nur noch zugreifen und tat es nicht, ich Volltrottel, anders kann ich mich in der Sache nicht nennen. Ich wußte immer, was ich wollte, doch oft nicht, wie ich es kriege, und hab dann alles falsch gemacht, was man falsch machen kann. Im Fehlermachen war ich professionell, ein klassischer Spätzünder in vielen Bereichen und manchmal auch noch schwer von Begriff. Dadurch hatten Pornos wahrscheinlich einen sehr hohen Stellenwert bei mir.

Es gipfelte darin, daß ich meinen ersten Sex 1987 bei einer haselnußbraunen, süßen, kleinen Bitch in Frankfurt hatte. Der war natürlich für das erste Mal gigantisch, und so verlor ich für 30,- DM meine Unschuld. Das gute alte Rein-Raus-Spiel konnte also bei mir beginnen. Einmal gepoppt, nie mehr gestoppt! Auf der Fahrt nach Hause war ich richtig befreit, als wäre eine zentnerschwere Last von mir gefallen. Ich fühlte mich einfach blendend! Zwischendurch war ich immer wieder mal bei diversen Prostituierten in Frankfurt und Nürnberg. Am Anfang war ich ja unbeholfen bei Frauen, deshalb hab ich dann das Buch „Wie man erfolgreich Frauen verführt" sehr interessiert gelesen und es hat mir sehr viel weiter geholfen. Anfügen muß ich hier auch noch, daß ich leider nie eine Jungfrau hatte und deshalb das Gefühl eines unschuldigen Mädchens beim Sex nicht kennenlernen durfte. Ich durfte leider keine verblümte Defloration durchführen. Dies machte mich schon sehr traurig!

Welche Zufälle es aber doch auf der großen weiten Welt gibt. Ich hatte im Laufe meiner Prostitutionskarriere zufällig drei Prostis namens Victoria gebumst, an drei verschiedenen Orten des Globus', eine in Nürnberg (deutsche Blondine), eine in der Dominikanischen Republik (haselnußbraune Dominikanerin) und eine in der Tschechei (Weißrussin/Belarus).

Mein erster freier Sex mit einem Girl aus Poppenhausen/Rhön war dann endlich 1989 auf einer ROAD ANGELS MC-Party in Stadtlauringen. Dies war gleich ein lustiger Einstieg in den freien Sex. Es hat total geregnet und in meinem Zelt stand schon das Wasser. Das wurde sozusagen eine richtig feuchte, geile Nummer. Exzellent!

Bei einer Bekannten aus Offenhausen hab ich es auch 1990 probiert. Sie ließ mich nicht ran, und so probierte ich mal was anderes aus. Ich kaufte im Sex-Shop in Nürnberg die „Spanische Fliege“ und tat es ohne ihr Wissen ins Getränk. Auf einmal meinte sie, es wäre ihr so komisch und so heiß, ließ mich aber trotzdem nicht ran. Mit der „Spanischen Fliege“ hab ich es nie mehr probiert. Keine Ahnung, ob so etwas bei einer Frau funktioniert.

Meine erste richtige Beziehung begann mit der Deborah, Debbie, (coco-loco-Törtchen), auf dem Halle Rock in Hartmannshof 1991. Diese Beziehung sollte, mit zwei Unterbrechungen, bis Januar 2004 dauern. Es begann also auf diesem Halle Rock mit uns beiden. Ich hatte während der Veranstaltung noch mit der Ivi bei meinen Eltern lecker Federweißen geholt. Wir fuhren wieder zurück und machten dann auf'm Parkplatz der Halle Federweißen-Party, und die Debbie und ich kamen uns näher. Später gingen wir zwei mit dem Tomek und der Ivi nach Hause, wo wir noch ein bißchen weiterfeierten. Zu später Stunde fuhr mich die Debbie mit ihrem Käfer dann nach Hause (sie trank nie Alkohol) und wir knutschten bei mir auf'm Sessel. Ich hatte natürlich einen im Tee, so daß ich einschlief. Als ich aufwachte, war sie weg. Ich Depp. Jetzt mußte ich mich weiter um sie bemühen und sie ließ mich zappeln, aber nach kurzer Zeit wurde es doch noch was. Wir hatten im Laufe unserer Beziehung fünf Wohnungen zusammen und die Debbie hat immer gut gekocht, Liebe geht ja bekanntlich durch den Magen. Ich hatte also endlich mal 'ne feste Beziehung mit Sex, mit gutem Sex. In Sachen Sex waren wir uns immer einig und jeder von uns beiden kam auf seine Kosten. Wir war'n beide experimentierfreudig und haben auch ziemlich viele Kamasutra-Stellungen ausprobiert. Mein persönlicher Favorit ist die Stellung 69, die kann man drehen und wenden, wie man will, die bleibt immer 69. Man kann sich gegenseitig was Gutes tun und es ist superlecker Schmecker für beide. Der Mann hat die saftige Pflaume direkt vor Augen und die Frau hat den Stangenpfirsich im Mund. Wer einmal leckt, der weiß, wie's schmeckt! Ich sag mal so, ich kann französisch, nur mit der Sprache hapert's. Gegen einen schönen Popofick und feuchte Natursektspielchen hatten wir beide auch nichts einzuwenden. Sex während der Menstruation war nicht unbedingt mein Ding, aber die Debbie war da immer noch rattleter als normal und sie fiel immer über mich her. Nicht, daß ich mich sträubte. Ich nannte es immer „Bloodsport" oder „meinen kleinen scharlachroten Piraten". Außerdem VHS, aber nix Videorecorder, sondern vorne, hinten, seitwärts. Am Anfang merkte ich mir noch jedes Nümmerchen, wo oder wie. Wir fickten überall: Im Schwimmbad, unterm Solarium, im Auto (wo uns mal Wanderer im Wald überraschten, und wir haben uns kaputtgelacht), bei Bekannten auf'm Klo, unter'm freien Himmel, auf Partys im Zelt, auf Konzerten, am Strand, im Krankenhaus etc. pp. – je höher der Reiz, desto geiler. Meinen geilsten Sex im Leben hatte ich auf jeden Fall mit der Debbie und ihrem damals makellosen Körper. Supersexy! In romantischen Momenten zitierte ich aus Salomo, was sie nicht kannte, und beeindruckte sie sehr:

„Bezaubernd dein Gang in deinen Schuhen, du Fürstentochter. Deine Beine sind Säulen aus Marmor. Dein Schoß ist eine Gabe, Kornähren von Lilien umstanden. Dein Nabel ist ein Kelch, dem es nie an Wein mangelt. Deine Brüste sind Trauben an einem Weinstock. Dein Hals ist ein zarter Stängel, der mich völligst entzückt. Dein Atem ist wie der zarte Duft der Äpfel. Niemand kann dich so lieben, wie ich dich liebe."

Wir waren willig, geil, aufeinander einzugehen, und keiner wollte zu kurz kommen und den anderen dabei völligst befriedigen. Wir trieben uns von einem sexuellen Exzeß zum anderen, so daß wir teilweise in eine vollkommene Ohnmacht fielen. Es war eine richtig geile Zeit und wir dachten in unserem jugendlichen Leichtsinn, daß wird sich wohl nie ändern und wird für immer so sein!!!

Da ich ja so verspätet zum Sex kam, nahm ich dann auch (trotz meiner Liebe zur Debbie) alles mit, was mir zwischen die Beine kam.

Mein erstes Techtel-Mechtel hatte ich mit der Kerstin aus Bad Windsheim, und aus diesem Grund war ich das erste Mal kurze Zeit von der Debbie getrennt. In dem Fall kam es von meiner Seite. Die Kerstin war eine süße Maus, hatte zwar schon ein Kind, was mir aber natürlich egal war. Es war eigentlich nur eine Sex-Beziehung. Wir bumsten eines Abends bei mir auf der Couch, und wie es sich gehört, hatte ich eine Lümmeltüte drüber. Da platzte das erste Mal in meinem Leben die Lümmeltüte und wir glotzten natürlich blöd. Ein Kind konnte in dem Moment keiner von uns beiden gebrauchen, es ging zum Glück gut. Es hatte gepaßt mit uns beiden, aber irgendwie zog es mich immer wieder zur Debbie zurück.

Kaum war ich wieder mit der Debbie versöhnt und liiert, kam nach kurzer Zeit ein Verhältnis mit der Babsi. Dies war schon eine längere, engere Romanze, und ich war parallel noch mit der Debbie liiert. Da war mein Sexleben definitiv ausgeglichen. Ich lernte sie auf der NAVAHOS MC-Sommerparty kennen. Sie war damals 19, ich 27, und wir verstanden uns prächtig. Mit ihr habe ich mal bei uns im DEADHEAD MC-Clubhaus im Getränkelager, gebumst und auf einmal ging die Tür auf und der Fooscher kam rein. Der hat natürlich blöd geglotzt, machte gleich die Tür wieder zu und hat mich zu einem späteren Zeitpunkt bei der Debbie verpfiffen. In meiner Zeit 1997 im Krankenhaus erzählte der Fooscher (diese Hyäne) der Debbie von einigen dieser sexuellen Kontakte, da er noch mehr wußte. Er rechnete sich wohl Chancen aus. Aus diesem Grund trennte sich die Debbie ein Jahr von mir, und dies in der Zeit, als ich im Krankenhaus lag. Warum die gekränkte Frauenseele? Wir waren nicht verheiratet, und ich hab der Debbie auch keine ewige Treue geschworen.

Aber um nochmal auf die Babsi zurückzukommen, wir hatten viel Spaß zusammen. Einmal waren wir in Aschaffenburg auf einem Christmas-Metal-Meeting, war'n supi drauf und hatten uns ein paar Ecstasy eingeworfen. Nach dem Konzert suchten wir uns ein Hotel. Eingecheckt, Flasche Sekt gekauft und rauf aufs Zimmer. Ich hatte auch geile Männerdessous an, und das machte die Babsi noch schärfer als sie sowieso schon war. Wir haben dann also schön gepoppt und machten die Nacht durch. Am nächsten Morgen hab ich mich dann von der Babsi nach Hause fahren lassen. Natürlich in eine Parallelstraße, damit uns die Debbie nicht sah. Irgendwann hat die

Babsi dann auch eine engere Beziehung mit mir gewollt und ich hab mich auf einer GLADIATORS MC-Party dann entschieden. Ich sagte zur Babsi: „Ich lieb dich genauso wie die Debbie, aber ich entscheide mich für die Debbie, weil ich die schon länger liebe als dich. Es tut mir auch weh, aber du willst eine Entscheidung. Ich wünsch dir alles Gute, wir hatten eine wunderbare Zeit! Kuß-Kuß."

Im Jahr 1994 fuhren wir von unserer Harley-Firma aus nach Köln zur IFMA, wo wir einen Stand hatten. Da lernte ich die Sigi kennen. Die war wohl mit einem vom GHOST RIDER MC zusammen, der aber an dem Abend nicht anwesend war. Sie hockte zwar am Anfang der Messe erst beim Lucas rum, im Rockschuppen in Köln kam ich ihr am Abend dann näher. Wir feierten da ein wenig, knutschten rum und fuhren dann zu ihr nach Koblenz. Wir bumsten schön rum, sie war total tätowiert, von oben bis unten. Es war sehr schön beim Bumsen die ganzen schönen Bilder anzusehen, dadurch war man abgelenkt und konnte den Orgasmus beliebig rauszögern ☺. Am nächsten Tag hatten wir nach unserem Brunch noch Zeit für einen schönen Quickie, und dann fuhr sie mich nach Nürnberg. Ich wohnte zu der Zeit ja in Nürnberg, in unserer Firma, mit dem Lucas und dem Gary in einer WG. Die hatten zum Glück der Debbie erzählt, ich hätte noch in Köln den Stand mit abgebaut. Es war ein klassischer One-Night-Stand.

Als ich mit dem Smokey und dem Hamster bei ROCK IN RIEM 1994 arbeitete, traf ich die Daisy Popp. Da war der Name Programm. Ich kannte sie schon von einer unserer DEADHEAD MC-Partys. Die war ein richtig vogelwildes Huhn. Die Zunge, Brustwarzen und Schamlippen waren gepierct und sie hatte auch einige Tattoos. Sie arbeitete in einem Tattoo- und Piercingstudio in München. Nach dem ersten Konzerttag trafen wir uns, tranken und puderten uns die

Nase. Dann hab ich schön mit ihr gepoppt, und da war der Name ja Programm, wie schon erwähnt. Ich war sozusagen ein Poppstar. Ihr Zungenpiercing hat mir beim Fellatio sämtliche Sinne geraubt. Die Ringe durch ihre Schamlippen waren auch ein neues Erlebnis. Ich bin vor Geilheit zerflossen. Ich würde mal sagen, die hat mich ganz schön hergenommen. Es war sehr geil. Am nächsten Abend bin ich mit unserem DEADHEAD MC-Alien, der dort auch als Roadie arbeitete, hinter die Bühne. Da haben mal richtig abgestürzte Typen gearbeitet. Die hatten fast keine Zähne in der Fresse und waren mit voll albernen Motiven tätowiert, aber die Gaudi dort war gut. Meine Fresse, waren da Gestalten dabei, da glotzte sogar ich. Als ich bei „Rock in Riem" ausschenkte, hab ich mit einem Tattoo-Künstler aus Würzburg gute Geschäfte gemacht. Er gab mir beim Getränkekauf z. B. 10,- DM, ich gab ihm Biere und gab ihm auf 100,- DM heraus. Wir haben jeder so um die 2.000,- DM an diesem Wochenende nebenbei gemacht. Eine Aufpasserin meinte, mich erwischt zu haben und suspendierte mich am letzten Tag. So hatte ich Zeit und schaute mir dann auf einem vorderen Getränkecontainer, da ich die Jungs kannte, mit bestem Ausblick PETER GABRIEL und AEROSMITH an. Da ich genug Fett gemacht hatte, kaufte ich mir nach dem Konzert am letzten Abend eine ganze Palette Red Bull und zog allein über den Zeltplatz. Ich ließ mich mal da und mal da nieder und lernte einige süße Mädels kennen, mit denen ich gute Gespräche und einen netten Abend hatte. Die meisten haben um Kurt Cobain (Sänger von Nirvana) getrauert, der sich ein paar Tage vorher eine Schrotflinte in den Mund steckte (er war auch manisch-depressiv) und abdrückte. Ich hatte an diesem Abend keinen Sex, aber es war trotzdem ein gediegener Abend. Als ich in der nächsten Woche mein Geld für's Arbeiten abholen wollte, meinten sie, ich hätte Geld unterschlagen und sie würden mich nicht bezahlen. Als ich aber dann mit meinem Anwalt drohte – ich hatte gar keinen –, zahlten sie doch. Sei's drum, es war sehr erfolgreich und spaßig. Auch ein Mensch der lockereren Sorte war, wie gesagt, der Tattoo-Künstler aus Würzburg-City. Ich habe meine Tätowierungen „... and Justice for all", „Löwenkopf", „Einhorn", „Phönix" und mein „Jesuskreuz" von ihm. Weitere Tattoos werden noch folgen, von wem auch immer. „It's my body and I smile when I get it". Mal positive Schmerzen!

Ein nächster One-Night-Stand (Side-Step) kam mit der Chrissy aus dem Bad Mergentheimer Raum. Ich weiß gar nicht mehr, wo ich sie kennenlernte, aber ich hatte schon öfter mal Kontakt mit ihr. Zu der Zeit war ich bei dem DEADHEAD MC und wir waren bei den Bad Neustädtern KING RIDERS MC auf einer Party. Sie machte mit so Esoterikzeug rum und es wurde ein interessanter Abend. Sie erklärte mir dies und jenes über die Esoterik. Als wir dann zu später Stunde zum Tod von unserem DEADHEAD MC fuhren, war noch ein Girl dabei. Die Chrissy fuhr und ich saß auf dem Beifahrersitz, der Tod und die andere saßen hinten. Da ich ja schon wieder gut angetörnt war und ein Lied im Radio lief, das mir wieder sentimental nachging und mir wieder mal das Pippie in die Augen trieb. Dies muß irgendwelche mütterlichen Instinkte bei der Chrissy geweckt haben, und als wir beim Tod ankamen, gingen wir zwei ins Gästezimmer. Sie tröstete mich und fing an, mich auszuziehen. Beim Bumsen hat sie dann wie eine Katze rumgeschnurrt. Ich hatte niemals eine Frau, die so rumschnurrte, aber es war 'ne saugeile Erfahrung. Am nächsten Morgen legte sie mir nach dem Frühstück die Esoterikkarten, und die lagen gar nicht schlecht und stimmten auch. Um mich herum bei den Karten lagen lauter Königinnen. Dies war zu dem Zeitpunkt auf jeden Fall genauso. Lauter Frauen um mich herum. Sie meinte noch, paß auf, daß du dir nicht die Finger verbrennst. Welchem Mann würde es nicht gefallen, von vielen Frauen eingekreist zu sein?! War 'ne Klasse Zeit! Die Debbie wartete zuhause, aber ich konnte es wiedermal gut vertuschen.

Da ich dann von der Debbie 1997 ein Jahr lang getrennt war, wohnte ich allein. Ich war mal beim Kaspar in der KASBAR. Dort war die Bernadette, die ich schon länger kannte. Ich machte sie an und schleppte sie zu mir ab. Also so was hatte ich ja noch nicht im Bett. Ich konnte sagen, die bewegte sich nicht gut. Not in Move. Die lag wie ein Brett auf dem Rücken und machte keinerlei Zuckungen. Sie wäre auch als Gummipuppe durchgegangen. Ich hätte sie mir aber angeln sollen, denn Liebe vergeht und Hektar besteht! Die hatte total reiche Eltern und alle drei Töchter hatten schon ein Haus gebaut bekommen. Der Wolfman hat sich ihre Schwester, die Sweety, geschnappt. Na ja, wieder 'ne aussichtsreiche Chance weg gewesen.

Eine unglaubliche Begegnung der weiblichen Art geschah mir nur ein einziges Mal. Ich ging in Nürnberg durch die Fußgängerzone und quatschte eine ganz Hübsche an: „Ich glaub, ich kenn dich irgendwo her!"

Sie meinte: „An so einen schönen Mann würde ich mich doch erinnern!"

Ich erwiderte: „Na dann, wollen wir ein Eis essen?"

Sie: „Okay."

Wir aßen einen Eisbecher und waren uns sympathisch. Ich fragte sie dann spontan: „Willst du ficken!"

Sie sagte doch glatt ja, und wir gingen auf die Wöhrder Wiese in Nürnberg, denn es war Sommer. Wo ein Wille ist, ist auch ein Gebüsch! Wir schoben eine geile Nummer, selbstverständlich mit Kondom, und gingen danach wieder getrennte

Wege, denn sie hatte einen Freund. Ich wußte nicht einmal, wie sie hieß, nur daß sie aus dem Stadtteil Poppenreuth kam, und das war ja gerade der Zauber. Ich glaube, sie hat wie ich das Poppen nicht bereut!

Eine richtige Lady lernte ich auch in der Trennungszeit von der Debbie kennen. Sie war Rechtsanwältin in Mannheim und ihr Name war Diana. Auf einer Party quatschten wir nur und es passierte nichts, aber sie gab mir ihre Telefonnummer. Als ich sie in Mannheim besuchte, kam es dann sagenhaft. Wir flanierten erst mal etwas durch Mannheim und setzten uns in ein Straßencafé, tranken Käffchen und aßen Törtchen. Wir quatschten schön versaut daher und sie war schon ganz schön läufig, während ich schon Stangenfieber hatte und sie schon im Café fingern mußte. Als wir dann zu ihr kamen, gingen wir in ihre riesige Whirlpoolbadewanne und fielen wie ausgehungert übereinander her. Dann machten wir erst mal einen lekker Rotwein auf, und in der Küche auf der Anrichte kam dann Teil zwei. Wir kochten dann erst einmal was, nämlich Salat mit Rinderfilet und dies natürlich englisch, wegen des Blutes. Ich sage immer, ohne Mampf kein Kampf. Wir begaben uns dann in ihr Wohnzimmer, puderten uns erst mal die Nase mit Koks und schauten dann Pornos auf ihrem Großbildfernseher. Wir machten alles genau nach, was im Porno lief, das war wie Karaoke, bloß für Sex, nicht fürs Singen ☺. Der Sex mit ihr war erste Liga. Danach aßen wir noch etwas Käse und gingen mit einer Flasche Champagner ins Schlafzimmer. Sie zog sich sofort schöne Strapse an. Sie hatte ein Wasserbett, Spiegel an der Decke und natürlich Handschellen. Weiter ging's. Auf jeden Fall waren wir jetzt beide vom Koks und Alk total hochgeschossen und kamen nacheinander oder gleichzeitig immer recht heftig. Wir beschmierten uns mit Blut vom Rinderfilet und beträufelten uns mit Rotwein und Champus. Wir leckten uns dann gegenseitig ab und küßten uns leidenschaftlich. Eine richtig geile Sauerei! Sie war ein richtig geiles Luder und ich das passende Gegenstück. Ich hab sie nach dieser spektakulären Nacht nie wieder gesehen. Es war auf jeden Fall ein geiles Intermezzo, das ich niemals vergessen werde!

Ich kam dann im Jahr 1998 wieder mit der Debbie zusammen und ich glaube, daß der Grund der Sex und eine ausgeprägte Haß-Liebe á la Liz Taylor und Richard Burton, von beide Seiten, war. Wir fuhren mal in Urlaub nach Rhodos/ Griechenland, dort hatten wir ein sehr gutes Hotel und all inklusive. Ich hab beim Karaoke-Abend, wieder in meiner Sangeshochform, vier Lieder gesungen: „My Way" und „New York, New York" von Frank Sinatra, „Stir it up" von Bob Marley und „Jeanny" von Falco. Der Applaus war mir sicher. Wir hatten auch was zu kiffen dabei. Die Debbie schmuggelte es in ihrer Muschi rüber. Ich saß dann am späten Abend mal, von den Cocktails angeheitert, im Schrank und wollte mit dem Auto nach Hause fahren. Die Debbie brauchte etwas, bis sie mir klar machte, daß ich in einem Schrank saß. Am nächsten Tag sind wir dann mit einer ausgeliehenen Enduro um die Insel gefahren. Mit dem Sprit hab ich mich verschätzt und so mußte ich den Bock ein Stück durch die Berge schieben. Es war brütend heiß. In einem Gebirgsdorf bekamen wir dann zum Glück Sprit. Zwischendurch hielten wir an und mußten in dieser schönen freien Natur erst mal ein Nümmerchen schieben. Danach fuhren wir in eine rustikale Fischerkneipe am Strand. Die Debbie aß frisch frittierte Calamari, die sagenhaft schmeckten, und ich frischen Octopus, der dann alles, was ich in diesem Urlaub aß, in den Schatten stellte. Wir gingen dann zum Nacktbaden und fuhren danach mit unserem Bock in den Sonnenuntergang. Es war ein sehr romantischer Urlaub! Bis dann der Nachhauseflug kam. Wir warteten geschlagene acht

Stunden, bis unser Flug ging. Nicht nur wir warteten, sondern der ganze Flughafen war lahmgelegt. Wir wurden sogar kostenlos mit Getränken und Sandwiches versorgt. Danach ging es zurück nach Good Old Germany.

Der Urlaub in Griechenland war ja voll romantisch. Als wir dann aber zu einem späteren Zeitpunkt an den Chiemsee fuhren, hat sie wiedermal voll rumgebockt, daß alles zu spät war. Und das bloß deshalb, weil ich auf Herrenchiemsee ein paar knackigen Hintern nachschaute. Wir fuhren aber dann versöhnt doch noch hinter an den Königssee, schnakselten vogelwild rum und der restliche Urlaub wurde dann doch noch ganz nett. Beim Sex waren wir uns auf jeden Fall einig. Sie war damals trotz ihrer gelegentlichen Bockigkeit auf jeden Fall eine ganz andere, besondere, schönere, liebenswertere Debbie (coco-loco-Törtchen) als sie dann später wurde! Das „coco-loco-Törtchen" war auf einmal weg, wie vom Erdboden verschluckt!

In meiner sexuellen Laufbahn hat sich nie eine Dame beschwert, und sie hatten (bin ich mir 90 % sicher) immer einen Orgasmus. Außer die Bernadette, die Bewegungslose. Die fürstliche Behandlung von Damen beim Sex war mir stets eine Herzensangelegenheit, denn bei mir war immer erst die Dame mit dem Orgasmus an der Reihe und dann ich. Ich hab die Damen und mich beglückt, und die Damen und ich waren sehr zufrieden. Ich wußte, was ich einer Dame schuldig war, ganz im Sinne von Casanova. Wenn du eine Dame beim Sex glücklich machst, ist die Welt in Ordnung. *I was ever a good lover!* Ich meine, jeder kann irgendetwas ☺! Mein Penis ist zwar kein Mastbaum, Flammenschwert, Rute oder Fleischpeitsche, war aber schon immer gut für die zarte und hübsche Weiblichkeit.

„I'm your Schwines, I'm on fire, your desire."

Einem Mädel sagte ich mal beim Anmachen aus Spaß: „Meiner ist nicht lang, aber dafür verdammt dünn."

Sie sagte: „Du bist ein ganz schöner Angeber."

Dies war wieder mal ein Beweis, daß manche Frauen Männern nicht richtig zuhören wollen oder können. Warum hört kein Mensch mehr zu?

So waren meine Erfahrungen mit dem weiblichen Geschlecht. Der Start war zwar etwas holprig, dafür ging's dann flutschend weiter!

GIRLFRIENDS!?

XII. Drugstore

Nun zu den Drogen! Ich konsumierte ab 1988 Drogen jeglicher Art. Außer der Nadel und Opium habe ich sehr viel ausprobiert. Da waren:

Alkohol, Marihuana, Haschisch, Speed, Crystal, Kokain, LSD (Papers und Mikros), einmal Heroin geraucht (Heroin war nicht mein Stil), Ecstasy, Psylos (Pilze).

Mich machten:

Alkohol redselig, überschwänglich, lustig, selbstbewußt; Marihuana/Gras relaxed, gut drauf, lachen (und macht die Welt schöner); Hasch/Shit/Dope down, Gedankenchaos, gleichgültig (optimal zum chillen; Beim Kiffen sind die Gedanken nicht im normalen Fluß, sondern mit vielen kleinen Nebenflüssen. Es macht wirr, bringt aber auch neue Ideen. „Don't drink and drive. Smoke and fly!"); Kokain hellwach, schmerzfrei, königlich, selbstbewußt (die Nase und den Mund taub); Amphetamin/Speed hochgeschossen, voll alkoholaufnahmefähig, tagelang wach und redselig. Crystal wirkte wie Speed (ist aber effektiver, denn man braucht weniger davon); LSD erzeugte teilweisen Verlust jeglicher psychischer Körperkontrolle, und bei Mikros hatte ich extreme Lachanfälle, Ecstasy wirkte ähnlich wie Speed, Psylos ähnlich wie Haschisch und Heroin rauchen machte bewegungsunfähig. Meine Nadelphobie habe ich trotz meiner großen Bekanntschaft mit Nadeln in meinen Krankenzeiten immer noch, und das war gut so, sonst hätte ich wahrscheinlich das Drücken auch noch ausprobiert.

Außerdem ist hier einmal anzuführen, daß Gras und Hasch (wissenschaftlich gesehen) weitaus „gesünder" sind als Alkohol. Gras und Hasch macht ruhig und relaxed, Alkohol aber aggressiv. Haben sie schon mal einen zugekifften Schläger gesehen? Mit nichten.

Hier eine kleine Bauanleitung: Beim Jointdrehen werden drei, oder auch mehrere Papers zusammengeklebt. Es kommt Tabak auf die Papers und dann wird Gras oder Shit draufgebröselt. Dann wird ein Filter aus Pappkarton gerollt. Der Joint wird mit dem Filter zusammengedreht, abgeschleckt und zusammengeklebt. Schon kann die Tüte qualmen. Gute Reise! Wenn man dann vielleicht ein Stück vom Filter zum Schluß mitrauchte, nannten wir das immer: „Der Karton gibt den Gong, der Filter macht die Bilder; oder: der Filter macht dich tilter." Es gibt da auch noch eine Philosophie: „Morgens ein Joint und der Tag ist dein Freund." Außerdem schaut unsere kranke Welt bekifft sowieso besser aus. Wenn man gut bekifft ist, bekommt man in der Regel einen Freßflash, auch Mantsche genannt. Man futtert und futtert. Es gibt auch medizinisch erwiesene Vorteile von Marihuana im Krankheitswesen, wie z. B. Appetitanreger bei Aids- oder Krebskranken. Außerdem ist die Schädlichkeit von Marihuana sowieso überbewertet, wie schon gesagt: Schädlicher ist die Volksdroge Nummer 1 – Alkohol!!!

Mein persönlicher Jointrekord liegt bei dreizehn Papers im DEADHEAD MC-Clubhaus. Da haben ein paar überrascht geguckt, und der Joint ging ein paar Runden herum, bis alle völlig geplättet waren. Gelernt ist eben gelernt. Das Jointdrehen konnte ich an allen Orten, selbst mitten in Menschenmassen, kein Problem. Wie viele Joints ich im Leben schon gedreht hab? Muß in die Tausende gehen! Alter Schwede!

Ich hatte daheim eine mörderische, zweiköpfige Wasserpfeife (Blubber, Huga, Bong), und die hat alle umgehauen, bis auf den Noth, einen Extremkiffer, und dem konnte sowieso keiner mehr helfen. Wenn du an dem Teil richtig gezogen hast, bist du erst mal zu einer Achterbahnreise aufgebrochen. Die Leute haben eine zeitlang bei mir abgehockt, bevor sie wieder gehen konnten. Auch noch kurz anzufügen ist ein sogenannter „Shoutgun". Einer steckt den Joint verkehrt herum in den Mund und bläst dem anderen den „Shouty" in die Lungenflügel. Ein klassischer Wegbeamer!

Ich wurde 1989 das erste Mal am Knie operiert, und es wurde am oberen Schienbein Knochen weggemeißelt und die Kniescheibe wurde versetzt. Dann ist 1991 eine Kreuzbandplastik implantiert worden. Durch diese Eingriffe war ich zwei Jahre arbeitsunfähig, was mich natürlich aus der Bahn warf. Mit der Musterung bei der Bundeswehr war das bei mir auch so eine Sache. Ich wurde insgesamt dreimal gemustert und hatte jedes Mal Krücken, was mein Glück war. Beim dritten Mal am 12.03.1991 sagten sie zu mir: „Herr Svenisson, da sie jetzt schon das dritte Mal bei uns sind und schon immer Knieprobleme hatten, werden wir sie wohl jetzt ausmustern. Sie werden mit dem Tauglichkeitsgrad 5 eingestuft und sind damit nicht wehrdienstfähig."

Ich sagte noch heuchlerisch und bluffend zu dem Gremium: „Das finde ich aber schade, da ich eigentlich zu den Fallschirmspringern wollte. Gibt es da nicht vielleicht doch eine Möglichkeit, noch zu einem späteren Zeitpunkt dorthin zu kommen?"

Sie verneinten und ich lachte mir innerlich eins. Das war's mit der Bundeswehr! Und gut so!

Wie schon gesagt, passierte immer irgendein Unglück, so hatte ich im Juli 1992 einen Motorradunfall mit meiner Yamaha SR 500, der mich wieder eine halbes Jahr außer Gefecht setzte. In meinen langen Krankheitszeiten verfiel ich immer mehr den Drogen. Am meisten Gras und Hasch, in rauhen Mengen. Am

Wochenende Alkohol. Ich fing mit dem Dealen an, und das zog sich so durch die 90er. Ich konnte mir somit zu meinen spärlichen Finanzen, Krankengeld oder Arbeitslosengeld, „einige" Mark dazuverdienen. Ich fuhr nach Berlin oder Holland, mit dem Zug oder dem Auto (bei jeder Fahrt meist 2 kg Marihuana oder Haschisch), um mir die Drogen zu besorgen und verkaufte sie dann gewinnbringend. Für die langen Wochenenden besorgte ich dann später in der Tschechei (gleich hinter der Grenze) auch Speed oder Crystal, das ging nach dem Fall des Eisernen Vorhangs ja problemlos. Die hatten eine Hammerqualität da drüben. Das Kokain bekam ich meist aus der Rhön oder aus Nürnberger Quellen, welches ich dann meist gegen Hasch oder Gras tauschte. Es mußte ja Schnee für die Weihnachtsfeiern da sein. HOHOHO – Frohe Weihnachten. Wenn man Drogen über die Grenze schmuggelt, ist es wichtig, immer an etwas anderes zu denken. Zum Beispiel an guten Sex oder auch an ein anderes gutes Erlebnis, um abgelenkt zu sein. Das Allerwichtigste: Immer cool bleiben, egal was passiert!

Ich habe eine zeitlang den Stadt- und den Landkreis Nürnberg ein bißchen mit Drogen versorgt. Natürlich an seriöse Connections. Das meiste davon hab ich nach Zerzabelshof und nach Gostenhof verkauft. Ich hatte jeweils immer nur eine Kontaktperson, die ich natürlich gut kannte. Meine Bekannten, es waren einige potenzielle Kunden dabei, hab ich es etwas billiger als den Zerzabelshofern und den Gostenhofern verkauft. Außerdem hatte ich immer Drugs auf Partys dabei, um sie an den Mann oder an die Frau zu bringen. Es gibt ein paar Regeln:

„Werde niemals gierig; keine Hinweise am Telefon über Drogen (Big Brother is watching you); verkaufe nie an Wildfremde; prahle nicht einmal bei Bekannten (wenn man niemanden ins Vertrauen zieht, kann man nicht enttäuscht werden), was du alles so für Geschäfte machst; außerdem, wenn man Gaunereien vorhat, sollte man das möglichst bei schlechtem Wetter tun (Bullen steigen da auch nicht so gern aus ihren Autos), dann geht's meist auch gut."

Ich war gut, ich meine sehr gut. In Bezug auf Drogenverkauf war ich schon immer clever und bin auch nie beim Dealen erwischt worden. Außerdem wird es ja erst zu einer Straftat, wenn man erwischt wird. Es kam zweimal vor, daß ich das Auto mit den verschiedensten Drogen richtig voll hatte und von den Bullen gefilzt wurde, sie fanden es zum Glück nicht ☺. Einmal fuhr ich mit 100 gr. Kokain in eine Bullenkontrolle, sah sie kurz vorher und hab es aus dem Fenster geschmissen. Besser als erwischt. Die hatten sogar Hunde dabei. Irgendwie schlugen die Hunde leicht an, da ja wahrscheinlich noch leichter Geruch im Auto war. Gefunden hatten sie aber nach einer halben Stunde nichts und sie mußten mich weiterfahren lassen. Glück gehabt. Weil ich vorausschauend gefahren bin, wie immer bei Drogenfahrten. In Bezug aufs Dealen war ich der „Lucky Guy", und außerdem verzeiht das Drogenbusineß sowieso keinen Fehler. Alle, die ich mit Drogen versorgte, wollten sie aus eigenen, freien Stücken und ich hab es niemandem aufgedrängt. Daher brauchte ich niemals ein schlechtes Gewissen zu haben. Die hatten alle nicht das Risiko, das ich hatte. Ich brachte es ihnen meist ins Haus oder sie holten es bei mir ab. Das war daheim in meinem Elternhaus, in meiner Mansarde, oder später in meinen Wohnungen. Wenn meine Mutter und mein Vater damals gewußt hätten, was da für ein Drogenumschlagplatz in ihrem Haus war, ihnen hätten die Haare zu Berge gestanden. Die Kunden hatten überhaupt kein Risiko, und dies schlug sich natürlich auf den Verkaufspreis nieder. Ich war ja nicht blöd. Zu meinen Drogengeschäften muß ich noch hinzufügen: „Ich war jung und ich brauchte das Geld, für mein wildes, ausschweifendes Leben!"

Zwischendurch eine Realität:

Jeder nimmt Drogen, auch Lehrer, Ärzte oder Anwälte. Ein bekannter Polizist, vom Personenschutz, aus Altötting erzählte mir mal, daß er einen hochrangigen bayerischen Politiker mit weißer Nase aus der Toilette kamen sah. Im Bundestag wurden auf den Toiletten ja auch schon Kokainspuren entdeckt. Ein anderer Bekannter war bei der Bereitschaftspolizei und erzählte mir, daß dort verhältnismäßig viel gekifft wurde. Letztendlich ist es doch egal, in welcher Gesellschaftsschicht gefeiert wird. Ohne Sex, Alkohol oder Drogen geht's doch nirgendwo!

Ratschläge sind auch Schläge, aber hier ein gutgemeinter Ratschlag:

Nimmt man Drogen, wenn man gut drauf ist, kommt man noch besser drauf. Nimmt man Drogen, wenn man schlecht drauf ist, kommt man nicht gut drauf, sondern man kommt noch schlechter drauf.

Ich wurde nur einmal mit einem leeren Tütchen Speed im Auto erwischt, bei unserem KING RIDERS MC Chapter Bad Neustadt/Saale. Dies war aber nicht beim Dealen. Der Red Rider und ich saßen in seinem Auto und zogen einen Rest Speed weg. Da klopfte es gegen die Scheibe. Einer sagte: „Drogenfahndung, bitte aussteigen."

Wir dachten, es wäre einer von uns und machte einen Scherz, dem war aber nicht so. Wir mußten beide aussteigen und einer filzte mich und der andere ging ein Stück weg und filzte den Red Rider. Da sie nur bei mir das leere Tütchen fanden, ließen sie den Red Rider laufen. Sie nahmen mich mit, und wir fuhren in die nahegelegene Ortschaft.

Sie meinten: „Sagen Sie uns, wo sie die Drogen her haben und dies wird dann strafmildernd sein."

Nicht mit mir. Ich sagte: „Ich hab das Zeug in Nürnberg an der Frauentormauer gekauft."

Der eine Bulle meinte zu mir: „Wir wissen doch, wie es in der Rockerszene zugeht. Noch einmal, sagen Sie uns, wo es her kommt, das ist strafmildernd für Sie."

Ich sagte noch einmal: „Es ist von der Frauentormauer."

Sie gaben keine Ruhe und wollten unbedingt, daß ich jemanden verpfeife, aber nicht mit mir, ihr Schergen. Sie nahmen mich nicht mit auf die Wache und fuhren mich dann sogar zum Clubhaus zurück.

Ich fragte noch: „Was passiert mir jetzt?"

Sie meinten: „Sie bekommen schon Bescheid, und wenn noch mal was mit Drogen bei ihnen vorkommt, dann ist auch ihr Führerschein weg."

Mich kostete dieser Spaß mit dem leeren Tütchen 500,- DM. Ich habe niemals in meinem Leben jemanden verpfiffen und nahm es auf mich, wie es sich in diesem Geschäft für Ehrenmänner gehört, denn einen Vorteil hätte nur das System. Enttäuscht war ich nur vom Red Rider, denn beim kostenlosen Schnupfen war er immer dabei. Wie es aber hier ans Strafe zahlen ging, rückte er nicht einen Pfennig zur Beteiligung raus. Da hat er mich sehr enttäuscht. Auf jeden Fall ging ich nach diesem Vorfall ins Neustädter Clubhaus und gab richtig Gas. Ich feierte die ganze Nacht mit meinen Leuten und den Jungs vom TRUST MC bis nächsten Nachmittag um fünf. Ich ließ mich dann von der Felicitas und vom Wolfi abholen. Ich hatte ja kein Fahrzeug dabei, da sich der Red Rider nachts gleich mit seinem Auto von einem Prospect nach Hause fahren ließ. Der Start der Clubhausparty in Bad Neustadt war durch die fucking Bullen etwas teuer, der weitere Verlauf machte dafür um so mehr Spaß, denn es war ja noch genug zu schnupfen im Clubhaus vorhanden.

In der Rhön fand ich immer gute Drogenfreunde, ich nannte sie Rhön-Connection. Mit denen hab ich gute, korrekte Geschäfte gemacht. Die waren alle aus dem Rockermilieu. Einigen verkaufte ich was, bei anderen kaufte ich. Ein richtiges kleines Drogennetzwerk baute ich mir auf. Ich war kein Zwischenhändler und hab es für jemanden im Auftrag verkauft, sondern hab mir quasi meinen eigenen kleinen Vertrieb aufgebaut. Einmal vercheckte ich einem Kumpel in der Rhön was. Ich fuhr mit meinem Trike hoch und hatte zwischen dem Sitz und der Batterie 500 gr. Gras gebunkert. Es ging bis dahin mit diesem Bunkerplatz immer gut, aber an diesem Tag nicht. Als ich oben abstieg und meinen Fahrersitz abmontierte, war das ganze Gras weg. Es hatte sich irgendwie gelöst und ist vermutlich an der Seite rausgerutscht. Ich ärgerte mich natürlich maßlos. Ich fuhr die Strecke einmal mit dem Trike und einmal mit dem Auto ab, gefunden hab ich's leider nicht. Es war ja ein relativ großes Paket und auch noch mit Alufolie eingewickelt. Was soll's, weiter ging's. Durch solche kleinen Rückschläge ließ ich mich nicht aufhalten.

Anfang 1993 stieg ich dann wieder in die Arbeit beim Harley Davidson-Zubehörhändler ein. Meine Arbeitskollegen waren den Drogen auch nicht abgeneigt, und wir machten nach Feierabend regelmäßig Fetz. In dieser Zeit wohnte ich noch mit Lucas und Gary in der WG bei uns in der Firma. Unsere Firma war in Nürnberg und die „Rockfabrik" war auch gleich um die Ecke, das war natürlich praktisch. Am Mittwoch war immer Doppeldecker in der „Rockfabrik". Wir feierten bis in die Puppen, sind dann heimgelaufen, haben zwei, drei Stunden geschlafen, und sind dann noch leicht angeheitert die Treppe runter auf die Arbeit. Erst mal Kaffee, bevor es losgeht. Zum

Glück war ich meist in der Einlagerung und da konnte ich sitzen. Bessere Voraussetzungen gingen wirklich nicht. Ende November war immer Händlertag beim Harley Davidson-Zubehörhändler, da kamen alle Harley-Händler aus Deutschland und Europa. Ich war voll hochmotiviert und am Abend war dann die Händlerfete, die immer fett spaßig war. Was schön war beim Harley Davidson-Zubehörhändler, daß man rumlaufen konnte, wie man wollte. Egal ob langes Haar, Bart oder Glatze, zerrissene Hosen, Lederhosen oder Jogginghosen, es schaute keiner auf das Outfit. Wir sahen fast alle aus wie die Zeugen Jehovas. Grins! Aber nur fast! ☺

Ich war ein Säufer und Drogenkonsument der übelsten Sorte und wußte nie, wann Schluß war, aber in der Regel nur am Wochenende. Ein richtig schlimmer Finger! Ich war fürs Feiern geboren, und mit den Drogen hab ich es auch manchmal ein bißchen zu gut gemeint. Ich sah mich aber nicht als Alkoholiker oder Drogenabhängigen, ich mußte es nicht tun. Ich hatte keine Entzugserscheinungen oder so. Wenn wir aber irgendwo auf 'ne Party gefahren sind, zischte ich auf jeden Fall bei jedem Stop an einer Tankstelle einen oder auch zwei Jägermeister zum warm up. Voll normal. Unter der Woche jedoch hatte ich nichts getrunken, sondern mich für das Wochenende erholt. Das eine oder andere Tütchen hab ich unter der Woche schon geraucht. Mein Nikotinkonsum war auch nie hoch, hauptsächlich nach den Mahlzeiten. Dafür rauchte ich am Wochenende, wenn ich getrunken hatte, um so mehr. Da waren es am Abend schon locker ein bis zwei Päckchen. Die Feten oder Partys wurden am Wochenende natürlich immer exzessiver, mit erheblicher Steigerung des Alkohol- und Drogengenusses. Durch das Kokain und das Speed wurden die Nächte natürlich noch länger, teilweise bis nächsten Mittag, wenn nicht sogar Abend. Dann chillte ich mich mit Haschisch erst einmal wieder etwas runter. Die Wochenenden fingen meistens Freitag mittag an und endeten Sonntagabend, und dies Non-Stop!

Im Jahre 1994 machte ich Prospect beim DEADHEAD MC. Die kannte ich schon seit 1989 und mit den meisten verstand ich mich schon super. Auf der 10-Jahres-Party 1990 hatte ich auch schon mal geholfen. Da ich aber noch mehr Clubs kannte (bei denen mich einige wollten), war ich bis 1994 eigentlich freier Biker, aber dazu parallel Hangaround beim DEADHEAD MC. Ich wollte eigentlich nie in einen Club. Was ich aber bis heute nicht bereue, daß ich es dann doch getan habe. Den HANGMAN MC kannte ich durch den Figgo, Member bei denen, auch sehr gut. Da der HANGMAN MC aber aus der Rhön war, trat ich lieber beim DEADHEAD MC ein. Beim HANGMAN MC war ich immer auf Partys, ob Clubhaus- oder Sommerpartys. Das waren immer fette Partys. Zweimal hab ich bei denen, mit meiner Harley Davidson Shovelhead, den Ratbike-Pokal für das versiffteste Motorrad geholt. Meine Harley war mattschwarz, total verölt und sie hatte Rost angesetzt. Ich hatte Killernietengürtel, Handschellen und Strumpfbänder dran hängen, ein Fischernetz über dem Tank und Flokati über dem hinteren Fender. Dazu hatten einmal welche zu mir gesagt: „So was kannst du mit einer Harley Davidson doch nicht machen."

Ich sagte: „Du siehst doch, daß ich's machen kann und ich hol sogar Pokale damit."

Es hat mir noch nie gefallen, wenn alles total perfekt war. Es sollte schon immer alles einen kleinen Makel haben. Mein Ratbike war total versifft, und meine Autos und anderen Motorräder hatten auch nicht gerade den picobello Zustand eines Kfz-Mechanikers. *Nobody and nothing is perfekt*, und der Schuster hat sowieso die schlechtesten Schuh. Auf

Sommerpartys hatten der Figgo, Kuhsäng und ich tagsüber Erdlöcher geraucht. Abends ging's dann wieder mit Pulver und Alk weiter. Auf einer Clubhaus-Party beim HANGMAN MC wollte ich etwas Speed schnupfen und ging ins Freie. Es war Winter, dunkel und kalt. Ich hackte mir mit einer Rasierklinge auf meinem Personalausweis etwas Speed auf und schnitt mir damit aus Versehen leicht in die Nase. Als ich dann wieder ins Clubhaus ging, hatte ich natürlich die Sprüche auf meiner Seite: „Wer den Schaden hat, braucht für den Spott nicht zu sorgen." Als erstes sah ich den Kuhsäng und der lachte sich erst einmal verreckt. Für solche Unfälle war ich prädestiniert.

Apropos Erdlöcher. Ich war zweimal auf Kiffertreffen in Zürich am Zürichsee. Das war eine menschliche Begegnung der besseren Art. Wir hatten über das ganze Pfingsten nur gekifft, geraucht in allen Variationen: Chillum, Erdlöcher, Wasserpfeife, Purpfeifchen, Kawoom, Joints in allen Variationen und Größen.

Da gab es sogar Haschöl. Es wurde auf einen Würfelzucker geträufelt und man lutschte es. Du konntest egal zu wem gehen, es waren fast alle europäischen Nationen anwesend, dich einfach hinhocken und mitrauchen. Verständigungsprobleme gab es keine! Es war unglaublich in Zürich, wahrscheinlich fast mit Woodstock zu vergleichen. Es haben sich leider zwei Leute mit einer Überdosis todgespritzt. Dadurch durften wir ein Jahr später nicht mehr an den Zürichsee, sondern mußten uns außerhalb von Zürich an einem Fluß zusammenrotten. Am Fluß war es aber genauso geil, und man konnte auch zwischendurch baden, abgetrieben ist keiner. So eine Veranstaltung wäre im spießigen Deutschland undenkbar!

Mit'm Marky und seinem Kumpel Eddy, sie auf dem Motorrad und ich auf dem Trike, bin ich in die Schweiz, in die Nähe von Bern gefahren. Da wohnte der Toni, ein Bekannter vom Marky, und der baute Gras an. Ich dachte, ich bin im Himmel gelandet. Hinter seinem Haus hatte er ein Grasfeld, das halb so groß war wie ein Fußballfeld. In seiner Scheune hing der ganze Dachstuhl mit getrocknetem Gras voll. Er machte auch selbst Haschisch und die ganzen Rauchwaren haben wir dann einmal durchprobiert. Er stellte einen Haschklumpen von ca. einem Kilo auf den Tisch, zündete ihn an und der glühte so vor sich hin. Wir reichten ihn uns herum, machten einen tiefen Zug und gaben ihn weiter. Bitte anschnallen, der Flug wird sofort beginnen. Bei uns würde er für lange, lange Zeit in den Knast wandern mit diesen Vorräten. Ab in die Schweiz, „Paradise Country", wo das Gras grün ist und die Dirndl wunderschön.

Weiter geht's jetzt mit dem nächsten „Paradise Country". Holland!

XIII. Amsterdam

Zwischen 1989 und 1995 war ich oft in Holland, sprich in Amsterdam, „Paradise City“. Da kann man ja alles im Coffee-Shop kaufen, und auch gleich dort im Shop rauchen. Im Zentrum, im Bahnhofsviertel und in den Grachten von A-Dam kannte ich jede Straße und jeden Coffee-Shop. Wir sind öfter mit einem Touri-Boot, gut angetörnt, durch die Grachten geschippert. Das Madame Tussaud gibt es da auch und ich schwebte durch die Wachsfiguren. Ein großer MC hatte dort auch zwei Coffee-Shops, in die wir immer gingen. Als die Jungs die Nutten abkassierten, hatte ich sie auch mal gesehen.

Beim ersten Mal sind der Habicht, der Noth, der Romeo und ich mit dem Zug nach A-Dam gefahren, und ich hab das erste Mal Drogen über die Grenze geschmuggelt. Das war gar nicht so schwer im Zug. Im Klo hing so ein Kasten mit Papiertüchern neben dem Spiegel. Der hatte einen Vierkant und den konnte man mit einem Messer leicht aufmachen. Ich tat die obere Hälfte des Papiers raus und platziert die Drogen darin. Ich hatte das Klo immer schön beobachtet, nicht daß die Zöllner es fanden und mich dann in Nürnberg abfangen. Es hat immer geklappt, auch wenn ich's in Berlin geholt hatte. Die BAHN war sicher. Im Auto hab ich's ja auch geschmuggelt, da hatte ich aber ab und zu mal richtig Glück gehabt!

Als ich das zweite Mal mit dem Dodo, Ida, Gustav und Ricksson eine Woche mit dem Auto in Holland Urlaub machte, waren wir in Amsterdam, Haarlem, Rotterdam. Wir hatten auf Campingplätzen gezeltet oder auch irgendwo in der Prärie. Ich war mit der Ida eines Tages, natürlich gut angetörnt, in Amsterdam im Zoo. Wir hatten uns über die Tiere in unserem Zustand voll kaputtgelacht, und ein paar Transvestiten lernten wir auch kennen. Ein amüsanter Ausflug in den Zoo. Danach gingen wir mit den Transen in einen Coffee-Shop und machten uns einen gemütlichen Abend. Auf der Heimfahrt kam dann eine brenzlige Situation. Der Personalausweis von der Ida war abgelaufen, und Dodos Bild war leicht angeschmolzen. Die zogen uns natürlich raus und filzten uns. Ich hatte Gras und Shit zwischen den vorderen Sitzen versteckt, da ich mit so etwas nicht gerechnet hatte. Mein Herz schlug wie bei einem Kolibri und ich sah mich schon hinter Gittern. Sie durchsuchten uns halbherzig und das war mein Glück. Sie kamen dann aus ihrem Zollhäuschen, nachdem sie unsere Vita im Computer gecheckt hatten, und ließen uns weiterfahren. Schwitz-schwitz. Glück gehabt!

Das dritte Mal war ich mit dem Grandler und Marcel, mit dessen Mercedes 300 Diesel, in Amsterdam, und wir wollten diesmal im Auto schlafen. Im Coffee-Shop jammerte der Marcel schon immer rum: „Mein Mercedes wird aufgebrochen und mein Autoradio geklaut. Ich weiß es." Als wir schließlich zu später Stunde an das Auto kamen, war es tatsächlich aufgebrochen. Hier konnte man mal sehen, wie man sich etwas mit andauernden Gedanken daran selbst suggerieren kann. Auf jeden Fall war eine Scheibe eingeschlagen, das Radio und der Verstärker waren weg. Glücklicherweise waren unsere Reisepässe im Handschuhfach wenigstens noch da. Die Heimfahrt war gut gelüftet und ohne Musik.

Das vierte Mal war ich allein mit dem Grandler, mit seinem Audi 100 Quattro, in A-Dam. Da hatten wir einen ähnlichen Fall. Diesmal parkten wir auf einem bewachten Parkplatz. Wir zogen das Alpine-Kassettendeck aus seiner Halterung und legten es unauffällig in den Kofferraum. Als wir am nächsten Tag zum Auto kamen, sah alles ganz normal aus. Der Grandler machte den Kofferraum auf, und das Kassettendeck war weg.

Da haben wir blöd geglotzt. Man hat am Kofferraumdeckel keinerlei Spuren von einem Aufbruch gesehen. Anscheinend haben die uns beobachtet, als wir das Deck in den Kofferraum legten. Sie waren natürlich Profis, sonst hätte man ja irgendwelche Spuren sehen müssen. Auf der Fahrt nach Hause hatten die Grenzer, natürlich die Deutschen, uns zu allem Übel auch noch total gefilzt. Sie bauten die Türverkleidung ab, bauten die hintere Sitzbank aus, leerten den Verbandskasten aus, kontrollierten sogar unsere Körperpflegemittel und zogen uns komplett aus. Dies alles mitten auf der Straße. Die wollten mit Gewalt was finden, hatten aber kein Glück, da wir nichts dabei hatten. Für so was hatte ich anscheinend immer den siebten Sinn. Diese Drecksäue ließen uns einfach stehen, und wir durften uns auch noch die Teile selbst wieder einbauen. Jetzt wißt ihr einmal, was Beamtenwillkür heißt.

Das fünfte Mal waren wir eine ganz schöne Truppe. Dabei waren die Debbie, der Romeo, Fleischer, Dodo, Hamster, Stiletto und ich. Wir sind mit Debbie ihrem Nissan Micra und mit Hamsters VW-Bus gefahren. Ich weiß auch nicht wieso, aber bei irgendeinem Stop hatten wir die Besetzung der Autos gewechselt (Romeo, Dodo, ich im Micra – Debbie, Fleischer, Stiletto in Hamsters Bus). In Amsterdam haben wir uns dann im Straßenverkehr verloren, aber wir wußten ja, daß wir uns auf einem Campingplatz in Castricum an der Küste treffen. Wir drei gingen gleich ins „Prix da Mi" (Coffeeshop), deckten uns mit Gras und Shit ein und rauchten natürlich sofort auch eine fette Tüte. Ich war so geplättet, daß ich am Tisch saß und mein Kopf auf dem Tisch lag. Ich bekam alles mit, konnte mich aber nicht bewegen und mein Körper rebellierte. Voll der Flash! Nach einer halben Stunde ging es dann wieder. Wir fuhren dann nach Castricum und trafen uns mit den anderen, die sich natürlich auch eingedeckt hatten. Es war ein schöner

Ausflug ins Grüne. Genug grünes Gras, grüne Landschaft und super erfrischende Meeresluft.

Das sechste Mal machten wir einen Pärchen-Urlaub und das wieder in Castricum auf dem Campingplatz. Der Smokey und die Frederike H. (Sozialpädagogin), die Debbie und ich. Wir deckten uns in A-Dam wieder mit Marihuana ein und fuhren dann nach Castricum auf den Zeltplatz. Unsere Zelte standen nebeneinander und so hörten wir eines Nachts seltsame Gespräche und Geräusche. Wir kamen gerade vom Strand, wo wir beide etwas für unseren Hormonhaushalt taten, und bekamen mit, wie der Smokey und die Frederike angehenden Sex hatten. Außerdem kannte meine Debbie die Frederike ja gut und die weibliche Gattung erzählt sich bekannterweise ja gern viel. Gacker-gacker-gacker. Die Debbie wußte, das die Frederike noch Jungfrau war. Beim Smokey war das anders, der hatte vorher schon Freundinnen. In diesem Fall war der Smokey der Pädagoge und deflorierte sie.

Ich weiß noch, wie sie sagte: „Ob wir deinen Penis in meine enge Vagina reinkriegen?“

Er: „Mein Lümmel flutscht mit Vaseline schon von allein rein.“

Es war wirklich spannend, mal so eine Live-Entjungferung mitzubekommen. Wir zwei lauschten und waren dann so erregt von den Vorgängen, daß wir auch sofort im Zelt übereinander herfielen. Wir ließen uns am nächsten Tag natürlich nicht anmerken, daß wir fast alles mitbekamen. Ein paar Tage später fuhren wir dann wieder nach Hause, nachdem wir uns gediegen am Meer erholt hatten. Mit dem Smokey war ich schon immer gut, aber mit der Frederike hab ich mich nie wirklich verstanden. Sie meinte wohl immer, sie wäre was besseres, diese arrogante Schneegans mit ihrem Sozialpädagoginnendiplomwisch. Außerdem meinte sie stets, mich so von oben herab behandeln zu wollen. Deswegen ließ ich sie natürlich aus, wo ich nur konnte. Frederike, die Zicke. Es ist halt immer scheiße, wenn man sich mit der Freundin oder Frau eines Kumpels nicht versteht.

Die anderen Male in Holland war ich nicht zum Spaß da. Ich war wiedermal auf Einkaufstour, machte aber trotzdem ein paar Tage allein Erholung im „Rauch-Hol-Land“. Ich probierte erst mal meine gekauften Rauchwaren. Bei den Ausmaßen dieser Drogenkäufe war ich immer alleine unterwegs, besser ist das. Trau, schau, wem! Ich hab mich als Arbeiter getarnt und Geschäftsaufkleber besorgt. Die hab ich auf meine Autos geklebt und mir Arbeitsklamotten angezogen. Ich hatte natürlich auch an alle Sorten von Werkzeug gedacht. Ich fuhr nach Amsterdam oder stoppte gleich in Venlo. Ich wurde nicht ein einziges Mal gefilzt. Wie heißt es so schön: „Tarnen und Täuschen“. Auch eine gute Schmuggeltarnung ist: mit Kindersitz, Spielzeug und Kinderaufklebern auf dem Auto. Außerdem muß das Auto auch einen guten Zustand haben, keine Rostlaube. In diesem Fall muß man auch immer frisch rasiert sein und einen guten Eindruck machen. Nur nicht auffallen oder warum rennen die größten Mafiakönige in Nadelstreifenanzügen umher und fahren diplomatische Stretchlimousinen!?

Als nächste seriöse Stadt kommt Berlin. Immer eine Reise wert!

XIV. Berlin

Die Stadt Berlin ist ein genauso häufiges und erlebnisreiches Ziel für mich gewesen wie Amsterdam. Diese Städte zogen mich immer an wie ein Magnet. Von dort nahm ich grundsätzlich was zu kiffen mit nach Hause. Das erste Mal war ich in Berlin zu THE WALL von Roger Waters (ehemalig Pink Floyd), am 21. Juli 1990, auf dem ehemaligen Todesstreifen Potsdamer Platz. Es wirkten Größen wie Scorpions, Cyndi Lauper, Bryan Adams, Hooters, Sinead O'Conner und Ute Lemper mit. Zu Beginn waren 200.000 Karten verkauft, allerdings waren vom Veranstalter geschätzte 500.000 Menschen am Ende um das und auf dem Konzertgelände. Das Konzert war eigentlich am Grand Canyon geplant. Der politische Wandel in Deutschland, speziell in Berlin mit dem Fall der Mauer, war natürlich THE WALL wie auf den Leib geschrieben. Es war mit einem Wort zu beschreiben, einfach nur: Gigantomanie! Wir fuhren mit zwei Autos und 10 Leuten los. Durch die alte Rumpeltransitstrecke und den riesigen Andrang auf das Konzert brauchten wir geschlagene zwölf Stunden nach Berlin. Wobei die normale Fahrtdauer vielleicht sechs Stunden betragen hätte. Wir machten dann Autobahnstauparty, weil nichts mehr voranging – die Autotüren offen, volle Dröhnung Musik und volle Dröhnung, Dröhnung. Wir waren eine zeitlang auf der gleichen Höhe wie ein paar Amis. Die hatten eine Videokamera dabei und filmten uns in unserem Freudentaumel. Wir tanzten, tranken und kifften auf der Transitstrecke, wo man uns einige Monate vorher dafür wahrscheinlich erschossen hätte. In Berlin angekommen, haben wir uns einen Parkplatz gesucht, was gar nicht so leicht war wegen der Menschenmassen. Die Fete konnte weitergehen. Wir hatten Plastikkanister mit gemischtem Cola-Asbach dabei. Am Eingang allerdings wurde uns mitgeteilt, das wir die Kanister nicht mit auf das Konzertgelände nehmen durften. Zum Wegschmeißen war es uns zu schade (da lagen Getränkeberge), also liefen der Marcel und ich zurück zu unserem Auto. Wir tranken da noch ein paar, rauchten uns einen und gingen dann wieder zum Konzertgelände. Was für ein Wunder, wir fanden unsere Leute wieder. Die Dixieklos waren viel zu wenige, und wie die ausschauten, das war nicht mit Worten zu beschreiben. Sie quollen über. Die Boxen und Bildschirme funktionierten bei den Vorgruppen nicht richtig. Beim Hauptkonzert funktionierten die Systeme dann zum Glück aber wieder. Das Drumherum war einfach Klasse. Allein die gigantische Mauer, die sie während des Konzerts aufbauten und am Schluß einstürzen ließen, war der Hammer. Es war die größte Live-Konzertbühne aller Zeiten. Weltweit!

Ich war dann mal Anfang der 90er alleine in Ostberlin und traf da zufälligerweise (wie klein doch die Welt ist) einen bekannten Kiffer aus der linken Szene Gostenhof/Nürnberg. Der wohnte bei Hausbesetzern in verlassenen Häusern, und ich zog gleich mit ein. Den Strom holten wir uns bei irgendwelchen Verteilerkästen, da mein Bekannter Elektriker war. Das Wasser war nicht abgestellt und daher ließ sich's leben. Was zu kiffen war grundsätzlich da. Etwas zu saufen und zu essen besorgten wir uns in Einkaufcentern, Getränkemärkten und Tankstellen, natürlich geklaut, was sonst! Das machten wir meist in Westberlin, und schipperten dann mit uralten Drahteseln in unser Refugium zurück. Es waren auch Girls da, die willig waren, aber bitte immer mit Gummi.

Hier zwischendurch noch eine Schlafstatistik: Wo ich schon überall gepennt hab, das ist auch rekordverdächtig. In unzähligen Betten, auf Matratzen, auf Couchen, in Zelten, in Schlafsäcken, in Autos, in Clubhäusern, auf Bierkästen, auf

Tischen, im Sitzen und sogar auf der Rally 1994 beim KING RIDERS MC Neustadt/Aisch einmal im Stehen. Für normale Menschen wahrscheinlich nicht nachvollziehbar.

Aber weiter in unserer Hausbesetzer-Wohngemeinschaft. Ab und zu spielten auch diverse Undergroundbands bei uns, die Spitzenmucke machten. Es war eine ungewöhnliche Zeit und eine ganz andere Lebenserfahrung, aber länger als die sechs Monate hätte ich es nicht machen wollen, sonst wäre ich wahrscheinlich auch total abgestürzt. Einige dort waren schon auf Heroin, sprich an der Nadel, und einen Schuß wollte ich mir nie setzen und hab es auch nie ausprobiert. „Traue nie einem Junkie", denn Junkies verkaufen für einen Schuß sogar ihre eigene Großmutter. So ging ich wieder zurück in das normale, einträgliche Landleben. Ich sagte ja immer: „Großstädte wie Amsterdam und Berlin sind andere Welten als unser Landleben, und da zähle ich auch Nürnberg dazu."

Ein geiler Trip, im wahrsten Sinne des Wortes, war mit dem Mönch, Romeo und mir wieder nach Berlin. Wir fuhren mit einem alten 1602 BMW vom Mönch, 'ne richtige Klapperkiste. Die Hinfahrt war schon ein Abenteuer, weil wir zweimal mit dem BMW liegengeblieben sind. In Berlin angekommen, trafen wir uns mit dem Andi, einem Bekannten vom Romeo. Der checkte uns eine Unterkunft und LSD-Mikros aus. Am Abend hockten wir zusammen auf unserer Bude und zur richtigen Zeit, am richtigen Ort, mit den richtigen Leuten pfiffen wir uns die LSD-Mikros rein. Die sind in ihrer Wirkung noch etwas stärker als die normalen LSD-Trips. Wir hatten viel Spaß und ich lachte mich kaputt. Ich lachte ca. 10 Stunden am Stück und kam nicht runter. Ich dachte an schlimme Dinge (wie z. B. den Tod meiner Schwester), mußte aber trotzdem immer lachen. Es war ja nicht schlecht, daß ich lachte, aber die Zeit war schon etwas lang. Mir taten der Hinterkopf und der Bauch von dem vielen Lachen schon weh. Ich dachte mir: „Besser Lachflash als ein Horrortrip." Bei meinen Trips hatte ich immer Glück, ich kam nie schlecht drauf. Ob ich normale Trips oder Mikros einwarf, es ging mir immer gut und ich hielt mich an die Regel: Nie in der Öffentlichkeit. Nur einmal nahm ich es in der Öffentlichkeit, d. h. der Smokey und ich warfen uns eine kleine Portion Mikros bei mir zuhause ein. Wir gingen dann zum Snooker spielen in das Snooker-Center Nürnberg. Ein Bekannter, der nichts genommen hatte, fuhr und das war gut so. Ich bekam beim Snooker spielen wieder einen dermaßen Lachflash, daß die anderen Spieler dort nur noch verdutzt schauten. Ich mußte sofort raus aus dem Laden, und wir fuhren wieder zu mir nach Hause. Da konnte ich mich dann in Ruhe auslachen.

Der Romeo ging nach Berlin und machte da eine Umschulung zum Elektroniker/Fachrichtung Funktechnik. Er blieb nach der Umschulung ganz in Berlin. Der Sexer und ich haben ihn während seiner Umschulung besucht, da hatte er Geburtstag und wir zechten die ganze Nacht durch Berlin. Wir hatten natürlich immer was zu kiffen und Speed in der Tasche. Es gab in Berlin genug davon, und es war gar nicht mal so teuer. Ein zweites Mal an seinem Geburtstag haben ihn der Sexer und ich wieder in Berlin/Tempelhof, wo er dann wohnte, besucht. Wie es sich in Berlin gehört, haben wir die Nächte wieder durchgefeiert und durchgetanzt, sind dann zum Frühstücken und wollten anschließend mit der U-Bahn nach Hause fahren. Wir drei stiegen also am einen Ende Berlins in die U-Bahn, schliefen ein und wachten erst am anderen Ende von Berlin wieder auf. Wir waren zwar erst etwas verdutzt, dachten uns aber dann alle drei, ein kleines Nickerchen zwischendurch hat noch keinem geschadet. Wir fuhren dann wieder zurück und ruhten beim Romeo, damit wir für den nächsten Abend wieder fit waren. Am Abend zog es uns dann in einen Cyberspace-Laden, virtuelle Realität. Dies muß man selbst einmal mitgemacht haben, sonst kann man sich das nicht vorstellen. Man bekommt eine Maske auf und dann sucht man sich irgendein Spiel aus. Wir wählten Doppeldecker im ersten Weltkrieg. Wenn man abgeschossen wird oder einen Looping dreht, meint das Gehirn, es sei real. Dem ist aber nicht so, da man ganz normal dort sitzt. Es wurde mir ganz schön schwindelig, als ich die Maske abnahm. Ein anderes Spiel war Billard. Man war die weiße Kugel und stellte sich dann so, daß man eine farbige einlochen konnte. Ab dem Stoß rollte man quasi über den Tisch, und das machte erstmal richtig schwindelig. Der Sexer stand danach auf und ging erst einmal kotzen. Es war eine interessante Erfahrung, aber ziemlich teuer. Zur heutigen Zeit ist's wahrscheinlich billiger. Würde es dieses Cyberspace mit Sex geben, dann wäre das wohl eine weitere, interessante Erfahrung.

Der Sexer und ich sind dann mal auf Berlinreise zum Romeo. Am Vorabend der LOVE-Parade 1998 sind wir auf ein Event, „Licht und Liebe“, gegangen (die Taschen voller Ecstasy). Es war im wahrsten Sinne des Wortes Licht (Ecstasy) und Liebe (spontaner Sex). Am nächsten Tag sind wir selbstverständlich auf die LOVE-Parade. In diesem Jahr waren 1.000.000 Technojünger am Start. Baß, Baß, Baß. Es war noch mehr los als Jahre früher auf dem THE WALL-Konzert. Nur noch Menschen, Menschen, Menschen und viel, viel nackte Haut. Ein Ohren- und Augen-Overkill!

Des weiteren war ich 2004 auf der VENUS in Berlin. Das ist die größte Erotikmesse Europas. Wir, der Tischler hatte es organisiert, fuhren mit einem kleinen Reisebus und waren gut mit Food, Drinks und Ganja ausgestattet. Wir fuhren früh um 4:00 Uhr los und waren so um 10:00 Uhr dort. Checkten schnell ins Hotel ein, machten uns noch etwas frisch und dann ging es los in Richtung Lusttempel. Man kann nicht glauben, wie freizügig da die Frauen waren, und es waren keine Nutten. Da waren nur Erste-Klasse-Frauen. Wir quatschten sie einfach an und konnten dann ein Foto mit ihnen machen. Nicht nur ein normales Foto, sondern man konnte auch mit der Hand an die Tittchen oder die Ärschchen grapschen. Es gab Live-Sex und lesbische Fistfucking-Spiele. Ein Porno-Casting war da auch, wir nahmen aber leider nicht teil. Wir trafen auch führende, aktuelle Pornostars, wie die Gina Wild, die Amazing DenniO, die Kelly Trump, Dolly Buster oder auch den Conny Tax, und ließen uns mit ihnen fotografieren. Am Abend gingen wir dann in die City. Als erstes gingen wir alle, wir waren 20 Typen, in ein Pornokino und tranken da ein paar Bier. Weiter ging's auf den Straßenstrich in die Oranienburger Straße.

Auf mich kam gleich eine hübsche, gelockte Schwarzhaarige zu: „Haste Lust?"

Ich hatte natürlich Lust, es war nur noch eine Preisfrage. Sie pfiff über die Straße und holte noch eine hübsche Blondine hinzu.

Sie fragte mich: „Hättest du Lust auf uns zwei? Wir machen dir auch einen guten Preis!"

Ich war so geil von dem Grapschen und den hübschen Frauen den ganzen Tag, daß ich zustimmte. Sie wollten zusammen 150,- Euro, und die beiden hübschen Ladys waren mir das allemal wert. Eine kam aus Berlin, die andere aus Potsdam. Wir haben uns gut unterhalten und ich ging, eine links und eine rechts im Arm, mit zu ihnen. Die Getränke kosteten extra, aber das war mir egal, und ich spendierte eine Flasche Champus. Der *Menage a trois* war der Weg geebnet. Sie haben mir abwechselnd einen geblasen, und dann ritten sie mich. Es waren wirklich zwei hübsche Ladys und ihre Figuren waren ganz nach meinem Geschmack. Sie wechselten sich beim Reiten ab und ich war wieder in Hochform. Kein Wunder bei diesen zwei Prachtstuten, daß ich wieder ewig ficken konnte.

Sie sagten schon zueinander: „Mensch, der kommt gar nicht."

Ich sagte: „Ich bin halt ein guter Liebhaber!"

Sie kamen beide, und damit war ich schon zufrieden. Ich spritzte dann schön auf ihre wogenden Brüste.

Wir verabschiedeten uns und sie sagten: „Du kannst jederzeit wiederkommen!"

Ich sagte: „Das Vergnügen wäre ganz auf meiner Seite!"

Wir haben auf der Hinfahrt zwar ein wenig getrunken, auf der Heimfahrt allerdings gaben wir richtig Gas. Ich war so befriedigt und gut drauf, daß nichts anderes als Fetz in Frage kam. Es war wieder ein erfolgreicher, schöner und ereignisreicher Ausflug.

Ich kann mich nur, nach meinen gemachten Erfahrungen in Berlin, wiederholen: Berlin ist immer eine Reise wert!

And now Ladies and Gentleman: Rock' and Roll!

XV. Die Rockerphase

Du wirst von klein auf traktiert, Leistung zu bringen, und wenn du es nicht schaffst, kommst du dir wie der letzte Dreck vor und wirst ausgeschlossen. Rocker schafften es entweder nicht oder wollten es nicht schaffen, und so trifft man seinesgleichen. Wenn man auf sein Bike steigt, ist man frei. Rokker sind so abgefahren. Rocker sind locker; Rocker tun, was sie wollen; bei den Rockern gibt's einen Ehrenkodex; Rocker denken anders, schauen anders aus, leben anders, hören andere Musik. Die Rockerszene ist eine andere Welt, mit eigenen Regeln und oft ungeschriebenen Gesetzen. Deutsche Gesetze und bürgerliche Hausordnungen sind ja nett, aber für Rocker nicht akzeptabel! Rocker zu sein ist eine Lebenseinstellung!!!

Gott vergibt, ein Rocker nie!
Rocker werden ist nicht schwer. Hardcore-Rocker sein dagegen sehr!

Patch	=	Aufnäher; gab's auf jeder Party von dem jeweiligen MC
Kutte	=	Jeans- oder Lederweste, natürlich ohne Ärmel und Kragen, mit Patches und mit oder ohne Rückencolour, je nachdem, ob man in einem MC ist oder nicht. Eine Kutte wird nicht gewaschen, da wäscht man den ganzen Charakter raus!
Colour	=	Clubbild mit Schriftzügen auf dem Rücken
Prospect	=	Interessent

Member	=	Mitglied
MC	=	Motorradclub
Chapter	=	MC Ableger (Ortsgruppe) in einer anderen Stadt
Meetings	=	Clubversammlungen
Partys	=	Motorradtreffen vom jeweiligen MC
Rallys	=	organisierte Motorradtreffen durch das Präsidentenmeeting auf der Präsidenten-Rally
Präsidenten-Rally	=	Motorradtreffen mit Meeting der Präsidenten der deutschen Motorradclubs.

Dieses Meeting wurde immer am Ende der Motorradsaison abgehalten und die Termine für das nächste Jahr festgelegt. Es fand jedes Jahr bei einem anderen MC statt. Auf einem Präsidentenmeeting, beim GRAVE DIGGERS MC 1999, war ich (zu der Zeit beim KING RIDERS MC) mit dem Rocco und dem Kid auch anwesend. Es durften drei Offiziere von jedem MC in das Meeting. Der Rocco war Vizepräsident, der Kid Warlord und sonst war kein anderer Offizier von unserem MC anwesend, also ging ich mit rein. Das war mal eine geile Erfahrung, wie sich die Szenerie untereinander verhielt.

Die 13 ist in der Rockerszene die Zahl für den 13ten Buchstaben im Alphabet, nämlich dem M für Marihuana.

Die 7 steht für den GREMIUM MC, größter Motorradclub Europas. Die 7 kommt vom siebenten Buchstaben des Alphabets, und das Wort GREMIUM hat auch 7 Buchstaben.

Weiterhin gibt es die 81, was HELLS ANGELS MC (ältester und größter Motorradclub der Welt) bedeutet und auch für die Anfangsbuchstaben des Alphabets steht.

1%er kommt aus Hollister/Amerika 1947. Da randalierten einige Motorradfahrer und die American Motorcycle Association (AMA) sagte damals, daß die, die dort randalierten, 1% der

Anwesenden entsprächen, und dies war die Geburtsstunde der 1%er. Das haben in der Regel nur die richtig großen Hardcore-Motorradclubs drauf, die mehrere Chapter haben oder auch weltweit organisiert sind.

666 ist die Zahl des Antichristen oder auch: „Anyone who has intelligence may interpret The Number of the Beast. It is a Man's Number. This number is 666." *The Apocalypse of John, 13/18*

In der Clublandschaft und den rituellen Kämpfen (die Normalos niemals verstehen würden) geht es vorwiegend um Stolz und Ehre, und natürlich um Farben. Da wären: „Schwarz-weiß, rot-weiß, gelb-rot, gelb-schwarz, schwarz-rot, farbig usw." Jede Farbe steht für eine eigene Philosophie und ein eigenes Gesetz. Pißt man keinem davon ans Bein, überlebt man das im allgemeinen auch unbeschadet. Die Hierarchie ist in den Motorradclubs eigentlich ähnlich wie in der Army: erst kommen die Offiziere (Präsident, Vizepräsident, Secretary, Warlord) und dann die Soldaten (Members). Es gibt auch Offiziersmeetings, unter Ausschluß der Members. Nimmt man alles aus der Rockerszene zusammen, kommt einfach nur Rockerpower dabei raus!

Ich möchte hier mal die ganzen Motorradclubs auflisten, die ich kennenlernte. Manche davon gibt es nicht mehr, andere wiederum wurden zu anderen Clubs. Ich hab so viele Menschen auf Partys und Rallys kennengelernt, manchmal auch bloß für eine Nacht mit ihnen gefeiert, daß ich keinen Schimmer habe, wieviele das waren. Sie waren aus verschiedenen Motorradclubs, aber auch freie Biker, Heavy-Metal-Fanclubs und natürlich die Ladys:

MYSTERYS MC-Party 1988 in Hersbruck auf der Blockhütte. Es war das Ende meiner Discozeit und wir kamen aus dem Bunker und wollten uns das bei den Rockern mal anschauen. Einer vom GHOST RIDER MC rief zur Tittenshow auf, und das kannte ich bis zu dem Zeitpunkt ja nicht. Titten und Motoren. Es war danach 'ne Hauerei im Gange, und wir zogen es dann vor, uns zu verabschieden. Die anderen MYSTERYS MC-Partys, auf denen ich war, waren auch immer eine spaßige Angelegenheit.

Da wir gerade bei der Blockhütte (Kultblockhütte in Hersbruck auf dem Berg, bekannt im ganzen Landkreis) sind – da feierten wir, ich, Wolfman, Dodo, Habicht, Rattefick, Blaster, Schlemmi, Knacki, Girls, einige Hirschbacher und auch Hartmannshofer, an Ostern 1989 und 1990 zwei fette 4-Tages-Feten. Wir fingen am Gründonnerstag an und feierten bis Ostermontag das Osterfest auf unsere Art. Die zwei Feten habe ich in bester Erinnerung. Es war ja die Sturm-und-Drang-Zeit. Zu der Zeit hatte ich vier Tage gesoffen und war dann einen Tag krank. Heute säuft man einen Tag und ist vier Tage krank.

Die BLACK BATS MC-Party 1989 war meine erste große Rockerparty, auf der ich das ganze Wochenende war. Da sind wir am Freitag hingefahren und am Sonntag erst wieder nach Hause. Der Freitagabend war saugeil und ich hab mich erst um 8:00 Uhr morgens hingelegt. Ich mußte tagsüber etwas ruhen, da es am Abend ja schon wieder weiterging. Am Nachmittag hatten wir aber schon wieder angefangen zu feiern. Es war eine Sandgrube nebenan, und wir machten da einen Crashkurs mit einem alten Kadett vom Knacki. Ich raste mit dem Kadett volle Kanne über den Parcour und warf ihn sogar auf die Seite. Wir machten dann gleich mal einen Check der Kiste, da sie ja eh auf der Seite lag. Ich entdeckte einen Riß im Getriebe und dann war es komplett um den Kadett geschehen. Wir haben alle Scheiben eingeschlagen und dann mit Baseballschlägern und Eisenstangen zu einer Beulenpest traktiert. Dann fingen wir mit dem warm up an. Früher war der Partyplatz schon am späten Nachmittag gut gefüllt. So um 18:00 Uhr rum waren dann immer Prospect-Spiele auf den Partys. Es gab da die verschiedensten Spiele, wie z. B. Schweineaugen-Weitspucken, im Schlammloch nach einer kleinen Flasche Jägermeister suchen, gegenseitiges Abwerfen mit rohen Eiern, Wettsaufen mit Saufmaschine, Wettrennen mit einem Mofa, Mofa-Weitwurf usw. Am späten Abend hatte der Rocco mit einem vom SCUM MC Streß, und wie es so bei den MCs ist, war gleich 'ne Hauerei beider Clubs in Gange. Der Präsident vom BLACK BATS MC schoß dann mit Tränengas in die Menge, um die Hauerei aufzulösen. Die ganzen Leute sind alle aus dem Zelt geflüchtet. Ich war draußen am Feuer, wollte mir was zu trinken holen und machte mich gerade auf den Weg ins Zelt. Ich dachte noch bei mir: „Warum sind auf einmal so viel Leute vor dem Zelt?" Da ich aber etwas berauscht war, lief ich weiter ins Zelt. Bis ich merkte, was los war, stand ich mitten im vernebelten Zelt. Ich dachte, meine Augen verbrennen, und hab sie gleich mit Wasser ausgewaschen. Als der Rauch verzogen war, ging die Party natürlich wieder weiter. Es war ein abwechslungsreiches Wochenende, abzubuchen unter „Saugeil!"

1989 war auch die LANDSKNECHT MC-Party in Hersbruck auf der Geländebahn. Es war meine Anfangszeit im Rockermilieu und ich hatte eine Jeanskutte mit Patches an. Da ich noch in keinem Motorradclub war und einen Ledermantel trug, stichelten welche von den LANDSKNECHTEN schon am Anfang des Abends rum. Die Ledermantelzeit wäre vorbei. Quatschköpfe. Zu späterer Stunde bekam ich dann Ärger mit einem vom KING RIDERS MC. Ich und der Knacki vom FREE MEN MC waren allein, und es sah nicht gut für uns aus. Der Knacki meinte noch, daß wir standhaft bleiben sollten. Auf einmal kamen meine Kumpels, der Habicht und der Romeo, ins Zelt, denn die waren kurz in der „Rockfabrik". Sofort hörte der

Streß gegen uns beide auf. Der Grund war, weil der Habicht der Cousin vom Red Rider vom KING RIDERS MC war. Wir feierten dann weiter und ich wachte morgens neben dem Feuer auf. Ich stand auf und lief noch etwas benebelt weg. Auf einmal merkte ich, daß ich keine Kutte mehr anhatte und lief zurück. Da lag meine Kutte auf dem Boden, war aufgeschlitzt und die LANDSKNECHT-Patches waren runtergeschnitten. Ich habe nie erfahren, wer es war, aber es war bestimmt ein LANDSKNECHT und kein KING RIDER. Diese blöden KNECHTE.

Mit dem Knacki, den ich eben erwähnte, hatte ich danach ein seltsames, erwähnenswertes Erlebnis. Wir waren in einem dunklen Keller in Offenhausen auf einer Geburtstagsfete und es war schon zu fortgeschrittener Stunde. Mir war schlecht und ich kotzte in einen Maßkrug. Kurz darauf kam der Knakki im dunklen Keller zu mir, nahm mir den Maßkrug aus der Hand und trank. Bis er merkte, was es war, hatte er schon geschluckt. Er wieder rum, kotzte in den Keller und war etwas angesäuert, aggressiv auf mich. Es dauerte eine Zeit, bis ich ihm klarmachte, daß es nicht meine Absicht war und er mir den Maßkrug aus den Händen riß. Wir schlossen gleich wieder Frieden. Er nannte mich dann eine zeitlang „Kotzer" und ich ihn „Blind-in-dich-hinein-Säufer". Man sollte immer schauen, was man so in sich hineinschüttet!

Die größte Rally, auf der ich jemals war, war die Präsidenten-Rally im September 1989 in Allersberg, vom ROAD EAGLE MC organisiert. Da war'n 9.000 Rocker, 3 Riesen-Zelte, unzählige Verkaufsstände und um den Partyplatz herum 1.300 Bullen im Einsatz. Die haben auf allen Anfahrtswegen geblitzt, teilweise die Rocker gefilzt und waren sogar mit Maschinengewehren bewaffnet. Der Präsi vom ROAD EAGLE MC hat auf der Bühne die Damen scherzhaft gewarnt, falls sie zum Pinkeln in den Wald gingen, daß sie sich nicht aus

Versehen auf ein Bullengesicht setzen und die auch noch Spaß haben. Die Politik neigt dazu, bei jedem winzigen (wirklichem oder vermeintlichem) Problem die ganze Gesetzesmaschinerie anzuwerfen. In der BIKERS NEWS-Ausgabe von 11/89 wurde groß über die Präsidenten-Rally berichtet. Außerdem waren auch noch das Clubverbot vom GREMIUM MC, das aufgehobene Verbot vom WAR ANGELS MC und die 1. Frauen-Rally vom BLACK WITCHES MC in dieser Ausgabe ein Thema.

Ich habe viel gelacht, die Sonne und der Rückenwind waren auf meiner Seite, und ich habe gemacht, was ich wollte. Ich hatte kein Ziel, keinen Plan und hab mich nicht um Normen und Gesetze geschert. Während die anderen Pläne schmiedeten und träumten, hab ich mein Leben frei wie ein Vogel gelebt. „Es lebt der, der lebend sich am Leben erfreut." Was gibt's Schöneres. In meiner Rockerzeit war ich aus diesen Gründen auch fast nie schlecht drauf. Ich war jedes Wochenende bei Clubs auf Party oder Rally. Egal, ob Sommer oder Winter, Highlife war die Devise, und dies ging kreuz und quer durch Süddeutschland. Die Sommerpartys und Rallys der MCs waren immer mit Festzelt auf irgendwelchen Äckern, ob Wiese oder frisch gemähte Stoppeläcker, und das war oft steinig. Dies war beim Zelten natürlich manchmal nicht so gemütlich, und bei Regen wurden volle Schlammpartys daraus. Wir sind bei Wind und Wetter mit dem Motorrad durch die Gegend geritten. Manche Motorradausritte im Regen waren eine feuchte Angelegenheit, da es die Rockerehre nicht zuließ, einen Regenkombi zu tragen. Es gab nur Jeans und Leder, Ringstiefel und natürlich die Kutte. Wenn man allerdings naß und durchgeweicht auf Partys ankam, war dies schon nervend, aber nach ein paar Drinks verflog dieses klamme Gefühl meist relativ schnell. Meine Hände waren durch den Regen einmal von durchgeweichten, billigen Stulpenhandschuhen so schwarz, daß es eine Woche lang dauerte, bis sie wieder normale Körperfarbe hatten. Auf den Fahrten nach Hause wurde ich auch oft naß. Dies war aber dann grad egal, da auf mich zuhause erstmal eine heiße Badewanne wartete und natürlich die Debbie zum Kuscheln. Die Winterpartys waren fast immer in Clubhäusern oder Festhallen, manchmal aber auch im Festzelt. Frostbeulenpartys! Das schönste auf Rockerpartys oder Rallys war immer, daß es keine Sperrstunde gab!

Außerhalb des Südens war ich natürlich auch ab und zu mal auf Partys. Einmal sind der Wolfman und ich nach Hannoversch Münden/Hessen auf LUCIFERS SACRAFICE MC-Party 1991 gefahren. Da war LUCIFERS-Treffen. Spät am Abend kamen der CASTLE RIDERS MC Bremen und der DEVILS FLAME MC Dortmund. Die fielen dann über alle LUCIFERS MCs her.

Vor Ort waren: LUCIFERS SACRAFICE, LUCIFERS ARMY, LUCIFERS MOTORRADKULT, LUCIFERS MESSENGER.

Der Rocco – der DEADHEAD MC war auch da – und ich standen etwas am Rand. Wir sahen die Brutalität, mit der die zwei Clubs (ca. 15 Mann) alle LUCIFERS (garantiert 100 Mann) zusammenschlugen. Sie hatten keine Schußwaffen, sondern nur Totschläger und Baseballschläger.

Ich unterhielt mich mit dem Rocco und sagte zu ihm: „Die LUCIFERS müssen die paar Leute doch stopp könn."

Und der Rocco meinte: „Du siehst doch, die schaffen es nicht, was willst du da machen."

Wir sahen, wie einer der LUCIFERS dort kniete und ihm einer von den DEVILS FLAME mit dem Spann voll in die Fresse trat. Der verdrehte die Augen und kippte um. Die prügelten sich so durch die Menge. Es beruhigte sich kurz und beide Parteien unterhielten sich. Ich ging an die Theke, ca. 1,60 m hoch, und bestellte mir was zu trinken. Auf einmal ging es wieder los und ich war bei meinem Glück natürlich wieder mittendrin. Der Wolfman hatte sich in weiser Voraussicht schon ins Auto gelegt. Jetzt sollte ich auch die Hucke voll kriegen. Ich hing auf einmal über der Theke und von hinten bekam ich nur noch Schläge, auf sämtliche Körperteile, vor allem auf den Kopf. Ich zog mich irgendwie über die Theke und lag da erst einmal, bis ich wieder richtig zu mir kam. Es waren auch schon die ersten Krankenwagen da. Es wurden sechs Leute auf die Intensivstation eingeliefert, wie ich vom Rocco eine Woche später erfuhr. Ich hatte wieder einmal Glück im Unglück. Die wollten mich auch erst mitnehmen, ich wollte aber nicht. Ich sah noch, wie der DEVILS FLAME MC sich dann auch die Kasse krallte und verschwand. Ich schaffte mich zum Auto vom Wolfman und weckte den erst einmal. Ich weiß dann nur noch, wie ich bei mir vor der Haustür aufwachte, daß ich hoch ging und erst einmal ein Bad nahm. Da ich ja lange Haare hatte, haben die mir meine Haare büschelweise ausgerissen und ich war voller blauen Flecken. Ich hatte eine Gehirnerschütterung und lag erst mal 'ne Woche flach. So was konnte auf Rockerpartys halt schon passieren. Wenn es mal eskalierte, knallte es gleich richtig!

Auf einer Party von den MOTORRADFREUNDEN Unterpleichfeld lief ein Lied von Dr. Alban mit dem Titel „It's my Life", und das paßte voll zu mir. Ich tanzte wieder völlig in meinem Element. Mich haben garantiert 10 Frauen umkreist und angefeuert, und sie tanzten natürlich – schön mit dem Becken kreisend – auch mit. Der Himmel auf Erden! Ich war quasi der Hahn im Korb und bekam dann auch die Schönste für diesen Abend ab. Man kann sagen: „Mir war kein Mädchen zu schön, denn sie war ein zauberhaftes Wesen." Ich, der Tänzer und Liebhaber!

Auch eine lustige Geschichte war auf einer WILD HEROES MC-Party in Lichtenfels. Zu der Zeit war ich noch in keinem Club, war aber mit dem DEADHEAD MC dort. Ich lernte eine ganz Hübsche im Laufe des Abends kennen. Sie war aber mit irgendeinem von einem anderen Club da. Wir kamen auf das Thema Tattoo und ich zeigte ihr meine. Sie meinte: „Ich hab da auch ein schönes Tattoo, soll ich's dir mal zeigen." Ich sagte: „Na klar", und sie zog sich prompt erst mal die Hose und dann den Slip runter. Ich schaute natürlich interessiert und erstaunt zu, sie hatte neben ihrem schön frisierten Bären einen kleinen Pegasus. Ein sehr schöner Anblick. Ihr Typ bekam davon nichts mit und wir hatten noch einen lustigen Abend.

BROTHERS IN THE WIND Harley-Club-Party: Da hab ich eine richtig geile, Harley fahrende 2-Meter-Frau aus Belgien kennengelernt. Es war ein geiler Abend, wir hatten nämlich schön gefeiert, zwischendurch gebumst und dann weitergefeiert bis die Sonne aufging. Freund der Liebe, war die exzellent!

WIKINGER MC-Partys: Einmal, auf einer Party 1998 bei denen, brach ich meinen eigenen Rekord. Es war nämlich die längste Party meiner Rockerlaufbahn. Von Freitag abend, bis Montag mittag!

Party- und Rally-Sammelsurium:

FANTASTICS MC-Partys	FREE MEN MC-Partys
NAVAHOS MC-Partys	CAVEMEN MC-Rally
GREMIUM MC-Rallys und -Partys	WÖLFE MC-Partys
CHALLENGER MC-Partys	COBRA MC-Partys
GLADIATORS MC-Partys	AC/DC Fanclub-Partys
GYPSY JOKER MC-Partys	WODAN MC-Partys
ROAD PACK MC-Partys	THE LIONS MC-Partys

LIBERATORS MC-Partys
SPESSART RANGERS MC-Partys
FUCKFINGER MC-Partys
HEAVENS OWN MC-Partys
IRON MAIDEN-Fanclub-Partys
BONES MC-Rallys und -Partys
BATS MC-Partys und -Rallys
BORN TO BE WILD MC-Partys
FREEWAY RIDERS MC-Partys
HELLS HENCHMEN MC-Partys
IRON HORSES MC-Partys
CRAZY BATS MC-Partys
SCHWARZE RITTER MC-Partys
FEUERDISTEL MC-Partys
BLACK VIRUS MC-Partys
ROAD ANGELS MC-Partys
RUNNING WHEELS MC-Partys
ANGELI NEGRI MC-Partys
GHOST ANGELS MC-Partys
ALEMANNEN MC-Partys
BLACK KNIGHTS MC-Partys
ROAD RUNNER MC-Partys
GHOST RIDER MC-Partys
HELLS ANGELS MC-Partys
GRAVE DIGGERS MC-Rallys
FREEDOM DRIVERS MC-Partys
ROAD EAGLE MC-Rallys und -Partys
KNIGHT RIDERS MC-Rallys und -Partys
SKULL SPIDERS MC mit SCUM MC-Rally
HIGHWAY DEVILS MC-Frostbeulen-Partys
LUCIFERS MESSENGER MC-Rallys und -Partys
GOLDEN ROSES MC-Party in Österreich auf einer Ritterburg

SCUM MC-Partys
TRUST MC-Partys
SIEBEN MC-Partys
TIGERS MC-Partys
ARROWS MC-Rallys
HANGMAN MC-Partys
CHE MC-Partys
BRAAZZZ MC-Partys
LEVIATHAN MC-Partys
NAZARETH MC-Partys
SKULL RIDER MC-Partys
THE SAINTS MC-Partys
WOLFMEN MC-Partys
74 Or More MC-Partys
LOBO MC-Partys
SLEJPNIR MC-Partys
ZERBERUS MC-Partys
ATLANTIS MC-Partys
WILD TIGERS MC-Partys
TRIUMVIRAT MC-Partys
LAWMAN MC-Rally
ZOMBIES MC-Partys

GOLDEN DRAKES MC-Swap-Meet(Gebrauchtteilemarkt)-Partys
MOTORRADSTAMMTISCH Altötting

Bei so vielen Partys, an die ich zurückdenke, hatte ich die ganze Nacht mit Leuten durchgequatscht, denn redselig war ich sehr und Gedächtnislücken nach Räuschen hatte ich eigentlich nie. Wenn ich high war, mutierte ich zum größten Philosophen. Es ging um Sex, Drugs and Rock'n Roll, Benzingespräche, Motorräder und schließlich Rockerpolitik, was anderes hatte ich zu der Zeit nicht im Kopf. „Every weekend the same procedur" – geil! Jede Party die gleich Zeremonie: bei der Ankunft mit dem Bike erst mal eine Radlermaß gegen den Durst, dann 'ne Geißmaß (Cola, Bier, Asbach oder Kirschlikör) für den Geschmack und dann die G'spritzten (Asbach- oder Jack Daniels-Cola). Ich dachte immer, daß jede Fete oder Party die letzte ist, und so feierte ich auch bis ich meist einer der letzten war. Ich wußte nie, wann Schluß ist, hatte aber dadurch viel Erfahrung mit positiven sowie negativen Grenzen gemacht. Mit den Drogen erlebt man mehr als das doppelte in der gleichen Zeit, und man erlebt es auch intensiver als nüchtern. Der Alkohol floß in Strömen und die Drogen standen ihm in nichts nach.

Früher hatten Girls auf Rockerpartys völlig freiwillig, freizügig und vor allem kostenlos gestrippt. Es waren allerdings nicht immer die schönsten Girls dabei. Heutzutage muß man Stripperinnen bezahlen, dafür sind sie aber alle ein richtiger Augenschmaus. Es strippten nicht nur die Girls, sondern auch die Jungs, was nicht immer der schönste Anblick war. Außer es gab den Pokal für die schönsten Tattoos, da waren wirklich welche dabei, die vom Scheitel bis zur Sohle tätowiert waren. Mittlerweile sind in der Rockerszene viele Fusionen, und dies kreuz und quer. Freunde werden Feinde, Feinde werden Freunde. Und last but not least gab es früher auf Rockerpartys das Faustrecht und nicht die Totschläger und Knarren wie heute. Man schlug sich und dann trank man wieder zusammen. Es war fast immer das gleiche Ritual auf den Partys, und es war eine geile Zeit. Die Partys sind fast erhalten geblieben, aber die Rallys und die Präsidentenrally mit ihrem Präsidentenmeeting gibt's in dieser Form nicht mehr. Sie wurden durch große Events mit allerlei Spektakel abgelöst, welche zwar nicht schlecht sind, aber nicht mehr den Flair von damals haben!

Meine Clubjahre bei dem DEADHEAD MC (3 Jahre, April 1994 – April 1997) und dem KING RIDERS MC (4 Jahre, April 1997 – Dezember 2000) waren spektakuläre Zeiten!!!

DEADHEAD MC:

Ich wurde im April 1994 Prospect bei dem DEADHEAD MC 1980 Nürnberg. Prospect nennt man die Probezeit und man trägt nur den oberen Schriftzug (genannt Top-Rocker) DEADHEAD auf dem Rücken, nicht das Colour. Diese Regelung ist von Club zu Club verschieden, und die Colours sind sowieso verschieden. Beim KING RIDERS MC (KRMC) hat man z. B. den Schriftzug „Prospect of KING RIDERS" hinten drauf. Da ich ja den DEADHEAD MC seit 1989 gut kannte und ich seitdem in der Rockerszene verkehrte, war meine Prospect-Zeit von sechs Monaten gediegen. Es ist einfach nur geil, Teil einer eingeschworenen Bruderschaft zu sein. Wir waren 26 Members und eine schlagfertige Truppe. Das erste DEADHEAD MC-Clubhaus war mitten in Nürnberg und das war ein richtig geiles Clubhaus, das wir nie hätten aufgeben dürfen. Wir zogen dann in unser neues Clubhaus zwischen Lauf und Hartmannshof im Wald. Es war richtig gut getarnt und wir hatten keine Anwohner, so konnten wir immer richtig Gas geben ♫. Der Nachteil war, daß die Anfahrt ein Feldweg war, und dies bei schlechtem Wetter eine Heidensauerei war. Die Silvesterfeten im Clubhaus waren immer zündend. Der Kid brachte Übungshandgranaten von der Bundeswehr mit und die hatten mal einen richtigen Bums. Da hatten wir auch immer schwer was hochgejagt. Da ist es besser, wenn man keine Nachbarn hat und tun und lassen kann, was man will. Die Debbie hatte am 01.01. Geburtstag und dadurch mußten wir ja immer doppelt reinfeiern. Ich überreichte ihr dann immer vor allen Leuten die Geschenke und zelebrierte dies standesgemäß. Zu dem Zeitpunkt waren wir zwei ja auch im 7. Himmel!

Unsere Sommerpartys feierten wir auf Äckern von Hartmannshof und da war immer die Hölle los. Da unsere Partys immer mitten im September waren, war es meistens verregnet und es waren richtige Schlammpartys. Man war richtig geil mit Schlamm eingesaut. Die letzte richtig große DEADHEAD MC-Party war unsere 15-Jahres-Jubiläumsparty 1995, auch wieder auf denselben Äckern. Beim Aufbau sind wir fast verreckt, denn da war weit und breit kein Schatten; und im Schatten waren schon 35 Grad. Wir brannten in der Sonne. Am Freitag war dann schon gut was los und fürs Wochenende hatten wir ein paar Bands und Stripperinnen angeheuert. Am späten Samstagnachmittag kam dann aber die Sintflut. Es schüttete wirklich aus Kübeln und es kamen fast keine Clubs, außer die bis zu diesem Zeitpunkt schon da waren und die, die später mit Autos kamen. Wir ersoffen fast in unserem Festzelt und hatten ringsum die Planen verschlossen. Das Festzelt hielt zum Glück stand, es stürmte heftig. Wir feierten unsere Party und es war trotzdem voll die fette Stimmung im Zelt. Das böse Erwachen kam nach der Party. Wir hatten also das riesige Festzelt, das wir bezahlen mußten, und die Bands und Stripperinnen. Summa summarum legten wir 8.000,- DM drauf und dies nach sechs Tagen Arbeit – Mittwoch und Donnerstag der Aufbau, dann die zwei Tage Partybetrieb und dann Sonntag und Montag wieder der Abbau. „Herzlichen Glückwunsch", dachten wir uns und aus diesem Grund hat der DEADHEAD MC nie mehr so eine große Party ausgerichtet.

Auf einer Party 1994 vom DEADHEAD MC, in Hersbruck auf der Geländebahn, machte ich also Prospect und mußte mich gleich entscheiden, 100% „Ja" oder „Nein". Der Crazy und der DJ hatten eine Woche vorher auf der BLACK BATS MC-Party die Plakate von dem GHOST RIDER MC (15 Chapter) und ihrer Biker Jamboree runtergerissen. Die GHOSTS erfuhren das natürlich, und wir als DEADHEAD MC rechneten mit einem Überfall der GHOSTS am Freitagabend. Die kamen zum Glück nicht, denn das hätte böse für uns ausgehen können. Der Little (Präsident) und der Rocco (Vizepräsident) fuhren dann aber am Samstagmittag, um das zu klären, zu zweit raus zu den GHOSTS auf die Biker Jamboree. Zum Glück kannte der Rocco einige von den GHOSTS, da er wie einige von denen aus dem Odenwald kam. Der Little und der Rocco kamen also heil raus aus der Höhle des Löwen. Der Crazy und der DJ flogen aus diesem Grund raus.

Ich hatte schon immer Probleme mit Vorgesetzten oder Autoritäten. Dies fing in der Schule an, zog sich durch die Lehre bis ins Berufsleben. Bei Befehlen machte ich einfach zu und fraß es öfter in mich rein oder flippte gleich aus. Bei dem DEADHEAD MC hatte ich keine Probleme damit, deshalb trat ich auch ein. Ich kam erst mit dem Little als Präsident und dann mit dem Rocco als Präsident sehr gut zurecht. Mit dem Rocco hatte ich immer, bis zum Austritt bei dem KING RIDERS MC, eine enge, große und gute Freundschaft. Wir zwei waren wie Pech und Schwefel. Ich kannte ihn ja auch schon seit 1989.

Als feststand, daß ich 1990 das erste Mal auf einer Party beim DEADHEAD MC helfe (der Grandler war schon dabei), fuhren wir an einem September-Mittwoch zu Tucher-Bräu. Der Rocco, Grandler und ich holten drei Hundertmannzelte und fuhren dann nach Hartmannshof auf den üblichen Partyplatz. Es war wieder so wie überall, ein paar Dumme arbeiteten und einige ließen sich nicht blicken. Wir bauten zu dritt die drei Gerüste der Zelte auf, bis die ersten Members von dem DEADHEAD MC auftauchten, um uns zu helfen, die Planen drüberzuziehen. Es zeichnete sich da schon ab, daß ich mich sehr gut mit dem Rocco verstehen sollte. Wir hatten zwar oft verschiedene Meinungen – nicht zu verwechseln mit Meinungsverschiedenheiten – über dies und jenes, wurden aber trotzdem gute Freunde. Ich war auch auf seiner Hochzeit 1990. Bei der Spalierfahrt saß ich mit Krücken beim Grandler hinten auf seiner Kawasaki Z 1000. Die Fahrt ging auf eine Party vom KNIGHT RIDERS MC und da war erst einmal Freibier angesagt. Die Hochzeit vom Rocco und der Biene feierten die zwei aber dann im familiären Kreis. Wir blieben bei den KNIGHTs, um das ganze Freibier wegzumachen.

Mit dem Birdy von uns verstand ich mich immer gut. Wir hatten auch außerhalb vom Club viel miteinander zu tun gehabt, was daran lag, daß wir mit den Drogen auf einer Wellenlänge lagen. Er baute später auch Gras an, welches erste Sahne war. Irgendjemand hat ihn aber verpfiffen, und so flog seine ganze dritte Ernte auf, und die war nicht unerheblich. Die Bullen kamen mit einem schwerbewaffneten Überfallkommando, neun Mann mit Maschinengewehren, um einen Grasanbauer dingfest zu machen; einfach lächerlich. Was so eine Aktion den Steuerzahler kostet, steht in keinem Verhältnis. Es waren nach polizeilicher Ernte und Auswertung zwei Kilo potentes Gras und einiges an Psylos. Das allerschlimmste daran war, daß er nie erfuhr, wer die Ratte war, die ihn verpfiffen hat, durch dieses linkische Zeugenschutzprogramm. Sollen sie doch dazu stehen, wenn sie jemand verpfeifen, diese Ratten!

Doch wie beim Henker gab es Differenzen, wenn wir im Club zu tun hatten. Im Rausch im Clubhaus wollte er sich oft mit mir anlegen, und dies äußerte sich beim Birdy und mir durch zwei mehr oder weniger starke Raufereien. Danach vertrugen wir uns aber wieder und Schaden trug nie jemand von uns beiden davon, es waren wie gesagt nur Raufereien. An Konfrontationen fehlte es in meinem Leben nie.

Langweilig war es nie, denn los war bei uns immer was. Vollgas auf der Straße und durch die Nächte. Der Rocco, Kid, Birdy und ich gingen mal auf einen Beatabend nach Gunzenhausen, dies war noch zu unserer DEADHEAD MC-Zeit. Wir waren wieder hochmotiviert und feierten nach allen Regeln der Kunst. Was zu schnupfen war natürlich immer im Spiel. Zu späterer Stunde waren wir so hochgeschossen, daß wir uns mit der ganzen Bar anlegten. Wir sprangen hinter die Theke, machten das Thekenpersonal rund und schlugen mit allem, was wir bekommen konnten, auf diese Vögel ein. Wir machten quasi aus der Bar Kleinholz. Ich paßte nicht auf, drehte mich rum und bekam volles Rohr eine Colakiste mitten in die Fresse rein. Ich war blutüberströmt und konnte vor lauter Blut nicht einmal mehr richtig sehen. Wir vier schlugen uns dann durch die Massen und konnten mit Hängen und Würgen den Ausgang erreichen. Die Flucht gelang uns auf jeden Fall, bevor die Bullen eintrafen. Erst auf der Flucht vor denen und dann vor den Bullen. Es war auf jeden Fall eine Leistung, aus dieser Aktion ungestraft davongekommen zu sein. Ich hatte ganz schön was abbekommen, und wir verloren uns irgendwie auf der Flucht. Auf einmal lag ich hinter irgendeiner Hecke und war, glaub ich, einige Zeit weg. Als ich dann loslief, fuhr zufällig ein Auto vorbei, in dem bekannte Hersbrucker, unter anderem mein Großcousin Otto, saßen und mich mitnahmen. Als wir in Hersbruck ankamen, war es schon wieder hell. Der Otto meinte, ich solle mit zu ihm, er wohnte aber zuhause bei seinen Eltern, die ja meine Paten waren. Besser nicht. Es stand zufällig vor der Kirche ein bestelltes Taxi und ich stieg einfach ein.

Der Taxifahrer fragte: „Sie haben ein Taxi bestellt?"

Bevor ich was sagen konnte, stieg ein Bekannter, den ich vom Fußball kannte, ein. Er wollte nach Nürnberg und nahm mich im Taxi bis nach Hause mit.

Der Taxifahrer fragte mich: „Wo kommen sie denn her, sie sind ja ganz blutüberströmt."

Ich meinte: „Ich komme von einem Beatabend."

Er sagte: „Da sollte man wohl besser nicht hingehen, wenn ich sie so ansehe."

Ich ließ mich gleich zur Rocco-Biene fahren, die war ja Arzthelferin. Siehe da, der Rocco war auch schon zu Hause. Dem erging es etwas besser als mir. Die Biene machte mein Gesicht erst mal sauber und versorgte die Platzwunde auf der Stirn mit vier Klammerpflastern, und ein paar Kopfschmerztabletten brauchte ich auch. Ich hatte nämlich auch eine leichte Gehirnerschütterung. Ich ging dann nach Hause und die Debbie schaute schon erstmal entsetzt, als sie mich sah. Ich brauchte ein heißes Bad und dann Ruhe, Ruhe, Ruhe. Zum Glück wurde diese Aktion nicht von den Bullen verfolgt, obwohl sie vor Ort waren und uns ja suchten!

Ein weiteres Mal auf einem Beatabend war auch wieder die Hölle los. Der Rocco und ich waren im Odenwald-Raum beim GHOST RIDER MC, die der Rocco kannte. Wir waren erst im Clubhaus bei denen, glühten vor und gingen dann mit zwei von den GHOST RIDERN auf den Beatabend. Wir hatten uns zu viert auf den Klos etwas die Nase gepudert und ließen in der Zeit auch keinen auf die Klos. Wo wir waren, war unser Gesetz. Als wir dann wieder in die Bar gingen, machte ein Jungspund einen der GHOSTS an. Das war ein großer Fehler von ihm, dummer Mensch, denn ruck-zuck steckte ein Messer in seinem Oberschenkel. Er blutete heftig und einige, die es gesehen hatten, riefen einen Krankenwagen. Mit dem Krankenwagen traf auch die Bullerei ein und wollte natürlich wissen, wer das war. Da es das Gebiet der GHOSTs war und die gut bekannt waren, sagte keiner gegen sie aus, weil sie Angst vor den GHOST RIDERN hatten. Die Bullen mußten zu ihrem Ärger wieder abdampfen. Hier sah man schön, wie man mit Gewalt die Macht erreicht!

Bei Schlägereien – ich war ja in einige verwickelt –, muß ich heute sagen, hab ich gewonnen und verloren. *That's life.* Eine Spezialität von mir waren anfangs Kopfstöße, die ich austeilte und den anderen damit meist die Nase brach. Entweder sie gaben gleich auf mit ihrer blutenden Nase oder ich mußte doch noch etwas nachhelfen. Wer gewinnen will, muß alles in Betracht ziehen. Der Dodo und der Grandler bekamen vor langer, langer Zeit auch mal einen Kopfstoß (beide Male in der Festhalle Hartmannshof) ab, aber wir wurden später doch Freunde und gingen dann einen langen Weg zusammen.

Eigentlich war ich ja der Fetenkönig und Spaßvogel, nicht der größte Schläger. Meine Niederlagen werden in diesem Buch ja auch dokumentiert. Ich war sehr impulsiv, meist aber friedlich, und wenn mich doch jemand zu arg provozierte oder stichelte, da knallte es halt auch mal. Wobei ich vorher oft selbst die Leute provozierte, und dies gab sich die Waage. Ich muß hier aber trotzdem auch sagen, daß ich den Streß oft anzog wie

Scheiße die Fliegen. Ich hatte mal eine Hauerei in einer Kneipe an Fasching in Hartmannshof. Ich war als Hexe verkleidet, hatte meinen Spaß und tanzte herum. Ich blieb an einem hängen, und zwei Hohlköpfe vom CREEPING DEATH MC meinten, sie müßten mich anmachen, weil ich da schon beim KING RIDERS MC war. Sie provozierten mich, und dann gab es halt Niederschläge. Angriff ist die beste Verteidigung und ich ging auf beide los. Ich bekam bloß 'ne Macke am Schienbein ab, aber die beiden hab ich gut erwischt. Ich ließ sie mit ihrem Elend zurück und ging weiter zur nächsten Faschingsfete.

Einmal hatte ich Streß mit einem vom GHOST RIDER MC, das war noch zu meinen DEADHEAD MC-Zeiten. Ich war in der „Rockfabrik" in Nürnberg, und da hatten die KING RIDERS eine Benefizveranstaltung. Ich saß dann, es war schon 10:00 Uhr früh oder so, mit den KING RIDERS und einem vom GHOST RIDER MC vor der „Rockfabrik" in der Sonne. Die GHOSTs waren eine Menge Chapter und nicht gerade zimperlich.

Er quatschte mich blöd von der Seite an: „Ich hab gehört, ihr habt in eurem Clubhaus Hausschuhe zum Anziehen!"

Ich erwiderte prompt: „Ihr habt wohl keine Hausschuhe, weil es nicht so viele Hausschuhe gibt wie ihr Member seid?"

Ich empfand das nicht als Beleidigung, aber er sah dies anders. Er packte mich unerwartet an meinen langen Haaren und zog mich über den Tisch. Nicht, daß er mich mit Fäusten schlug, aber er saß auf mir mit seinen ca. 150 kg, gab mir Schellen und plärrte rum. Die KING RIDERS lachten zwar erst, zogen ihn dann aber von mir runter. Ich kannte die KING RIDERS zu dem Zeitpunkt zwar schon, auf die Schippe nahmen sie mich aber doch, aber ich blieb dort und ließ mich nicht kleinkriegen. Ich hab keinen Schimmer, wie und wann ich damals nach Hause kam. Körperlichen Schaden trug ich keinen davon, aber mein Stolz war gekränkt!

Ich hatte noch einmal eine Auseinandersetzung mit einem vom GHOST RIDER MC, in unserem Nürnberger KING RIDERS-Clubhaus. So gegen früh, wir waren wieder völlig hochgeschossen, sagte ich zu ihm: „Du bist so ein harter Rocker und hast keine Zähne im Maul. Geh doch mal zum Zahnarzt, du Pussy." Er rastete voll aus und wollte mir aufs Maul hauen, wahrscheinlich war er neidisch auf meine schönen Zähne. Die anderen von uns und von denen schlichteten dann, und der Streß legte sich auch relativ schnell wieder und wir konnten weiterfeiern.

Nun der Übergang in die KING RIDERS Zeit!

KING RIDERS MC:

Der Rocco und ich fädelten 1997 die Fusion vom DEADHEAD MC mit dem KING RIDERS MC ein. Ich brachte den Rocco zum Pulver und wir schnupften uns durch die Nächte. Einmal war'n wir zu zweit bei uns im DEADHEAD MC-Clubhaus und machten uns im Getränkelager frisch. Wir unterhielten uns über irgendeine Fusion. Er meinte, wir könnten ein Chapter vom WOLFMEN MC, WILD TIGERS MC oder GHOST RIDER MC machen. Da ich den Red Rider vom KING RIDERS MC Nürnberg gut kannte, überzeugte ich ihn, daß wir es mal lieber mit dem lokalen KING RIDERS MC machen sollten, denn die waren sowieso nur noch fünf Member – Support your local. Er stimmte nach langem Gespräch zu. Da er Präsident war, handelte er die Modalitäten mit dem Henker aus. Wir wechselten mit 14 Brothers rüber. Der DEADHEAD MC bestand weiter. Der DEADHEAD MC waren dann nur noch zu fünft, haben sich aber wieder vermehrt. Bis zum heutigen Tag sind von den 14 Brothers, die wechselten, nur noch fünf Mann bei dem KRMC. In der Anfangszeit beim KING RIDERS MC Chapter Nürnberg hatten wir auch ein Clubhaus im Wald und das war nicht gerade sehr standesgemäß. Das nächste Clubhaus war dann eine alte Bahnmeisterei direkt an den Bahngleisen, die schon vor dem zweiten Weltkrieg stand. Wir mußten es komplett renovieren, was rauskam, war vom Feinsten: ein Meetingraum, große Küche, Schlafräume, neue Klos. Ein riesiger Partyraum mit Theke aus Granit, Billardtisch, Kicker, Geldspieler, Dartautomaten, fette Musikanlage. Es war ein wirklich fettes, gelungenes, standesgemäßes Clubhaus!

Der Wechsel zum KING RIDERS MC war schon wieder scheiße für mich, weil ich eine Woche vor dem Wechsel am 23.04.1997 meinen zweiten Motorradunfall mit Unterschenkelfraktur hatte. Dieser scheiß Unfall hatte mich wieder völligst aus der Bahn geworfen. Wäre es eine Woche später gewesen, hätte ich beim KING RIDERS MC das Purple-Heart bekommen. Dies ist eine Auszeichnung von der US-Army und ist für im Kampf Verwundete. Beim KRMC steht es für einen Knochenbruch oder einen anderen schwereren Motorradunfall. Als wir am 28.04.1997 also zum KRMC wechselten, lag ich im Krankenhaus. Um 0:00 Uhr lief im Radio „Time to say goodbye“ von Andrea Bocelli, was ich mit Kopfhörern im Vierbettzimmer unter der Bettdecke hörte. Ich kroch unter die Bettdecke und weinte vor Traurigkeit, weil ich nicht an diesem historischen Moment teilhaben konnte. Am nächsten Tag kamen der Rocco und der Red Rider, total unterwegs und durchgezecht, zu mir ins Krankenhaus und brachten mir mein Colour und einen Six-Pack mit. Der Rocco wollte noch vom Balkon strullern, so voll war er, was er aber dann zum Glück ließ, denn ausbaden hätte ich es ja müssen. Kurz darauf kamen meine Mutter und meine Schwester auch zu Besuch und waren entsetzt von den beiden. Sie gingen dann wieder und meinten: „Wir besuchen dich morgen."

Ich lag ein Vierteljahr in der Missionsärztlichen Klinik. Dadurch hatte ich den Anschluß verloren und der Rocco wurde Secretary, und der Kid wurde zu einem späteren Zeitpunkt Warlord (sorgt für Ruhe auf Meetings, zum Schutz des Präsidenten, für die Fahrtrouten zuständig und der *Leader of the Pack*, denn man durfte ihn nicht überholen). Es wäre mit Sicherheit mein Posten geworden, aber wie gesagt, ich war eine lange Zeit weg vom Fenster und war ja verwundet. Der Kid war sowieso eine linke Bazille; *una rata*!

Der Rocco, der Kid und ich hatten viel zusammen unternommen und geschnupft. Ich mußte wieder einmal lernen, daß man keinem trauen kann. Er hat die Rocco-Biene und die Debbie gefickt, das war zwar in unserer Trennungszeit, aber trotzdem. Natürlich gehören ein Stück weit auch die Weiber dazu. Ich hab und hätte aber niemals die Frau von einem Kumpel/Brother gefickt, auch nicht, wenn sie getrennt gewesen wären, da dies ein ungeschriebenes Gesetz ist. Ich hab dem Kid immer den Rücken freigehalten, da keiner im Club wissen durfte, daß er an der Nadel hing, das war selbst bei uns nicht geduldet. Mit Saufen, Schnupfen und Kiffen gab's bei uns keine Probleme. Der einzige bei uns, der es wußte, war ich. Ich muß wieder im Nachhinein sagen, hätte ich es lieber auf einem Meeting erwähnt, dann wäre er mit 100%iger Sicherheit rausgeflogen und das hätte mir einen Haufen Ärger erspart. Beim Kid paßte die Lebenserfahrung: Traue nie einem Junkie. Ich kannte so viele verschiedene Geheimnisse von einigen Bekannten, aber da es nicht meine Art war, Geheimnisse auszuplaudern, behielt ich sie immer für mich. Charaktersache!

Ich kam von Dezember 1997 bis Januar 1998 auf Rehabilitation nach Murnau bei Garmisch-Partenkirchen. Fünf

Wochen war ich dort und es war 'ne richtig gute Zeit. Tagsüber hatten wir Anwendungen und am Abend gingen wir in die verschiedensten Kneipen. Danach haben wir immer noch Schafkopf auf'm Zimmer gezockt; oft bis früh morgens. Nur ein kleines Problem gab es: Da es über Weihnachten und Neujahr war, waren keine Frauen da (also nix mit Kurschatten). Sehr schade! Die einzige schöne Frau, die da war, das war die Jutta. Die war aber schon zwei Wochen vor uns da und hat sich mit keinem von uns eingelassen. Sie zog ab und zu mit uns los. Einmal waren wir beim Italiener, aßen lecker, tranken lecker Rotwein. Zu später Stunde war ich wieder in Hochform und stimmte ein Lied nach dem anderen an. Die Lieder „My way" und „New York, New York" von Frank Sinatra (ich hatte auch so eine rauchige Stimme) hat die versammelte Mannschaft erfreut und beeindruckt, und ich mußte mir für einen der nächsten Abende weitere Texte von Frank Sinatra besorgen. Ich trug sie wieder mit Leidenschaft vor, bekam wieder meinen Applaus und fühlte mich fantastisch. Wir machten auch einige Tagesausflüge, z. B. nach Bad Tölz, Garmisch-Partenkirchen, Schloß Linderhof und auch Schloß Neuschwanstein, wo ich auch als Kind schon war. Dieses Schloß ist ein wirkliches Märchenschloß! Eines Tages fuhren wir nach Bad Tölz, und da trafen wir glatt den Schauspieler Siegfried Rauch und den „Bullen von Tölz", Ottfried Fischer. Ich ließ mir natürlich gleich Autogramme geben. Es war eine sehr schöne, erholungsreiche Rehabilitation!

Also fehlte ich beim KING RIDERS MC drei Monate nach dem Wechsel, und dann wegen der Kur noch mal fünf Wochen. Dies war mein persönlicher Genickbruch, weil ich den Start und die neuen Regeln später als die anderen erfuhr. Als wir dann zu dem KING RIDERS MC wechselten, kam ich mit Präsident Henker wieder nicht so gut zurecht. Er war

First-Präsident vom KING RIDERS MC und dies schon seit 18 Jahren. Zu dem Zeitpunkt, 1997, als wir dazukamen, waren es drei KING RIDERS MC Chapter: Mother-Chapter Nürnberg, Chapter Neustadt/Aisch und Chapter Bad Neustadt/Saale. Es kamen 1998 noch zwei KING RIDERS MC Chapter dazu. Das entstand aus einer Wette zwischen dem Rocco und dem Gigolo. Wer zuerst ein Chapter aufmacht, der hat gewonnen. Gewonnen hatte der Rocco, denn er war schneller als der Gigolo, und das Chapter Bad Windsheim entstand. Dann kam das Chapter Ochsenfurt durch den Gigolo hinzu. Die Brothers, zusammen ca. 100 Brothers, mußt du ja auch erstmal unter Kontrolle bringen, und da muß ich leider sagen, dies machte der Henker gut. Freundschaftlich kamen wir zwei aber auf keinen gemeinsamen Nenner.

Als ich im August 1997 nach einem Vierteljahr aus dem Krankenhaus entlassen wurde, feierte der Locke Hochzeit. Ich gab Vollgas und konsumierte alles, was mir in die Finger kam, Alkohol, Kokain und auch Gras. Ich hab durchgemacht und war früh so zu, daß ich überhaupt nix mehr wußte. Auf jeden Fall hat mich die Rocco-Biene früh ins Auto gepackt, weil ich mich schon total vollgekotzt hatte. Sie lieferte mich zuhause ab und ich wachte irgendwann abends wieder auf. Ich war total gerädert. Aus diesem Grund gab es dann nächste Woche auf dem Meeting natürlich Streß mit dem Henker.

Er schrie mich an: „Ein KING RIDER stürzt nicht so ab wie du. Wenn das nochmal vorkommt, wirst du gleich Prospect!“

Erst motzte ich noch dagegen und sagte: „Ich war drei Monate im Krankenhaus und das hatte sein müssen!“

Er griff mich weiter verbal an.

Dann sagte ich zu ihm: „Na gut, du hast ja recht!“

Um einfach meine Ruhe zu haben. Dies ärgerte ihn noch mehr, weil man immer zu seiner Meinung steht. Dadurch war der Ärger mit dem Henker natürlich ab und zu vorprogrammiert. Es ist halt auch nicht gerade von Vorteil, wenn man sich mit dem Präsidenten nicht versteht.

Wir organisierten zu zweit ein paar Beatabende mit den Bands BUNNYTRAP und GIGABYTE, wo wir uns unglaublicherweise gut verstanden. Ich weiß bis heute nicht, warum wir uns damals bei den Beatabenden verstanden und im Club nicht. Vielleicht war es da das Kokain? Was weiß denn ich! Dies bleibt wohl, wie vieles bei mir, ein Geheimnis. Ich mein', wenn der mal auf 'nem Meeting ausgeflippt ist, no ja, da wurde es laut.

Er sagte mal zu mir: „Ich bin als Präsident nicht der Staatsanwalt oder der Ankläger, ich bin nur der Richter!"

Auf jeden Fall wurde es keine Freundschaft. Ich sehe es so: „Jedem Menschen recht getan, ist eine Kunst, die niemand kann!"

Wir veranstalteten vom KING RIDERS MC Nürnberg auch schon ein Open-Air-Kino auf unserem Clubhausgelände, nagelten Dachlatten zusammen, bespannten die mit Tuch und dies gab eine richtig große, coole Leinwand wie im Kino. Es war Sommer, es war gutes Wetter und wir zeigten mit Beginn des Sonnenunterganges „Easy Rider", den ultimativen Bikerfilm. Essen und Getränke gab es natürlich auch, leckere Sachen. Wir hatten einen ganzen Ochsen am Spieß. Die Gäste waren zufrieden und wir auch!

Auch immer ein Highlight war die Motomania (Motorrad- und Teilemarkt) in der Frankenhalle, die vom KRMC ausgerichtet wurde. Das war eine richtig rustikale Holzfachwerkviehmarkthalle und stand sogar unter Denkmalschutz. Da war immer die Hölle in Dosen los. Es gab Gebrauchtteile on mass, sowie Neu- und Gebrauchtmotorräder.

Was auch einmal eine geile Party war, war die Caribbean-Party-Night im Nürnberger Clubhaus. Da füllten wir den ganzen Boden voller Sand und es war alles auf Strand getrimmt. Strandschirme, Stripperinnen, einen Cocktail-Stand mit Oben-ohne-Bedienungen und los ging's! Dies war eine richtig geile Beach-Party mitten im Winter. Ich bin nächsten Abend so um 8:00 Uhr rum aus dem Clubhaus raus. Fantastisch!

Wir fuhren von unserem KRMC Nürnberg mal nach Schottland, natürlich mit unseren Böcken. Es war klassisches scheiß Inselwetter. So verbrachten wir tagsüber auch viel Zeit in Whiskey-Brennereien, anstatt durch die Highlands zu brettern. Am Abend ging's in die Pub's und es hat auch einmal mit ein paar Schotten geklappert. Wir warfen sie einfach aus dem Pub. Die Tour brachen wir nach einer Woche ab, weil es aus den sprichwörtlichen Kübeln schüttete und wirklich gar keinen Spaß machte, durch die Gegend zu reiten.

An einem Kappenabend an Fasching, den wir im KING RIDERS-Clubhaus Nürnberg hatten, machte ich den Adolf Hitler. Das ging ganz einfach. Einen Seitenscheitel, den Schnauzer links und rechts gekürzt, einen Ledermantel und eine Hakenkreuzbinde um den Arm. Schon ist der Adolf fertig. Ich ließ mich die ganze Nacht bedienen und redete nur in Adolfs Schreisprache: „Brrringt dem Führerrr soforrrt etwasss zu trrrinken!"

Es war ein Heidenspaß. Der Racer von uns regte sich über meine außergewöhnliche Verkleidung auf und forderte mich mehrmals auf, die Hakenkreuzbinde zu entfernen. Ich dachte mir nur: „Rocker sein wollen, aber sich über so einen Spaß aufregen." Da mußte ich schon drüber schmunzeln.

Hier kommen ein paar Beispiele, was man erlitt, wenn man sich mit dem KING RIDERS MC anlegte:

Der Pacito von uns, KING RIDERS MC Nürnberg, war allein auf LYNX MC-Party. Irgendwann gegen früh meinten die LYNX wohl, sie müßten ihn aus irgendeinem Grund nach Hause schicken. Da man einen KING RIDER nicht nach Hause schickt, rief er bei uns im Clubhaus an, wo noch eine Geburtstagfeier in vollem Gange war.

Wir hatten unsere Pumpguns dabei und fuhren auf die Party von denen. Ich, der Kid und der Fäßle sicherten den Fluchtweg mit den Pumpguns, damit sich keiner von denen verdünnisierte. Die anderen gingen in die Scheune, wo die Party stattfand. Da zog so ein dummer LYNX auch noch eine Knarre, was er lieber hätte bleiben lassen sollen. Der Angus, Präsident vom Bad Windsheimer KRMC Chapter, nahm ihm die Knarre mit Nachdruck ab. Er gab ihm erst mal seinen verdienten Lohn, in Form von nicht harmlosen Schlägen, mitten in die Fresse rein. Die Knarre ging natürlich in unseren Besitz über. Wir waren nicht in der Überzahl, aber der Überraschungsmoment trug seinen Teil bei. Unsere besten Schläger, wie der Rocco, Henker, Angus und Pacito, waren ja dabei. Sie bekamen schon richtig die Backen voll, und nebendran war ein Wohnhaus, wo die Eltern von einem von denen wohnten.

Die plärrten aus dem Fenster: „Macht meinem Sohn nichts, sonst bekommt ihr Ärger."

Da mußten wir schon auch lachen. Die Kinder schauten auch aus ihren Zimmern und schrieen drauf los. Im Rockermilieu geht man nicht zu den Bullen, entweder man gewinnt oder man verliert. Falls es doch einer tun sollte, wäre es besser, er würde von der Bildfläche verschwinden. Die LYNX hielten ihre Füße still, klug so! Es war auf jeden Fall ein perfekter Überfall und ein Zeichen, daß man so was nicht mit einem

KING RIDER macht. Der LYNX MC hatte zwar mehr Chapter, wir waren aber besser als die Vögel!

Der ROAD RABBITS MC ist letzten Endes wegen mir aufgelöst worden. Ich ging mit der Niki 1997 auf die Party von denen und muß dazu sagen, daß ich da Krücken hatte. Da einige von ihnen etwas gegen die KING RIDERS hatten, schickten sie mich nach Hause. Der Spacko vom ROAD RABBITS MC (mit dem ich mich sehr gut verstand, wir machten Kokaingeschäfte) nahm mich zur Seite und wir machten uns einen gediegenen Abend bei ihm am Zelt. Damals war auch der André dabei, der zu dem Zeitpunkt noch beim FREE MEN MC war. Er machte kurz darauf Prospect bei unserem Nürnberger Chapter und bekam dann den Namen „Fäßle". Er wechselte dann nach kurzer Zeit zu unserem Bad Windsheimer KRMC Chapter. Zu späterer Stunde fuhr mich dann die Niki nach Hause. Beim Rocco brannte noch Licht und die Niki ließ mich bei ihm raus. Der Henker war auch noch da und ich erzählte die Vorkommnisse der Nacht. Wie vorhin schon beschrieben, wird kein KING RIDER nach Hause geschickt und dies hat der LYNX MC ja auch schon schmerzhaft erfahren müssen. Das Schicksal des ROAD RABBITS MC war also besiegelt. Am nächsten Wochenende fuhren einige Members von unseren Chaptern zu denen und lösten den ROAD RABBITS MC auf. Wie vorhin erwähnt, gibt es in der Rockerszene einen Ehrenkodex und der besagt, daß der Unterlegene nicht zu den Bullen rennt. Bei den ROAD RABBITS war aber ein Bullensöhnchen dabei und der hängte uns hin. Wiederum eine Woche später machten die Bullen eine Razzia bei unserem Bad Neustädter KRMC Chapter im Clubhaus. Sie überrollten mit einem Arsch voll Bullen und mit Maschinengewehren bewaffnet die Bad Neustädter während des Meetings. Sie beschlagnahmten die ganzen Baseballschläger, mehr fanden sie nicht, und verhafteten sämtliche Brothers. Ich kann heute nicht mehr sagen, wie dieser Vorfall ausging. Was mich aber sehr aufregte, war die Tatsache, daß der Rocco dem Spacko aufs Maul schlug und zu ihm sagte: „Schöne Grüße vom Pinocchio." Die ROAD RABBITS waren mir scheißegal, der Spakko aber nicht und ich war schon etwas angesäuert wegen dem Rocco. Die Freundschaft mit dem Spacko war damit leider beendet, ohne daß ich Einfluß darauf hatte. Schade auch! Eine Kokain-Connection weg!

Wir waren einmal auf HELLS HENCHMEN MC-Party und wußten, daß der CATMEN MC (auch einige Chapter) irgendwann kommen sollte und uns platt machen wollte. Es waren fast alle Leute aus unseren fünf KING RIDERS MC Chaptern da und wir waren ca. 100 Brothers und natürlich bewaffnet, zur Sicherheit. So um halb zwölf dachten wir uns, die CATMEN würden heute doch nicht mehr kommen. Auf einmal meldete uns ein Prospect, den wir am Anfahrtsweg abgestellt hatten, daß sie im Anrollen waren. Sie kamen mit Autos und Motorrädern. Wir ließen sie noch unbehelligt auf den Autoparkplatz fahren und dann war Achterbahn. Wir überrollten sie im wahrsten Sinne des Wortes und der Überraschungsmoment war auf unserer Seite. Sie dachten, den Überraschungsmoment hätten sie auf ihrer Seite, aber da waren sie falsch gewickelt, denn wir waren halt cleverer. Wir zogen sie aus ihren Autos, traten sie von ihren Motorrädern und es bekamen einige von denen mächtig die Hucke voll. Wir waren auf einem Acker und es war sehr dunkel. Auf einmal fielen die ersten Schüsse. Es wurde auf beiden Seiten keiner mit den Schußwaffen verletzt. Ihre Autos und Motorräder brauchten aber erst einmal wieder einen Werkstattbesuch, da sie von unseren Baseballschlägern mächtigen Schaden zugefügt bekamen. Im Eifer des Gefechts bekamen leider auch ein paar andere Motorräder und Autos im Dunklen was ab, und einer der geschädigten Zivilisten zeigte uns an. Wir mußten die Reparatur bezahlen. Von seiten des CATMEN MC kam natürlich keine Anzeige, so was gibt's ja nicht in der Rokkerszene. Entweder man gewinnt oder man verliert, so ist das eben. In der Rockerszene gibt's viele ungeschriebene Gesetze, die im normalen bürgerlichen Leben mit Sicherheit auch angebracht wären!

Einen Künstler lernte ich kennen, als er in der Nähe unseres Clubhauses sein Atelier hatte. Er war öfter bei uns im Clubhaus und wir verstanden uns gleich nach dem ersten Joint. Er machte mit einer Flex Bilder und Schattierungen auf Edelstahlblech und lackierte sie dann mit Klarlack. Sie hatten dann einen 3D-Effekt. Dies waren richtig gute Kunstbleche und er schenkte mir eines, daß aussah wie eine richtig große Blumenwiese (Größe 3 m lang und 1 m hoch). Er konnte richtig gut schweißen und flexen. Wenn man es anleuchtet, ob mit normalem Licht oder mit verschiedenen Farben, waren die Blumen dreidimensional – nur geil. Den Techno-Papst Sven Väth hat er auch auf Blech verewigt. Er baute auch einige Wagen für die Love-Parade, und da war ja bekanntlich alles an Drogen vertreten, was es so gab. Viel nackte Haut und gute Drugs – Herz, was wolltest du mehr. Seine Geburtstagspartys feierte er in seinem Atelier, und die waren auch immer richtig fett. Skulpturen, Bleche und Bilder überall. Sex, Drugs and Rock 'n Roll bis zum nächsten Abend. Da waren natürlich verschiedene Musik-, Künstler- und Pornogrößen anwesend, man war also quasi in guter Gesellschaft. Da bei ihm leider hauptsächlich Techno lief, waren unsere Rocker natürlich nicht so erbaut. Der Rocco nahm sein Messer, rammte es in einen Tisch und rief: „Ich zahle 50 Mark für die Hände vom DJ."

Da waren die Techno-Freaks auf einmal etwas eingeschüchtert. Es war natürlich nur ein Spruch und die Fete ging friedlich weiter. Mit unterschiedlicher Musik, mit sehr zufriedenen Menschen auf beiden Seiten, ob Rocker oder Techno-Freak. Ich verlor leider den Kontakt zu dem Künstler, wie so oft bei meinen Bekannten.

Beim KING RIDERS MC bekommt man nach der Prospectzeit einen neuen Clubnamen. In unserem Falle, da wir ja gewechselt hatten, bekamen wir nach und nach unsere Namen. Ich bekam den Namen „Pinocchio", weil ich immer verbal und nonverbal agierte, wie an Fäden hängend. Ich hab im Rausch immer die Leute angetatscht und manchmal geküßt, das nervte natürlich einige Leute massiv. Außerdem wurde ich mit zunehmendem Rausch immer crescendo. Der Rocco wurde dann auch bei den nächsten Wahlen Vizepräsident. Weiterhin wird man nach der Prospectzeit einer Schlammtaufe unterzogen, was bei mir 1999 auf unserer Jubiläumsparty war. Der KING RIDERS MC 1969 Nürnberg, von amerikanischen Soldaten gegründet, ist also genauso alt wie ich. Also feierte ich auf unserer Sommerparty 1999 zusammen mit dem MC den 30. Geburtstag. Meine Lieblingszahl ist sowieso die 69:

Sie ist mein Geburtsjahr. Woodstock fand statt, der Sommer der Liebe. Altamont Raceway mit den Rolling Stones fand statt. Wo ein junger, zugedröhnter Farbiger eine Knarre gegen einen HELLS ANGEL (die Security waren) zog und dann von einem HELLS ANGEL erstochen wurde. Easy Rider kam ins Kino. Außerdem die Sexstellung 69, denn man kann sie drehen und wenden, wie man will, sie bleibt immer 69.

Wir feierten also unseren 30. Geburtstag und ich glaube, daß ich fast das ganze Wochenende auf den Beinen war. Ich war der DJ und machte die meiste Zeit Mucke, wenn keine Band spielte. Wir hatten die Bands BUNNYTRAP und

GIGABYTE am Start. Es war ein gelungenes Fest für mich, unseren Club und natürlich unsere Gäste.

Zurück zur Einweihung. Ich mußte mit noch ein paar Prospects völlig nackt, nur die Kutte an, zur Schlammtaufe (Einweihung) in ein selbst ausgegrabenes Schlammloch. Man bekommt noch Ketchup, Senf, Bier und auch Motoröl über den Kopf geschüttet. Wir saßen also im Schlammloch und der Präsident, in unserem Falle der Henker, rief:

„What you wanna be?"

Lauthals die Antwort der Taufkinder: „A fucking KING RIDER!"

„What you wanna be?"

"A fucking KING RIDER!"

„What you wanna be?"

"A fucking KING RIDER!"

Dann fuhren der Präsident und noch ein paar mit den Motorrädern ins Schlammloch und machten auf den Kutten einen Burn-Out. Wir zogen dann die Schlammkutte an und man mußte sich zum Schluß noch am Motorrad eines Members festhalten und bei der Fahrt quer über den Partyplatz hinterherrennen. Wir hüpften danach erst einmal in den anliegenden Bach, da man doch etwas eingesaut war. Klamotten an und die eingeweihte Kutte, natürlich ungewaschen, drüber. Jetzt war man Vollmember mit sämtlichen Rechten und Pflichten. In der Regel wurde diese Zeremonie auf Partys oder Rallys vollzogen, damit es auch noch richtig viele andere Rocker bzw. Clubs sehen konnten, die diese Rituale damit kennenlernen durften.

Schlachtruf:

„Is there a fucking KING RIDER in the House?"

"You can bet your sweet ass there is!"

Nun konnte man auch jeden Freitag auf den Meetings seinen Senf dazugeben. Man hatte natürlich auch Pflichten, die manchmal nicht ohne waren. Der KNIGHT RIDERS MC (Würzburg, Erlangen, Bad Kissingen, Karlstadt, Schweinfurt) hat die gleichen Rituale und sie existieren auch schon seit 1969. Dies kam wahrscheinlich daher, daß beide MCs von amerikanischen Soldaten aus dem fränkischen Raum gegründet wurden. Mit denen hatten wir auch eine gute Freundschaft.

Ein Penny-Check sind ein amerikanischer Penny und ein deutscher Pfennig, die man als KING RIDER immer einstekken haben mußte. Egal, wo ein Member einen Penny-Check ausrief, wer die zwei nicht einstecken hatte, mußte eine Runde für alle Anwesenden zahlen. Dies konnte schon mal ganz schön teuer werden. Es war auch egal, ob man Member beim KING RIDERS MC war oder nicht, dran war dran.

Wenn man beim KING RIDERS MC Ski-King werden wollte, mußte man aus einem alten umgedrehten Ski Gin, der in der Rille runterlief, trinken. Ein kleines Handicap war, daß man das Ende des Skis breit im Mund hatte und so nicht richtig schlucken konnte. Es war nicht viel Gin (0,3 l), aber es schafften nicht alle, weil manche kotzen mußten. Ich schaffte es natürlich wieder! Also hatte ich alle Prüfungen eines KING RIDERS bestanden!

Bleibt hier noch eines festzuhalten:

Die Zeiten in den beiden Motorradclubs, DEADHEAD MC auf seine Weise und KING RIDERS MC auf eine andere Weise waren natürlich sehr gute Zeiten. Die Rockerphase war insgesamt sowieso eine supergeile Zeit, um nicht zu sagen:

The best time of my live!

Das Ende meiner Clubzeit kam dann so. Der Kid begann eine Schlägerei an Sonnys Geburtstag im Dezember 2000, die der Hauptgrund für meinen Austritt war. Der Kid und ich waren im Keller zum Kokain inhalieren und um eine Kokarette zu rauchen. Als wir hochgingen, um ein bißchen frische Luft zu schnappen, ging er auf mich los, weil ich ihm sagte, er solle doch mit dem Spritzen aufhören. Er war beim Bund, hatte eine Einzelkämpfer-Ausbildung und hatte mich gleich auf dem Boden. Er ließ mich nicht los, ohne mich dabei zu verletzen. Als der Lächler von uns rauskam und uns da liegen sah, wollte er uns trennen. Er erwischte nur den falschen und trat mir volle Kanne in den Solarplexus. Ich bekam nicht mehr richtig Luft und rannte erst mal planlos umher. Es kamen noch mehr raus und es wurde eine wilde Schlägerei daraus.

Verwickelt waren der Rocco, der Lächler, der Kid, der Red Rider, der Birdy, der Lemmy und ich. Es war ein heilloses Durcheinander. Der Birdy packte sogar meine Debbie am Hals, und als ich das sah, ging ich auf ihn los und haute ihm erst einmal eine in die Fresse. Als der Lemmy das wiederum sah, ging der auf mich los und drückte mich gegen den Kühlschrank. Ich war auf 300 Puls und schmiß meine Kutte ins Feuer. Ich ging dann ins Clubhaus, wo der Lächler rumsaß, zog auch noch mein Sweat-Shirt aus, schmiß es auf den Tisch und knallte meinen Clubhausschlüssel in die Glasvitrine. Die Debbie und der Red Rider packten mich und schleiften mich ins Auto. Für mich war die Geschichte erledigt. Denkste!

Der Rocco hat meine Kutte gleich aus dem Feuer gezogen, das bekam ich gar nicht mit. Ich dachte ja, die ist verbrannt. Unter der Woche kam der Red Rider zu mir und brachte mir meine Kutte. Ich kam zu der Einsicht, daß es doch nicht vorbei war. Am Freitag war wieder Meeting, wie jeden Freitag. Mir war schon etwas mulmig, dachte aber, so schlimm wird's nicht, da ja nicht ich angefangen hatte. Ich telefonierte vorher noch mit dem Kid und die feige Ratte (Einzelkämpfer, da lach ich ja) kam nicht auf das Meeting. So stand ich allein am Pranger. Der Henker fing gleich mit dem Thema der vergangenen Woche an. Er war zu dem Zeitpunkt der Schlägerei nicht mehr da gewesen.

Am Anfang fragte er mich normal: „Was ist da denn letzte Woche so vorgefallen, der Lemmy hat da was erzählt?"

Der Rocco war ja Vizepräsident und hatte nichts erzählt. Er hatte es vor dem Henker vertuscht. Hätte der Lemmy nichts erzählt, wäre nichts draus entstanden.

Ich sagte: „Angefangen hab nicht ich, sondern der Kid."

Dann wurde er schon lauter und sagte: „Wir reden hier über dich und nicht über den Kid."

Es mischte sich der Red Rider ein und sagte: „Es war so, der Kid hat angefangen."

Da wurde der Henker noch lauter und sagte zum Red Rider: „Du brauchst den gar nicht zu verteidigen. Der hat dem Birdy eine reingehauen."

Auf jeden Fall plärrte der Henker mittlerweile nur noch mich oder den Red Rider an. Als ich mich rumdrehte, war der Red Rider auf einmal verschwunden, was mich auch etwas irritierte und enttäuschte. Es wurde auf jeden Fall abgestimmt, ob ich und der Kid Prospect machen sollten oder nicht. Bis auf vier (Rocco, Pacito, Sonny, Electro) waren alle dafür, daß wir zwei Prospect machen sollten. Weiter wurde verhängt, daß der Lächler und der Rocco Alkoholverbot bekamen.

Dieser Vorfall mit dem Birdy sollte der Grund sein, daß ich wieder Prospect würde?

Nicht das Kutten-Verbrennen?

Ich war selbst verdutzt. Anscheinend hat der Henker nichts davon gewußt, sonst wäre er wahrscheinlich noch mehr geplatzt. Ich hätte den Henker einmal sehen mögen, wenn der Birdy seiner Alten eine reingehauen hätte. Da hätte er mit Sicherheit dem Birdy als erstes eine gegongt.

Ich sagte auf dem Meeting: „Lieber ein Ende mit Schrekken, als ein Schrecken ohne Ende!"

Ich nahm dann meine Kutte im Affekt, warf sie auf den Tisch und bezahlte noch meine Getränkeschulden. Ich machte mir nicht mal die Mühe, das Colour von der Kutte zu schneiden und die Kutte mitzunehmen. Dies haben einige nicht für möglich gehalten und haben ganz schön blöd geglotzt.

Ich blieb noch an der Tür stehen, schaute dem Henker ins Gesicht und sagte zum Abschied: „Vielleicht komm ich ja mal wieder auf ein paar Hefe vorbei, wenn ich Bock hab. Servus!"

Wenig später trat der Kid dann auch aus.

Ich kann nur für mich sprechen und sagen: „Ich hab die Fusion mit dem Rocco angezettelt, wurde aber dann fallengelassen wie eine heiße Kartoffel. Undank ist der Welten Lohn!"

Ich war bis heute nur zweimal im KING RIDERS MC-Clubhaus in Nürnberg. Dies war bei Roccos 40. Geburtstag und noch einmal auf Red Riders 40. Seitdem habe ich den Rocco auch nicht mehr gesehen, und das finde ich wiederum sehr, sehr schade. Es hat wohl nicht sollen sein?! Ohne diesen Vorfall wäre ich wahrscheinlich heute noch beim KING RIDERS MC. Aber was vorbei ist, ist vorbei. *It's all over now!!!*

„Hast du wirklich dran geglaubt, daß die Zeit nicht weitergeht. Hast du wirklich dran geglaubt, daß sich alles um dich dreht. Es war nicht alles Gold, was glänzte, doch die Zeit war schön. Ich hab mich reichlich gehauen und nie dazu gelernt. Viel Alkohol, viele Frauen und von der Wirklichkeit entfernt. Ich erinnere mich gern an diese Zeit, eine Zeit, die man nie vergißt. Doch ich muß mein Leben leben, meinen Weg alleine gehen. Machs gut, du schöne Zeit ‚Auf Wiederseh'n'!" BO

XVI. Neunkirchen am Brand

Da war eine Verhaftung in Neunkirchen am Brand. Ich ging mit meinen KING RIDERS auf die Kirchweih in das Kaff. Eigentlich war es schon vorprogrammiert, daß es diese Nacht knallen sollte. Die kleinen Bauernjungs meinten, sich mit uns anlegen zu müssen, und dann hat es an verschiedenen Ecken geknallt. Wir hatten sozusagen drei Fronten. Am Eingang hatten der Henker und der Warrior mit ein paar Bürschchen zu tun. Irgendwoanders im Zelt war der Zwikkel und der Pitcher mit welchen zu Gange und in der Bar hatten der Evil und ich eine Auseinandersetzung mit wieder anderen. Es war in der Bar ganz schön eng und so war es am Anfang nur eine Rangelei. Wir zogen die Rangelei dann in das Festzelt und da rumpelte es dann gewaltig. Ich zog mir nur eine Verletzung zu, die nicht der Rede wert war. Wir sammelten uns und zogen uns aus dem Zelt zurück. Wie es immer ist, hatten die Bürschchen angefangen, dann verloren und dann die Bullen gerufen. Die warteten an der Hauptstraße schon auf uns und verhafteten uns. Sie machten uns Kabelbinder um die Handgelenke und die Fußgelenke und schmissen uns in einen VW-Bus. Ich lag mit dem Gesicht nach unten auf dem Boden und die Kabelbinder schnitten um ein vielfaches mehr in die Gelenke als Handschellen. Sie fuhren mit uns zum Ortsausgang, stellten uns an eine Hauswand und fotografierten uns. Wir wurden dann wieder laufengelassen, ohne Alkoholtest oder Erkennungsdienst, und sie nahmen uns auch nicht mit auf die Wache. Ich wurde nie erkennungsdienstlich, sprich Fingerabdrücke etc. pp., von den Bullen aufgenommen, untersucht oder mit meinen Daten gespeichert. Mein Führungszeugnis ist so rein wie frisch gefallener Schnee, also nicht vorbestraft ☺. Das ist doch ganz gut nach meiner Drogen- und Hippievergangenheit und den turbulenten Motorradclubzeiten. Allerdings bekam ich unendlich viele Strafzettel wegen Falschparken, bin aber in meinem Leben wiederum nicht einmal geblitzt worden. Dies ist doch heutzutage auch eine reife Leistung, da die modernen Raubritter überall auf der Lauer liegen!

Zurück zum Thema Schlägerei. Wir gingen erstmal zum Mönch vom Chapter Neustadt/Aisch, um uns zu verarzten. Von der Schlägerei hatte ich keine nennenswerten Verletzungen, aber von der Verhaftung schon. Meine Handgelenke waren blitzeblau, die Knie und Fußgelenke schauten genauso aus, und das kurze Zeit nach meinem Motorradunfall. Normalerweise hätte ich am nächsten Tag eine Dienstaufsichtsbeschwerde einreichen müssen, da die Verhaftung in der Art nicht zu rechtfertigen war, weil wir uns bei den Bullen gar nicht wehrten. Die anderen bekamen dann alle eine Anklage wegen Körperverletzung. Ich bekam eine Anklage wegen gefährlicher Körperverletzung. Ich wäre mit drei Leuten auf einen los. Die Zeugen erkannten aber bloß mich. Gefährliche Körperverletzung ist, wenn man mit einer Waffe (Messer, Baseballschläger oder einem anderen Schlaggegenstand) auf einen losgeht oder wenn mehrere Leute auf einen losgehen. Wir mußten uns dann vor dem Amtsgericht in Forchheim verantworten. Die Zeugen hatten vor Gericht auf einmal Angst auszusagen und wollten nicht mal ihre Adressen preisgeben, aus Angst vor Repressalien. Der Richter meinte, sie müßten keine Angst haben, da sie vor uns sicher wären wegen des Zeugenschutzes. Wir wußten ja wo sie wohnten, und sie wußten, daß wir es wußten. Auf jeden Fall zogen einige ihre Aussage zurück. Das brachte den Richter und den Staatsanwalt total in Rage.

Sie verhängten deshalb folgendes Urteil über mich:

„Eine Freiheitsstrafe in Höhe von sechs Monaten ...“ und setzen diese zur Bewährung aus. „Weiterhin hat er einen Betrag von 2.000,- DM an eine soziale Einrichtung zu leisten. Zugunsten des Angeklagten war zu berücksichtigen, daß er möglicherweise erheblich alkoholisiert war und nicht vorbestraft ist. Er hat sich jedoch als übler Schläger gezeigt. Er wird auch zivilrechtlich für den Schaden aufzukommen haben. Es ist dann seine Sache, wie er intern eine Schadensaufteilung mit seinen Rockerkumpanen vornimmt.“

Mein Anwalt und ich gingen in Berufung, und so wurde die Akte an das Landgericht Bamberg zum zuständigen Richter übersandt. Ich hatte mir schon ein Gerichtsplädoyer für die nächste Verhandlung geschrieben:

„Ich kann hier nur eines anführen. Die Zeugen machten nicht übereinstimmende oder auch fadenscheinige Aussagen über mein Fehlverhalten, daß mir hier nur eines übrigbleibt zu sagen:

In dubio pro reo! (Im Zweifel für den Angeklagten)

Ich war zu dem Zeitpunkt wegen meines Unfalls krank, schlecht drauf und ziemlich alkoholisiert. Bloß weil ich ein Rocker bin, bin ich kein schlechterer Mensch als die Ankläger. Ich mache zur Zeit eine Umschulung zum Industriekaufmann und beweise damit, daß ich ein ordentliches, normales Mitglied unserer Gesellschaft werden will. Ich bitte Sie, dieses Urteil noch einmal zu überdenken, da ich sonst einen nicht gerechtfertigten Makel auf meiner weißen Weste habe. Vielen Dank für das Zuhören.“

Es kam und kam nichts mehr vom Gericht. Man sollte bekanntlich bei unserem Staat nicht in Vorfreude verfallen, wenn es etwas dauert. In diesem Falle hat ich mehr Glück als Verstand. Der Richter, der meinen Fall bekam, hatte den Fall wohl etwas verschleppt und ging dann in den Altersruhestand. Ich bekam nach drei Jahren einen Brief, daß das Verfahren gegen mich eingestellt wurde und ich war sehr glücklich. Es geschahen doch Zeichen und Wunder! Die sechs Monate Freiheitsstrafe, die 2.000,- DM Geldstrafe und die zivilrechtliche Strafe entfielen. Also hatte ich nur die Anwaltskosten am Bein und das war doch ganz in Ordnung für das ganze Spektakel, welches während und nach der Aktion abgelaufen ist!

XVII. Harley Davidson

Ja gut – äh! Da gibt's so eine Anekdote über meine Harley Davidson Super Glide, Shovelhead FL 1200, Baujahr 1972. Die hatte ich mir 1992 aus den USA importiert, selbst restauriert, und 1995 hatte ich sie mir dann selbst geklaut. Ich ging auf die Polizeiinspektion und meldete den Diebstahl. Ein Polizist nahm meine Daten auf und ich ging wieder. Der Beamte, der meinen Fall dann bearbeitete, glaubte mir nicht so recht. Der war dann bei der Wetterwarte und hat sich erkundigt, wie an diesem Tag das Wetter war. Es war im März und er sagte beim Vorsprechen:

„Es hat geschneit und warum fahren Sie da Motorrad?"

Ich: „Kann ich doch. Ist doch meine Entscheidung. Oder ist das mittlerweile verboten."

Er: „Nein, aber normalerweise fährt man bei so einem Wetter kein Motorrad."

Ich: „Sag ich ja gar nicht, daß ich normal bin."

Dann ist der zu meiner Firma, zu meiner Mutter, zu den Eltern der Debbie und hat die ausgefragt, und das alles, während ich mit der Debbie im Urlaub auf Rhodos war. Irgendwie ist mir mit den Schlüsseln ein Mißgeschick passiert. Es waren zwei verschiedene, denn ich hab mal das Zündschloß ausgewechselt. Ein Arbeitskollege sagte auch noch, während ich im Urlaub war, das Zündschloß wäre nicht von unserer Firma. Dies stimmte aber nicht. Der Bulle wurde immer stutziger. Er sagte mir ins Gesicht: „Herr Svenisson, ich glaube Ihnen nicht, daß ihr Motorrad gestohlen wurde."

Ich blieb aber, wie auch bei meinen Drogenkonfrontationen, cool und sagte: „Da kann ich Ihnen nicht helfen, es ist so wie ich es sage."

Ich bekam es dann aber doch noch irgendwie gebacken, das mit den Schlüsseln richtigzustellen. Auf jeden Fall war der Bulle hartnäckig, mußte aber irgendwann aufgeben. Das war knapp!

Nach den drei Wochen Ermittlungen des Polizisten hatte ich innerhalb einer Woche mein Geld von der Versicherung. Es waren 17.500,- DM. Ich hatte die Harley für 13.000,- DM gekauft und steckte dann 3.000,- DM rein. Die Harley verkaufte ich dann an einen Bekannten für 1.500,- DM. Also 3.000,- DM Gewinn. Für den Streß, den ich damit hatte, würde ich es mit Sicherheit nicht mehr machen. Außerdem hätte ich sie lieber behalten sollen, denn ich würde sie mit Sicherheit heute noch fahren.

Eine Aktion wegen dieser Schnapsidee, aber wenigstens ist nichts verrutscht. Ich bekam irgendwann ein Schreiben von den Bullen, daß das Verfahren eingestellt ist, da sich kein Fahndungserfolg einstellte. Wie auch?!

Dies war die kurze Anekdote meiner Harley Davidson!

XVIII. Mobilität

An dieser Stelle möchte ich mal die Fahrzeuge aufführen, die ich in meinem Leben so fuhr!

Autos:

Es begann 1987 mit einem Franzosen, Talbot Solara, den ich drei Jahre fuhr und der mein ganzer Stolz war. I was free! Mit dem ersten Auto verbindet ein Mann natürlich viel. Leider hab ich ihn 1990 für 50 Mark an einen Bekannten verkauft, was ich dann bereute, denn er endete auf dem Autofriedhof. Es ging dann mit meinem ersten Mercedes Benz 280 S weiter (oder auch Daimler Benz).

„Daimler ist Daimler, und das war mein Daimler."

Allerdings war dies ja ein Vergaser Sechszylinder und der schluckte mächtig was weg. Das dritte Fahrzeug war ein VW-Bus. Dann fuhr ich einen Opel Admiral. Dies war natürlich ein Klassiker. Dann hatte ich ein Jahr einen BMW 733i und der schluckte genauso viel wie sein Besitzer. Weiter ging's mit einem Mercedes Benz 450 SE, der war noch fetter, ich stand total auf Limousinen. Dies war die ultimative Limousine. Damit konnte man noch besser cruisen als mit allen anderen Limousinen vorher. Das war aber auch der Schluckspecht schlechthin. Der nächste Wagen war ein Opel Omega, den ich von meinem Bruder (Vertreterauto mit 250.000 km) günstig kaufte. Ich verkaufte ihn nach einem Jahr in die Ukraine mit 5.000,- DM Gewinn. Natürlich war ich stutzig, als die drei Russen bei mir vor der Haustür standen. Es hätte ja Falschgeld sein können?! Als sie losfuhren, merkte ich mir die Autonummer und ließ mich von denen gleich zur Bank fahren. Zum Glück war es echtes Geld. Dann mußte wieder ein Daimler her, nämlich mal ein ganz anderes Fahrzeug. Mein allererstes und einziges Cabriolet, ein Mercedes Benz 280 SL Cabriolet in perlmuttweiß. Mensch, war das ein geiles Fahren, wie auf Wolke 7, und Wind in meinem Haar. Es kam dann noch ein Offroader, Nissan Terrano, damit ich auch mal schön in der Pampa meinen Spaß haben konnte. Das letzte Auto bis dato ist ein Opel Vectra Kombi, Familienkutsche. Mit meinen Autos war ich eigentlich immer gesegnet, denn ich verkaufte sie, außer meinen Talbot, immer mit Gewinn. Das Autofahren hat mir sowieso schon immer mehr gelegen als das Motorradfahren. So werde ich in Zukunft mit Sicherheit wieder eine fette Limousine fahren! Vielleicht auch mal ein Wohnmobil, um flexibel zu sein.

Ich hatte nie einen Unfall mit einem Verkehrsgegner verursacht, außer der schon bekannte Unfall mit dem Sebastian. Nur einmal hatte ich einen, mit dem Audi 80 meiner Schwester Jeanette, und da war der Gegner ein Baum. Der Hauptbremszylinder war defekt und man mußte immer stotterbremsen. Schon wieder ich, da ich ja Kfz-Mechaniker war und mit kaputter Bremse rumgefahren bin. In der Schrann (steile Bergstraße zwischen Hersbruck und Hartmannshof) hatte ich bergab nicht genug Bremsdruck, verlor in der S-Kurve die Kontrolle und knallte gegen einen Baum am Straßenrand. Hätte der Baum nicht dort gestanden, wäre ich einen ziemlich steilen Abhang runter gestürzt. Was hätte passieren können? Gut Holz!

Außerdem war noch ein Unfall bei meiner Trunkenheitsfahrt an Fasching 1990, der auch ohne menschliche Beteiligung verlief, sondern nur an einer Mauer endete. Danach war ich meinen Führerschein los. Der Habicht, Dodo und ich waren auf einem Faschingsball in Hartmannshof – Vollgas, is klar. Als die Lichter im Saal angingen, machten wir uns auf den Weg zu irgendeinem Typen. Er hatte ein gemaltes Bild an der

Wand, das sah für mich aus wie eine Schlucht. Die anderen wollten mir immer suggerieren, daß es ein Wasserfall sei. Ich war dann so zornig, daß ich abhaute. Der Habicht ging auch gleich mit, und wir gingen zu ihm. Ich hatte Hunger, aber der Habicht schlief gleich ein. Ich wollte nicht in seinem Elternhaus rumstöbern, fuhr also aus der Wut und mit dem Hunger im Leib, mit dem Ford Granada vom Habicht nach Hause. Ich fuhr natürlich voll zu schnell, und in der Schrann ist es recht kurvig. In einer Kurve verlor ich die Kontrolle über das Auto und knallte gegen eine Mauer – voll die rechte vordere Seite erwischt, Reifen platt und die Kühlerflüssigkeit lief auch raus. Ich fuhr dann das Auto ein Stück in die Weinberge, da ich das Auto nicht nach Hause zu uns fahren wollte, wegen meiner Eltern. Ich war sogar noch so Öko, daß ich Erde aus den Weinbergen auf die Kühlerflüssigkeit warf. Dann lief ich nach Hause und legte mich ins Bett.

Ich wurde auf einmal von einem Bullen, der neben meinem Bett stand, geweckt. Ich dachte erst noch, ich träume, und drehte mich wieder rum. Er schüttelte mich wieder und ich mußte doch aufstehen. Eine Haschpurpfeife lag auch noch auf dem Tisch, aber die sahen sie zum Glück nicht. Wir gingen dann runter zu uns in die Küche und ich mußte blasen. Das Röhrchen zeigte 0,9 Promille an und sie nahmen mich mit. Auf der Polizeiwache angelangt, war auch schon ein Arzt zur Blutabnahme vor Ort. Ich bekam nur Blut abgenommen, wurde nicht erkennungsdienstlich aufgenommen, und dann konnte ich schauen, wie ich wieder nach Hause kam. Ich war natürlich am Boden zerstört. Die Promillezahl von 0,9 wurde auf den Unfallzeitpunkt hochgerechnet und betrug dann 1,4 Promille. Bei der Verhandlung wurde ich dann zu 10 Monaten Führerscheinentzug und 1.200,- DM Geldstrafe verurteilt. Die Geldstrafe ging wenigstens an einen guten Zweck, nämlich an den Verein zur Förderung spastisch Gelähmter und anderer Körperbehinderter e. V.

Jetzt noch die alternative Darstellung zu dieser Pech- und Unvermögenswelle:

Ich hätte als allererstes nach Hause fahren müssen, da wäre schon mal gar nichts passiert. Der Habicht, weil es ja sein Auto war, hätte nicht sagen dürfen, daß ich das Auto hatte, sondern daß es gestohlen war. Meine Mutter hätte die Bullen gar nicht reinlassen müssen – laut Anwalt –, da sie nicht mal einen Durchsuchungsbefehl dabeihatten.

Das Verhältnis zu meinen Trunkenheitsfahrten und dieser eine Entzug der Fahrerlaubnis lag sozusagen im Promille-Bereich. Die 10 Monate waren für mich wie ein Stich ins Herz. Egal, wo ich hinwollte oder -mußte, immer mußte ich bitten und betteln, daß mich jemand fuhr. Der einzige, der sich nicht bitten ließ, war mein damaliger Kumpel, der Romeo. Er hatte einen Audi 80 und ich konnte ihn von ihm immer, wenn er ihn nicht brauchte, haben. Ich fuhr ohne Führerschein und wurde nicht einmal angehalten. Ich prägte mir seine Daten ein, denn falls mich die Bullen angehalten hätten, mußte ich ja was passendes erzählen. Der Diensthabende auf der Polizeiwache, dem ich den Führerschein hätte vorzeigen müssen, der hätte uns ja sowieso nie persönlich gesehen. So was konnte ich bloß mit dem Romeo machen. Die anderen, mit denen ich in der Zeit verkehrte, die hatten doch mehr Angst als Vaterlandsliebe in dieser Beziehung.

Der Romeo war voll in Ordnung, bis auf seine Unpünktlichkeit. Pünktlichkeit ist eine Zier. Das kostete mir wirklich manchmal Nerven. Er kam meist so an die ein bis zwei Stunden zu spät, aber er kam. Meist kam ihm etwas zwischen die Beine, wenn sie wissen, was ich meine. Das verstand ich natürlich, aber man hätte ja mal kurz anrufen können. Bei mir ist Pünktlichkeit nämlich eine Zier, denn ich war schon immer pünktlich. Na ja, es gibt schlimmere Fehler. Er ging dann leider nach Berlin, aber da hab ich ihn auch ab und zu besucht und wir hatten immer unseren Fetz.

Noch einmal zum Fahren unter Alkoholeinfluss. Es macht aggressiv und lädt zur Raserei ein. Wobei du stoned einfach langsamer und vorsichtiger fährst, dies kann ich aus eigener Erfahrung sagen. Es gab nie Probleme, wenn ich stoned Auto fuhr. Ich bin mir auf jeden Fall sicher, daß mehr Unfälle unter Alkoholeinfluß passieren, als je mit Cannabis!

Motorräder:

Mein erstes Motorrad war eine Vierzylinder GS 500 E anthrazit (die nur 1.000 Mal gebaut wurde), die ich mir 1989 zulegte. Mein zweites Motorrad war eine Yamaha SR 500, mit der ich auch 1992 meinen ersten Unfall hatte. Dann kam mein geiles Ratbike, die Harley Davidson FL 1200 ccm. Die Geschichte über die kennen sie schon. Ich kaufte mir dann eine Honda XL 600 Enduro in rot. Sie ließ sich im Gelände und auf Kurvenstrecken gut fahren, war aber nichts für Langstrecken. Es mußte wieder eine Harley her. Ich kaufte mir eine Harley Davidson Fat Boy 1340 ccm, mein fettestes Bike. Ich brauchte dann wieder einmal Geld und verkaufte „die Fette“, wie ich sie nannte. Es mußte natürlich wieder ein Bike her, und so kam eine kleinere Harley Davidson Sportster 883. Durch meinen zweiten Beinbruch 1997 mit dieser Harley bin ich bis heute kein Motorrad mehr gefahren. Ich hab sogar einmal davon geträumt, wieder einen Motorradunfall zu haben. Durch meinen tauben linken Fuß, mit Fußheberschwäche, konnte ich sowieso nicht mehr präzise schalten.

Dann kam mir auf einmal die Idee: Ein Trike! Wieso nicht?

Trikes:

Ich hab mir dann also 1998 ein Rewaco Trike mit Glitterlack, VW-Käfer-Motor mit 1600 ccm und 50 PS für 11.000,- DM gekauft. Vom ersten Tag an kam ich super mit dem Trike zurecht und es sollte das Fahrzeug werden, das ich am längsten fuhr.

Mit dem Trike war ich zweimal an Ostern (1999 und 2003) in der Toskana. Bei den Fahrten waren der Hamster, Smokey, Hubertchen, Marcel, Tomek, Marky, Stiletto, Steffko, Heino, Ansgar und Rollins dabei. Eine richtig coole Rasselbande. Die Mädels fuhren mit dem Auto und dem Proviant nach. Auf der Hinfahrt haben wir beide Male am Kalterer See übernachtet, weil sonst die 1.100 Kilometer nur Streß gewesen wären und wir ja sowieso nur Landstraßen und Pässe gefahren sind. Es war auch interessant, zu erfahren, daß die Südtiroler sich nicht als Italiener sehen, und das ist ja bei uns ungefähr mit Bayern vergleichbar. Da hatte ich die größte Show mit meinem Trike. In jedem Kaff, jeder Stadt oder an jeder Landstraße, alles winkte oder jubelte mir zu. Sogar die Huren in Bologna hatten gewunken, als wir durch ein gewisses Viertel fuhren. Wenn ich keine Zeugen gehabt hätte, die das gesehen haben, es würde mir wahrscheinlich keiner glauben.

Meine Kumpels sagten von mir nur noch: „Gary Glitter aus Groß Gerau gibt gegelt am G-Punkt gewaltig Gas.“ Dies unter anderem, weil mein Trike Glitterlack hatte.

Dann hab ich mir noch eine Antenne, die ich auf einem Parkplatz fand, an den Helm geklebt. Uns hat der Bauch vor Lachen wehgetan.

Auf einmal haben uns die scharfen Carabinieri rausgezogen. Ich hatte die Antenne am Kopf und Trikes waren in der Zeit in Italien noch nicht erlaubt. Erst waren sie total grimmig, aber sie wurden dann doch locker, als sie die Papiere sahen. Auf einmal machten sie Scherze.

Sie sagten immer: „Motomause, Motomause in TV; hahahahaha."

Die anderen lachten sich eins in ihre Helme, und die Bullen ließen mich dann weiterfahren. Wir waren Selbstversorger und kochten immer selbst, tranken Rotwein und kifften natürlich, dafür haben wir uns schon unser Ganja mitgenommen. Gezockt haben wir auch viel, am meisten Schafkopf, Poker oder Risiko. Wir sind natürlich auch tagsüber durch die Gegend gedüst, waren in der Nähe von San Gimignano (Manhatten des Mittelalters), Siena (Piazza del Campo) und nach Arezzo, da fuhren wir dann natürlich auch mal hin.

Einmal machten wir einen Ausflug zum schiefen Turm nach Pisa. Dies war richtig beeindruckend, wenn du da davor standest, denn man denkt ja, der könnte jeden Moment umfallen. Dann sind wir noch ans Meer gefahren und mußten natürlich auch erst mal reinhüpfen, auch wenn das Wasser an Ostern noch ganz schön kalt war.

Wir fuhren immer kleine Touren durch die Toskana, und das ist wirklich eine himmlische Landschaft. Falls ich mal das Geld habe, mir ein Ferienhaus zu kaufen, dann nur in der Toskana.

Ein anderes Mal bin ich mit dem Marky hinten drauf nach Florenz gefahren. Die Strecke war saugeil, in der Stadt war aber Chaos, denn die fahren da kreuz und quer. Ich kam aber mit meinem Gary-Glitter-Trike hervorragend zurecht. Überall lauter Einbahnstraßen. Wir waren am Palazzo Vecchio und dann fuhren wir auf die Aussichtsplattform bei der Statue vom Michelangelo. Da hast du einen sagenhaften Ausblick über Florenz. Da oben mußte ich mir gleich ein gefälschtes Trikot vom FCB, auf dem Rücken Ballack, kaufen. Es kostete nur

5,- Euro. Überall saßen die Menschen relaxed in Straßencafés und genossen das Leben.

Das italienische Lebensgefühl hat so gar nichts mit dem deutschen zu tun. Italien ist Leben, die ganze Palette: impulsiv, undurchsichtig, liebenswert, lebendig, unverfroren heiter, unfaßbar schön, altmodisch, farbig, und unglaublich sinnlich. Kulinarisch: Vino Rosso, Vino Bianco, Grappa, Espresso, Cappuccino, Pasta, Pizza, Pesce, Frutti di Mare, Insalata Mista, Gelati.

„Deutschland ist Arbeit. Die Deutschen leben, um zu arbeiten und sie definieren sich nur über ihre Arbeit. Der Mensch ist hier nur seine Arbeit wert. In Gesprächen ist ja auch die erste Frage: ‚Was machst du beruflich?' Die Deutschen nehmen das Leben einfach zu bierernst. Ich haßte die deutsche Alltagshetze. Ok, kulinarisch ist Deutschland – Kraut, Schwein, Wein und Reinheitsgebot – auch gut, und feiern können sie auch, siehe Oktoberfest."

Wir fuhren dann wieder zurück, hielten unterwegs hier und da auf einen Corretto con Grappa (Espresso mit Grappa) an. Und dann ging es zurück zum nächsten FEIERAbend. Es gab lecker Essen, zusammen selbst gekocht, und Rotwein in Strömen. Wir haben dann Schafkopf gezockt, gefeiert und gedanct. Es war auf jeden Fall schon immer geil in bella Italia!

Eine weitere abenteuerliche Fahrt mit meinem Trike war nach Unternschreez bei Bayreuth. Wir trafen uns dort von unserer Berufsförderungswerk-Gang (später mehr) in der Kneipe vom Zocker. Zwischen Bamberg und Bayreuth ging das Trike auf einmal aus. Ich schaute nach, und es bekam keinen Sprit. Ich rief sofort den ADAC an, da ich zum Glück direkt an einer Notrufsäule stehenblieb. Ich wartete eine geschlagene Stunde, bis einer kam. Wir füllten Sprit rein und probierten es mit

Startpilot. Auf einmal rauchte der Luftfilter, und ich ging nach hinten zum ADAC-Mechaniker. Er rannte zu seinem Wagen und holte den Feuerlöscher. Bis er wieder da war, brannten der Vergaser und der Motor schon lichterloh. Er sprühte mit dem Feuerlöscher auf den Motor und das Feuer erlosch, allerdings war jetzt das ganze Trike schneeweiß vom Feuerlöscher-Zeugs. Er probierte weiter mit der Spritzufuhr, aber es ging nicht. Die Benzinpumpe hatten wir auch noch ausgebaut, die schien aber auch in Ordnung, denn der Stößel hat sich bewegt. Dann schleppte er mich nach Scheßlitz zur nächsten Tankstelle und ich tankte das Trike mal voll, denn vielleicht lag es daran. Das Trike sprang kurz an, ging aber gleich wieder aus. Er machte dann eine neue Spritleitung vom Tank bis zum Vergaser – ging aber wieder nicht. Wir probierten es dann mit einem Spritkanister direkt in den Vergaser und es lief. Also war klar, es lag an der Benzinpumpe! Er rief eine Werkstatt an wegen einer Benzinpumpe. Das Trike wurde dann mit einem LKW abgeholt. Mich holten dann der Zocker und sein Kumpel ab. Dies war eine der unglaublichsten Fahrten in meinem Leben. Wir fuhren auf offiziell ausgewiesenen Straßen, die eher Schotterpisten waren, bis zu ihm in die Kneipe. Ich kam mir vor wie im australischen Outback, und dies mitten in Deutschland. Der helle Wahnsinn. Mit Vollgas durch den dunklen Wald, und von „The Rasmus" lief volle Dröhnung der Song „In the Shadow". Ich hab erst mal eine Tüte während der Fahrt gebaut, wie sich das gehörte. Bei dieser Fahrt hätte mal locker richtig was schiefgehen können! Am Abend kamen dann der Kruskopf mit seiner Alten und noch ein paar andere ehemalige Bfw-ler. Natürlich haben wir den ganzen Abend gesoffen und gekifft. Am nächsten Tag fuhren die mich dann in die Werkstatt, wo mein Trike hingeschleppt wurde, und die hatten eine elektronische Benzinpumpe eingebaut. Es funkte wieder!

Im Februar 2007 verkaufte ich es aus finanziellen Gründen für 4.000,- Euro. Ich hatte in den neun Jahren nie einen Unfall mit dem Trike. Ein Trike würde ich jederzeit wieder fahren und sage damit:

„Jedem das Seine."

Dies war eine „Rundfahrt" durch meine Fahrzeuge, die ich am liebsten alle wieder bei mir vor der Tür stehen hätte!!!

XIX. La Musica, Movies und Fußball

▶ LA MUSICA

Was schon immer ein wichtiger Teil in meinem Leben war, ist und bleibt die Musik, und die Konzerte. Ich verbinde viele Momente in meinem Leben mit Musik. Auf Konzerten war ich grundsätzlich immer ganz vorne an der Bühne. Da konntest du fast nicht umfallen, falls das aber doch passierte, war Vorsicht und gegenseitige Hilfe geboten, sonst wären deine Stunden gezählt gewesen. Was immer sehr nett war, daß du schön Ärschchen begrapschen konntest und die Mädels, die auf den Schultern saßen, ihre Titten oft der Allgemeinheit präsentierten. Was auch immer sehr nett war, war das Vorkämpfen an sich. Einmal war ich auf einem Body Count feat. Ice-T.-Konzert in der Carl-Diem-Halle in Würzburg, mit dem Tomek, und wir warfen uns ein paar Koffeinkompretten ein und kippten Whiskey obendrauf. Der Tomek und ich waren ganz vorne, und es ist mir beim Pogen einer von der Seite auf den Kopf gesprungen. Es knickte mir den Kopf zu Seite, daß ich für den Bruchteil einer Sekunde nichts mehr hörte und ich dachte, jetzt sei es aus mit meiner Halswirbelsäule.

Da ich ja immer ganz vorne war, hab ich alle Großen schwitzen sehen, und ich konnte im Gegensatz zu den anderen was von der Bühnenshow sehen. So ein Konzert zum Pogen und Moshen, finde ich, ist doch schon was feines.

Eine Ausnahme gibt es, und zwar beim METALLICA-Konzert in der Frankenhalle Nürnberg, denn da hatte ich Krücken und war darum einmal ganz hinten.

Bei der Musik begann es bei mir mit Instrumenten wie Flöte, Akkordeon und Trompete, die ich nacheinander spielte. Ich hatte den Takt schon immer im Blut. Es kam dann nur ein anderer Musikstil. Ich hab überall grundsätzlich mitgepfiffen oder mitgesungen, womit ich den einen oder anderen schon mal auf die Palme trieb. Ein blöder Spruch, den ich das eine oder andere Mal hören mußte, war meist von den musikalischen Kleingeistern: „Wenn du pfeifen oder singen willst, dann lern es doch."

Ich hingegen fand mein Pfeifen und Singen immer in der richtigen Tonlage. Diese Banausen.

Meine Hobbys waren: Musik, Spielfilme, Motorrad, Trike, Auto, Fußball, Essen, Sex, Alkohol und Drogen – Herz, was willst du mehr!

„Wer ohne Musik lebt – oder es nicht versteht oder auch einfach nicht im Blut hat, oder Wasser in den Adern hat –, der ist kein schlechterer Mensch, dem fehlt aber der Sinn für einiges im Leben. Sie tun mir leid, denn die Musik wird nie Teil ihrer Seele werden. Die Musik ist gespieltes und gelebtes Wort."

Vielleicht wäre Entertainer ein Job für mich gewesen, da ich wie gesagt schon immer gern gesungen und gepfiffen hab. Ich mußte außerdem auch schon seit meiner Kindheit mein Gesicht in jede Kamera halten und habe die Leute nicht nur mit Witzen unterhalten. Durch meine vielen Aufenthalte als Kind im Gebirge konnte ich auch gut jodeln. Eine klassische Rampensau!

Ohne Musik könnte ich nicht leben!

Das Repertoire meiner Musik-Sammlung geht über Rock, Punk, Heavy-Metal, Reggae, Blues, Techno, Pop, Neue Deutsche Welle, Deutsch-Rock, Austria-Rock, Ska, Klassik, Swing und viel Musik der 60er, 70er, 80er und 90er bis heute; außerdem noch einige Filmmusik, unter anderem von John Williams und dem einzigartigen Ennio Morricone. In meiner Pubertätszeit hörte ich ausschließlich Disco-Music!

It's all Music to me!

Ich möchte gern einmal aufzeigen, auf welchen Live-Konzerten ich so war:

Falco – einfach genial, Kool & The Gang, Michael Jackson, Eek-a-Mouse, Hans Söllner (3mal), Hair, Scorpions und Cinderella, Iron Maiden bei Monsters of Rock in Schweinfurt (mit Kiss und David Lee Roth), Iron Maiden und Anthrax in Würzburg, THE WALL in Berlin, Ozzy Osbourne, Guns N' Roses, Alice Cooper, John Kay und Steppenwolf (in einer kleinen Halle und so laut, daß ich nach dem Konzert erstmal ein paar Tage schlecht hörte), Mötley Crüe, Blues Brothers und Rodgau Monotones, Doro mit Warlock, Bryan Adams, METALLICA (5mal), AC/DC (4mal), ZZ TOP (zweimal), MOTÖRHEAD (zweimal), Neil Young (zweimal), Kreator und Sodom beim Christmas-Metal-Meeting in Würzburg, Pantera und Megadeath beim Christmas-Metal-Meeting in Aschaffenburg, Peter Maffay mit Begegnungen, Westernhagen, Tina Turner, Rolling Stones, Pink Floyd, Body Count feat. Ice-T., Rammstein und Clawfinger, Deep Purple, Tito & Tarantula, James Brown.

BÖHSE ONKELZ (6mal). Das Abschiedskonzert 2005 am Euro Speedway Lausitzring der BÖHSEN ONKELZ', beste deutsche Band forever, war eines der wahnsinnigsten und gigantischsten Konzerten, bei denen ich je war, unerreichbar! Ich fuhr mit Tomek hin. Es waren an diesem Wochenende 100.000 Zuschauer anwesend. Dies schaffte noch nie eine deutsche Band, und auch keine ausländische Band, in Deutschland. Außer THE WALL 1990, beim dem ich auch war. Die Besucher vor Ort waren quasi alles Spinner und vom Wahnsinn gefickt – geil, geil! Wenn ich von Spinnern rede, ist das nicht meine Meinung, sondern die der normalen, langweiligen, anständigen Gesellschaft. Überall auf den Zeltplätzen, aus den Wohnmobilen oder Autos, dröhnten die BÖHSEN ONKELZ. Was an diesem Wochenende an Drogen und Alkohol konsumiert wurde, entzieht sich wahrscheinlich jeglicher Vorstellungskraft, und außerdem: Müll, Müll, Müll. Es gab dort tagsüber Dragsterrennen, Bungee-Jumping usw., und das alles umsonst. Mein Bungee-Jump war sagenhaft! Es spielten auch noch diese geilen Vorgruppen am Freitag und Samstag:

Motörhead, Machine Head, Rose Tattoo, Children of Bodom, In Extremo, D-A-D, J.B.O., Discipline, Pro Pain, Psychopunch, Sub Seven, Wonderfools.

Die ONKELZ spielten an zwei Abenden. Den ersten Abend spielten sie ihre Songs von 1980 bis 1992 ½, da war ich ganz vorne und das war Hochleistungssport. Man bewegte sich manchmal meterweise voran und ließ sich einfach treiben. Die Security spritzte mit Wasserschläuchen Wasser zur Abkühlung in die Menschenmassen und zog einen nach dem anderen vorne raus. Ich mußte nach acht Titeln nach hinten, denn man war permanent eingequetscht und meine Beine machten das Späßchen nicht so lange mit.

Ich hab nämlich seit meinem Unfall Beine wie ein Reh, nicht so behaart, aber so dünn. Ich hatte auch einmal einen Vertrag, als Werbeläufer für Welthölzer ☺.

Als ich an unserem Zelt ankam, hörte ich die ONKELZ aus der Ferne zu Ende und war tropfnaß, von Schweiß und Wasser, bis auf die Unterhose. Ich mußte mich dann auf dem schnellsten Wege umziehen und eine Entspannungstüte rauchen. Mittlerweile traf auch der Tomek ein, den ich im Gewühl während des Konzerts der 100.000 verlor, und wir machten uns noch eine gediegene Nacht.

Am zweiten Abend spielten sie von 1992 ½ bis 2005, da war ich etwas weiter hinten, aber noch vor dem ersten Paar Leinwände. Denn es waren vorne an der Bühne sechs Leinwände und nach hinten links drei große und rechts drei große Leinwände. Diesmal verlor ich den Tomek nicht. Mitten in den Menschenmassen rauchten wir erst mal eine Tüte. Wir gingen ziemlich zum Schluß an einen Getränkestand an der Seite und stießen dann beim Abschiedslied mit einem Bierchen auf die ONKELZ an. Neben uns und auf den Leinwänden sahen wir einige von den harten Jungs und Mädels, denen die Tränen die Bäckchen runterflossen.

Die ONKELZ waren besser als der Rest! Sie sagten die Wahrheit!

Die Musik der ONKELZ war Vollgas für ein geiles Leben – Gigantomanie. Auf jeden Fall war's sehr seriös. Ein spektakuläres, sensationelles, außergewöhnliches, standesgemäßes Abschiedskonzert!!!

Weitere Konzert waren: Rock im Park mit H.I.M. und Anastacia, Rock in Riem mit Aerosmith und Peter Gabriel, Rock am Ring mit Red Hot Chilli Peppers, Reamonn, EAV – Erste allgemeine Verunsicherung, Spider Murphy Gang, STS, Haindling, Die zwangsversteigerten Doppelhaushälften, Die Kassierer, Licht und Liebe mit Love Parade, Phantom der Oper (mit der Debbie, die zu dem Zeitpunkt schwanger war; Danach gingen wir zusammen auf die Reeperbahn ins Dollhouse, wo Girl- und Manstrip geboten wurde.), Starlight Express, Cats, Open Air mit Subway to Sally und Tanzwut, Robbie Williams in Mannheim (65.000 Zuschauer und davon mit Sicherheit 50.000 Girls; die Slips und BHs flogen), In Extremo, Halle Rock (3mal), Knorkator und Letzte Instanz beim Umsonst & Draußen in Würzburg.

Die Fahrten auf diese Konzerte waren sowieso immer ein geiler Teil für sich und unvergeßliche Abenteuertrips!

Musikgiganten wie Led Zeppelin (John Bonham), Queen (Freddie Mercury), The Doors (Jim Morrison), Jimi Hendrix, Janis Joplin, Bob Marley, Bon Scott und Nirvana (Kurt Cobain) fehlen mir leider in meiner Sammlung. Da es entweder vor meiner Zeit war oder dann der Gevatter Tod überall sein Schindluder trieb. Eigentlich kann man sagen, sie sind an ihrem exzessiven Lebenswandel hopsgegangen. Gott hab sie selig!

Zum Abschluß der La Musica meine drei absoluten Favoriten:
„METALLICA, LED ZEPPELIN und BÖHSE ONKELZ!!!"

▶ MOVIES (Filmjunkie)

Ein weiteres Steckenpferd von mir waren die Movies respektive Spielfilme und das Fernsehen; besser gesagt, ich bin Cineast, ein wandelndes Filmlexikon. Wenn man bei mir überhaupt von einer Sucht sprechen kann, dann nur von Fernsehrespektive Moviesucht, denn die Glotze mußte immer laufen. Wobei ich sagen muß, daß das normale Fernsehen – Soaps, Superstars, Topmodels, Nannys, Menschenüberwachungssendungen, Talk-, Game- und Gerichtshows, Verbrauchersendungen etc. pp. – Tinnef und Volksverdummung ist. Wenn ich davon überhaupt was anschaue, dann nur Quizshows wie „Wer wird Millionär?" oder „Quiz-Taxi". Was aber im Laufe der Jahre im deutschen Fernsehen immer besser geworden ist, das ist Comedy aller Art, die sich gut entwickelt hat.

Meinen ersten Videorecorder kaufte ich mir 1985 von meinem ersten Lehrgeld. Ich hab mir von Anfang an alle

Videofilme, die ich gesehen habe, aufgelistet, und mein erster Videofilm, den ich kaufte, war „Es war einmal in Amerika“. Nachdem ich mir meinen zweiten Videorecorder gekauft hatte, überspielte ich mir die ausgeliehenen Filme, so daß ich sie mir öfter einverleiben konnte.

Die folgenden Filme, man kann sie auch Lieblingsfilme nennen, hab ich schon mehrmals gesehen und die meisten davon im Kino.

Movie on ...

Allen voran sind diese Regisseure und Filme meine Favoriten:

Sergio Leone („Es war einmal in Amerika“ ist mein absoluter Favorit und ich weiß nicht mehr, wie oft ich ihn schon sah, 40 oder 50mal; „Spiel mir das Lied vom Tod“, „Zwei glorreiche Halunken“);

Martin Scorsese („Wie ein wilder Stier”, „Taxi Driver”, „Good Fellas”, „Casino”, „Kap der Angst”, „Gangs of New York”, „The Departed”);

Francis Ford Coppola („Der Pate”/Trilogie, „Cotton Club”, „Die Outsider”, „Apocalypse Now”, „Rumble Fish”, „Bram Stoker’s Dracula”);

Brian de Palma („Scarface”, „The Untouchables”);

James Cameron („Terminator 1+2”, „Titanic”, „True Lies”);

John Carpenter („Die Klapperschlange 1+2“, „Das Ende“, „Christine“, „The Fog – Nebel des Grauens“, „Sie leben!“, „Das Ding aus einer anderen Welt“, „Halloween“, „Big Trouble in Little China“, „Vampire“);

Monty Python („Der Sinn des Lebens“, „Das Leben des Brian“, „Ritter der Kokosnuß“);

Stanley Kubrick („Wege zum Ruhm", „Spartacus", „Clockwerk Orange", „Shining", „Full Metal Jacket", „Eyes wide Shut");

Taylor Hackford („Ein Offizier und Gentleman", „Blood in blood out", „Im Auftrag des Teufels", „Ray");

Ridley Scott („1492 – Die Eroberung des Paradieses", „Gladiator", „Königreich der Himmel");

Quentin Tarantino („Reservoir Dogs", „Jackie Brown", „From Dusk till Dawn", „Pulp Fiction", „True Romance", „Four Rooms", „Kill Bill 1+2", „Sin City", „Death Proof")!

Und meine geliebten Zeitreisenfilme. Wahrscheinlich, weil ich immer gern die Zeit auf den 14.07.1981 zurückgedreht hätte!

Es geht natürlich mit Musikfilmen weiter:

„Easy Rider", „Woodstock", „The Wall", „The Doors", „Blues Brothers", „Hair", „Jesus Christ Superstar", „The Rokky Horror Picture Show", „Tommy", „Quadrophenia", „Led Zeppelin – The Song remains the same", „Grease 1+2", „Dirty Dancing", „Amadeus", „The Commitments", „Comedian Harmonists", „Great Balls of Fire", „Walk the Line", „Beyond The Sea", „Sweeney Todd"!

Die Liste der ganzen Filme, die ich schon sah, hier einzufügen, würde den Rahmen sprengen. Ich konnte diese Filme wieder und wieder und wieder anschauen. Da konnte ich richtig reinfallen, wie andere in Bücher. Eine Flucht vor dieser Welt in eine Traumwelt!?

Bei Filmen und bei der Musik würde ich mich als Fachmann bezeichnen, aber Bücher zu lesen weckte nie groß mein Interesse. Ich hatte viele angefangen, aber auch genausoschnell wieder weggelegt. Außer die wenigen folgenden, die ich ganz las:

Staf Bischoff „Wie man erfolgreich Frauen verführt“, Jack Herer und Mathias Bröckers „Hanf“, Stephen King „Christine“, Stephen King „Es“, Christiane F. „Wir Kinder vom Bahnhof Zoo“, Stefan Aust „Der Pirat – Die Drogenkarriere des Jan C.“, Led Zeppelin „Stairway to Heaven“, Jim Morrison „Keiner kommt hier lebend raus“, Ralph ‚Sonny' Barger „Hells Angel“, Hape Kerkeling „Ich bin dann mal weg – Meine Reise auf dem Jakobsweg“, Franky Müller „Töten war mein täglich Brot“, Dr. Joseph Murphy „Die Kraft des positiven Denkens“ und von Martin Dreyer die „Volxbibel“.

▶ FUßBALL

Fußball ist mein Leben, der König. Fußball ist mein lebender König. Beim Fußball spielte ich als Mittelstürmer beim FV Hersbruck von der E-Jugend an. In einer Saison hab ich in der C-Jugend 20 Tore geschossen und einmal in einem Spiel alleine 5 Tore. Dies hätte ich nicht geschafft ohne meinen kongenialen Rechtsaußen, mein Großcousin Otto. Der Trainer war ein Arsch, und wie gesagt hatte ich immer mit Autoritäten Probleme. Ich machte meinen Job aber trotzdem ganz gut, wobei natürlich auch wieder peinliche Momente dabeiwaren. Einmal waren alle an unserem Strafraum und ich schaute allein, von der Mittellinie, auf den gegnerischen Tormann. Ich stand also mit dem Rücken zum Ball, der dann auf mich zukam und ich bohrte in der Nase. Hätte ich aufgepaßt, dann wäre der Ball direkt auf mich gekommen und ich hätte sicherlich ein Tor machen können. Ich muss nicht betonen, daß Hohn und Spott nicht auf sich warten ließen. Es kam, wie es kommen mußte. Da schon zeichnete sich mein Knieproblem ab, und ich sollte noch extremere Probleme mit meinem Knie bekommen. Nach der A-Jugend habe ich meine Fußballschuhe, wegen meines rechten Kniegelenks, an den sprichwörtlichen Nagel gehängt.

Mit dem Tennisspielen war es so, daß ich irgendwann wieder aufhörte, wegen der Lust an sich. Am Anfang spielte ich im Tennis gut auf, aber die Flamme ging danach gleich wieder schnell aus.

Da ich ja von klein auf Fußball spielte, war ich natürlich auch Fan von einem großen Fußballverein, und das war schon immer der FC Bayern München (FCB). Der FC Bayern München – the best it is, the best it was, the best it ever will be! Ich bin schon Bayern-Fan, seit ich denken kann. Bei Heimspielen des FC Bayern war ich im Laufe der letzten Jahrzehnte (erst Olympia-Stadion und dann Allianz-Arena) ca. 50mal. Wobei die absoluten Highlights die zwei Champions-League-Spiele 2001 gegen den Arsenal London FC, und Real Madrid CF waren. Als ich ins Olympia-Stadion zum Champions-League-Spiel FC Bayern gegen Arsenal London kam, hab ich vor Freude eine Polizistin umarmt und hochgehoben. Sie spürte wohl meine Freude und merkte, daß dies kein Angriff auf sie war und machte auch keine Anstalten, mir irgendetwas Böses zu unterstellen. Die Bayern gewannen in dieser Saison den Champions-League-Pokal. Das Endspiel gegen den FC Valencia zelebrierten wir dann in einer Mehrzweckhalle, mit Beamer und Großbildleinwand. Beim Elfmeterschießen hielt unser Olli King Kahn uns den Pokal fest, im wahrsten Sinne des Wortes. Der Abend war gerettet und es tanzte der Bär. Wir gingen dann nach Hartmannshof zum Checker in den Partykeller und feierten bis zum Morgengrauen.

Ich war auch in der Allianz-Arena beim Eröffnungsspiel gegen die Deutsche Nationalmannschaft, und die Bayern gewannen sogar spektakulär. Dies war da, wo die Sarah Connor die Nationalhymne sang und zwar mit folgendem Text:

„Brüh im Lichte dieses Glückes, blühe deutsches Vaterland ...“ – Riesengelächter im Stadion, riesiges Fettnäpfchen. Ich kann nachvollziehen, wie sie sich da fühlte.

Hier noch eine kleine Fußballgeschichte zum Abschluß. Nach dem Endspiel der Fußball-WM 1990, als wir Weltmeister wurden, ging ich in die City von Nürnberg und da brannte die Luft. So was hatte Nürnberg noch nicht gesehen. Die Straßen waren ein einziges Menschen- und Automeer in schwarz-rot-gold. Man, war das geil!!!

XX. Umschulung

Meine Umschulung im Berufsförderungswerk (Bfw) Nürnberg.

Ich begann meine Umschulung zum Industriekaufmann im Juni 1999 mit einem sechsmonatigen RVL (Rehavorbereitungslehrgang). Dies war wieder mal eine gute Übung für die grauen Gehirnzellen, da wir ohne Taschenrechner rechnen mußten und Rechtschreibung mit Grammatik wieder einstudierten. Mich fragte damals mal einer: „Wie löst man einen Bruch auf?"

Ich sagte zu ihm: „Man teilt die Beute!"

Am Ende des RVL machten wir ein Projekt über den 1. FCN, auch „Der Club" genannt. Wir gingen zum Clubgelände und trafen uns mit der Pressesprecherin, die uns eine Stunde, ich glaube, ohne Luft zu holen, Clubgeschichten erzählte. Sie brachte uns dann auch die ganzen Meisterschaftswimpel der deutschen Meisterschaften vom Club, damit wir sie fotografieren konnten. Ich sag euch, das war in der Adventszeit und es fühlte sich an wie Weihnachten. Manch ein Clubfan würde wahrscheinlich diverse Körperteile opfern, diese Meisterwimpel einmal in der Hand zu halten. Ich bin zwar Bayern-Fan, dies hat mir aber trotzdem die Gänsehaut auflaufen lassen. Es steht auch eine eiserne Truhe, ca. 60 cm breit, 30 cm hoch und 30 cm tief, im Presseraum und hat folgendes eingefräst: Auf dem Deckel ist der Reichsadler abgebildet, und wo früher das Hakenkreuz im Kreis war, steht heute das Logo vom Club drin. Unter dem Reichsadler steht ‚Handwerkerschaft Nürnberg', und auf der Front steht ‚Deutsches-Kampfspiel-Jahr 1937'. Angeblich ist diese Truhe noch nie geöffnet worden!? Im Bfw machten wir ein paar Tage später eine super, ausgezeichnete Projektpräsentation mit der Note 1. Das hat richtig Spaß gemacht und man konnte richtig was über den Club erfahren.

Im Januar 2000 begann dann die Hauptmaßnahme im Bfw zum Industriekaufmann. Wie immer in meiner Laufbahn war ich am Anfang wieder sehr gut, was sich aber bis zur Abschlußprüfung änderte. Die zweieinhalb Jahre im Bfw waren eine Spitzenzeit. Tagsüber in der Schule, danach gleich in die Sauna oder zum Schwimmen. Abends trafen wir uns immer auf der Stube, schauten Fußball und zischten ein paar Joints, Bier oder beides. Einmal machten wir in Kruskopfs Zimmer im 7. Stock des Hauptbaus zu viert ein Racletteessen mit allem drum und dran. Bier und Whiskey am Start, und los ging's. Es durfte auf den Zimmern nichts gekocht oder gebruzzelt werden, denn es brannte Ende 1999 schon einmal im 3. Stock. Mein Kumpel, der Tischler, sprang dem Tod damals von der Schippe. Er rettete sich auf den Gebäudevorsprung und wurde dann von der Feuerwehr mit der Rettungsleiter geborgen. Mega-Glück gehabt! Es verbrannte an diesem besagtem Abend auch einer, der hatte nicht so viel Glück gehabt. Bei dem besagten Racletteessen roch es im ganzen 7. Stock wie in einer Kneipe, aber uns war das egal, Hauptsache lecker und Party on. Wir bekamen dann am nächsten Tag alle vier eine gelbe Karte, die wir lächelnd wegsteckten.

Hätte man vor die Zimmer im Bfw Gitter gemacht (dies bei ca. 400 Zimmern, 7 Stockwerke Altbau und 3 Stockwerke Neubau), hätte man gleich einen Knast draus machen können. Es war alles an Rauschgift im Haus, im Marktkauf wurde gestohlen und gebrannte Filme aus dem Internet gab es sowieso ohne Ende. Es waren aber auch anständige Umschüler im Haus, so war's ja nicht.

Am Donnerstag bin ich immer gleich nach dem Unterricht in die Sauna, dann zum Abendessen in den Speisesaal. Nach dem Essen ging schon das Warm-up (Dosenbier) los, bis wir dann um 10:00 Uhr in die „Rockfabrik" gingen, und das meist bis das Licht anging. Ich fehlte freitags grundsätzlich die ersten zwei Unterrichtsstunden. Unsere Ausbilderin, eine ganz Hübsche, die sogar eine Ducati fuhr, sagte Freitag früh schon immer zu den anderen: „Aha, heute ist wieder Freitag, der Herr Svenisson fehlt wieder die ersten Stunden."

Wir von der Klasse IK 48 hatten auch einiges unternommen. Zweimal hatten wir bei PLAYMOBIL und dann bei STAEDTLER (Schreibgeräte aller Art) Betriebsbesichtigungen im Raum Nürnberg gemacht. Die letzten drei Monate Prüfungsvorbereitung hatten wir uns Männer nicht mehr rasiert. Ihr könnt euch vorstellen, wie wir aussahen, wie die Taliban, so sagten einige zu uns. Ich hatte sogar bei der schriftlichen Abschlußprüfung Fieber, mußte mich aber zusammenreißen, da ich sonst wieder ein halbes Jahr hätte warten müssen. Bestanden! Die mündliche Abschlußprüfung im Januar 2002 hab ich dann auch bestanden! Schriftlich mit einem Schnitt von 3, und mündlich auch mit einer 3. Ich hab mit minimalem Einsatz das bestmögliche Ergebnis rausgeholt – Minimalprinzip. So war es schon immer bei mir, ich bin Minimalist. Einer im Bfw hat mir das Internet auf meinem PC eingerichtet und in diesem Fall war der Sparengel auf meiner Seite. Er hat es irgendwie so eingerichtet, daß mir von 2000 bis 2006 keinerlei Kosten für das Internet entstanden, egal wo ich wohnte. Was man sparen kann in dieser Welt, sollte man nicht hinterfragen. Denn: „Wer lang fragt, geht lang irr." Das Berufsförderungswerk verließ ich auf jeden Fall mit einem lachenden und einem weinenden Auge!

Weiter geht's mit meinem neuen Berufsleben in einer Werbeagentur (Grafik – Satz – Druck). Ich war vom April 2002 bis April 2003 bei dieser Firma als kaufmännischer Angestellter beschäftigt. Ich muß hier mein Praktikum im August/September 2001 erwähnen, das ich bei dieser Firma machte, wo der Chef mein Schwager in spe war. Der Freund von der Schwester meiner Debbie. Es war ein scheiß Praktikum. Am Anfang war es noch so la-la. Ich mußte erst mal Ordnung machen, unbeschreiblich, was dieses Büro für eine Müllhalde war. Es war ein halber Container voll mit Zeitungs- und Papiermüll, was ich erst mal wegschmiß. Als das erledigt war, spielte ich fast nur noch am Computer. Völlig sinnloses Praktikum. Daraus hätte ich schon meine Konsequenzen ziehen müssen und hätte gar nicht erst dort anfangen dürfen. Aus lauter Bequemlichkeit tat ich es aber trotzdem. Zum Glück kam dann meine Tochter Jenny zur Welt und dieses unsägliche Praktikum war vorbei. Diese Firma war eine absolute Totgeburt, auf Sand gebaut. Ich Trottel lieh dann diesem Schwager in spe auch noch 20.000,- DM. Ein riesiger Fehler, wie sich noch rausstellen sollte. Ich dachte, es würde ihm helfen, fand aber nach und nach heraus, daß der schon so hoch verschuldet war, daß dieses Geld nicht mehr wirklich helfen konnte.

Der hatte auch nicht alle Tassen im Schrank und flippte manchmal dermaßen durchgeknallt in der Firma aus, und war dann für einige Stunden verschwunden. Da ich ja den ganzen Tag telefonierte, um Werbefahnen zu verkaufen, machte ich dann immer Pause, wenn er weg war, und schraubte an meinem Trike, das in der Firma in der Garage stand. Manchmal ging ich sogar ins Schwimmbad zum Schwimmen und Saunieren; war doch mir egal. Ich fand dann auch einen Brief von seinem Bruder, der irgendwo in Schleswig-Holstein wohnte, in dem er schrieb, daß er ihm kein Geld mehr leihen würde, weil er so ein Lügner wäre und den Leuten immer nur etwas vorgaukelte. Das stellte ich auch immer mehr fest. Na ja, ich dachte, da ich 1.500,- Euro netto verdiente, schau mer mal.

Weiter fand ich dann heraus, daß er Pop-Art-Bilder verkaufte, mit der Werbung, daß ein gewisser Teil des Erlöses an die Krebsstation „Regenbogen" gehen sollte. Von wegen, nichts wurde überwiesen. Das Geld mit krebskranken Kindern verdient – soll ich noch was sagen? Perverser kann man das Geld nicht abzocken.

Auch so ein Ding war sein Geburtstag, den er ganz groß in der nobelsten Gaststätte in Nürnberg feierte. Mit meinem Geld! Als ich dann eines Tages 1.000,- Euro für einen Schlafzimmerschrank brauchte, konnte er sie mir nicht geben. Es war ausgemacht, wenn ich was brauche, gibt er es mir. Jetzt bin ich natürlich auch geplatzt. Ich war schon soweit, daß ich ihm mal eine reinhauen wollte. Dies hätte halt mit ihrer restlichen Familie Ärger gegeben. Dieser Ärger kam dann aber von allein. Die bescheuerte Schwester von der Debbie hat sich auf einmal aufgeführt, als würde ihr der Laden gehören. Na ja, die mußte ihren verdummten Dürrleber schützen. Der war eine riesengroße Luftblase. Jetzt ging es los. Ich bin dann zu ihrem Vater, meinem Schwiegervater in spe, hin und meinte: „Wenn die zwei Vögel kein Geld haben, dann kann ich auch andere Optionen ziehen, und dem Vogel mal eine auf die Fresse hauen."

Er meinte: „Wir sind hier doch nicht in Chicago. Warte halt mal."

Ich gab ihnen vier Wochen Zeit. Es kam dann so, daß ihr Vater mir das Geld gab. Er war halt so gutmütig.

Meine Beziehung zu dieser Familie war damit beendet. Mein berufliches Dasein war natürlich bei dieser Firma auch beendet. Die Debbie hatte dann auch nur noch zu ihren Eltern Kontakt. Zusammenfassend muß ich über die Eltern von der Debbie auch noch sagen, sie mochten mich von Anfang an nicht leiden, waren gegen unsere Beziehung, und dies wahrscheinlich auch wegen meiner damaligen Freundschaft zu ihrem Sohn, dem Habicht. Ende!

Ich war wieder mal arbeitslos, schon wieder mal Arbeitsamt. Die Bewerbungen, die ich in dieser Zeit von 2003 bis 2005 schrieb, beliefen sich schon auf ca. 150 Stück. Immer die gleiche Antwort:

„Für Ihren beruflichen, aber auch privaten Lebensweg, wünschen wir Ihnen alles Gute."

Irgendwann fängst du an zu resignieren. Ich hab nur noch rumgegrübelt, hab mich im Kreis gedreht, rumgegammelt und bin vor mich hinvegetiert. Ich war melancholisch und hab nur über die Vergangenheit philosophiert. Ich zerfloß in Selbstmitleid: „Selbstmitleid ist wie in die Hose pissen. Am Anfang warm, dann aber kalt und ekelig, und helfen wird dir sowieso keiner. Hilf dir selbst, sonst hilft dir keiner!"

Ich war am Ende!

Im Nachhinein muß ich ja sagen, daß die Zeit noch nicht reif war für mein Ende, und daß ich ohne diese Jahre und die Freitodversuche wahrscheinlich nie zur Besinnung gekommen wäre. Erst wenn du am Ende und ganz unten warst, kannst du verstehen, was dein LEBEN wirklich wert ist, es schätzen und es zu etwas anderem, richtig Großem bringen. Damit meine ich meine Zukunft, als was auch immer, da ich jetzt für meinen Erfolg kämpfen werde. Es ist nie zu spät, das Richtige zu tun. Die Zukunft ist der Ort, wo sich das Schicksal zum besseren wendet, wenn man nur richtig daran glaubt. Ich haßte Ratschläge und Kritiken von Menschen, die unter meinem Niveau lagen, aber ließ mich immer wieder beeinflussen, respektive mir etwas suggerieren. Mit solchen Menschen will ich künftig cleverer umgehen und sie dahin jagen, wo der sprichwörtliche Pfeffer wächst!

Bei einem Film oder einem Lied kann ich voll in Tränen ausbrechen, wenn es mir gefühlsmäßig nahegeht. Ich kann das oft auf mein eigenes Leben beziehen. Ich kann traurige ☹ und freudige ☺ Tränen vergießen. Nicht alle Tränen sind schlechte Tränen.

„Wenn Tränen Perlen wären, wäre ich Perlenhändler."

Ich bin ab und zu voll depressiv. Manchmal aber wieder so manisch, daß ich total arrogant bin und mich wie der größte Chef fühle. Ich war oft himmelhoch-jauchzend und dann wieder zu Tode betrübt. Es kam auch oft vor, daß ich total aggressiv und sehr impulsiv war, Gegenstände zerschlug, Löcher in die Türe schlug, Messer in die Wand oder den Tisch rammte und oft in Schlägereien verwickelt war. Chronische Unbeherrschtheit. Abends bin ich der Herrscher der Welt und sie liegt mir zu Füßen. Morgens aber bin ich krank und schwach, Höllenqualen, ich liege flach. Manchmal bin ich herrisch, egozentrisch, egoistisch, aggressiv, ein Pascha und Chauvi, den Nervenkitzel liebend und nicht diszipliniert. Dann wieder bin ich verliebt, galant, charmant, devot, zärtlich und ein Liebhaber, aber auch scheu und Menschen aus dem Weg gehend.

Dr. Jekyll und Mr. Hyde; definitiv!!!

XXI. VATER – Mein neues Leben!

Ich kann mir nicht anmaßen zu sagen, ein Erwachsener zu sein, aber ich arbeite daran. Ein Teil Kind sollte außerdem immer in einem weiterleben, sonst hat man sich wohl schon aufgegeben. Durch die Geburt meiner Tochter JENNY, und durch die bekannten Clubdifferenzen, hab ich dann mein ganzes Rockerleben hingeschmissen. Alles, was ich mir nach und nach in den zwölf Jahren aufgebaut hatte – und ich war in der Rockerszene bekannt wie ein bunter Hund –, war in einem Augenblick, einem Moment in Luft aufgelöst. Alles war vorbei. Ich war ein schöner, leidenschaftlicher Rocker mit allen Vorzügen und Abgründen, wie mir auch von Frauen attestiert wurde. Die Spaltung meines Wesens und meiner Seele, die sich nach Action und Ruhe, nach Vernunft und Unvernunft, nach gottlosem Rausch und sexueller Hingabe sehnte. Es war eine selbstzerstörerische Lebensweise, sozusagen Raubbau am eigenen Körper. Wenn ich mir jetzt überlege, was ich so alles an Wahnsinn erlebt und vollführt habe, ist es doch sehr fein, daß ich dies alles überlebt habe. Ich hab so viel Aktion und Irrsinn erlebt, da ist es nur recht und billig, mal kurz zu ruhen, wieder aufzutanken, um dann wieder mit Vollgas in ein neues Leben durchzustarten!

Los ging's:
From Zero to Hero!

Meine Lebensabschnittsgefährtin – wir waren nicht verheiratet –, die Debbie, hatte bei der ersten Schwangerschaft 2000 im Juli einen Abgang und wir waren beide sehr sehr traurig ☹. Weiter ging's, und dann war sie gleich im Dezember 2000 wieder schwanger, mit der Jenny, die jetzt noch mehr gewollt war.

Der Frauenarzt war selbst überrascht, daß die Debbie wieder so schnell schwanger wurde, da sie ja erst den Abgang hatte. Meine Spermien waren halt extrem flink.

Die Geburt der JENNY am 04.09.2001 um 22:22 Uhr war der erhebendste Moment in meinem Leben!

Man muß verrückt sein, ein Kind in diese kranke Welt zu setzen, doch ich tat es und bereue gar nichts, denn wer kein Kind hat, weiß nicht, was richtiges Leben ist. Die ersten Worte, die ersten Schritte, die leuchtenden Augen, die kleinen Händchen und Füßchen. Unsere Kinder sind die einzige Unsterblichkeit, derer wir uns sicher sein können und der einzige Reichtum auf Erden. Es ist das größte Freudengefühl, ein Vater zu sein, gefolgt von der größten Angst, Vater zu sein. Kleine Kinder – kleine Sorgen, große Kinder – große Sorgen. Das Jahr 2001 war ein seltsames Jahr für mich. Erst kam meine Prinzessin Jenny auf die Welt, dann kam der 11.09.2001 und dann Debbies Schlaganfall. Für mich eine Achterbahnfahrt der Gefühle. Jennys Taufe war dann ein Jahr später im September 2002, und es war eine schöne Feier im Familienkreis, denn da war noch alles im Lot mit der Debbie und ihrer Familie. Wobei ich sagen muß, daß mein Bruderherz wieder einmal nicht anwesend war, sondern es vorzog, mit einem Arzt Fahrrad zu fahren.

Ich werde alles Menschenmögliche tun, damit die Jenny das bekommt und erreicht, was sie will. Meine Prinzessin, mein Augenstern, mein Dreikäsehoch. Mit der Jenny gehe ich viel in den Zoo, denn Tiere liebt sie abgöttisch. Allen voran sind Hunde und Pferde ihre Lieblingstiere, und davon hat sie Stofftiere bis zum Abwinken. Auf Volksfesten fährt sie nie was, reitet höchstens mal. Die Jenny ist auf so Festen auf jeden

Fall ein sparsames und genügsames Kind. Sie soll sich frei entwickeln, denn autoritäre Erziehung unterbindet schon in der Kindheit jegliches Selbstvertrauen, und ich weiß, wovon ich rede. Sie soll völligst selbstständig groß werden, und ich hab ein Auge drauf. Wenn die Jenny mal auf die Nase fällt, werde ich mit Argus-Augen wachen, damit sie dann gestärkt wieder aufsteht und selbstbewußt ihren Weg weitergeht. Sie soll einfach ihr Ding machen und sich von Nichts und Niemandem reinreden lassen, dann wird nämlich alles gut für sie. Man sieht aber auch an seinen Kindern, was sie von einem geerbt haben. Die Jenny hat definitiv meine Verträumtheit und meine Faulheit geerbt. Ich bin mächtig stolz, daß ich Vater einer so bezaubernden Tochter bin!!!

Die Debbie hatte dann 2001, drei Wochen nach der Geburt unserer Tochter Jenny, einen Schlaganfall. Es war in unserer Schwabacher Wohnung so um Mitternacht. Die Jenny schrie und wollte ihr Fläschchen. Ich ging in die Küche und machte das Fläschchen für sie. Auf einmal stand die Debbie im Eßzimmer und schaute mich an. Plötzlich verdrehte sie die Augen und fiel rückwärts in unsere Glasvitrine. Sie lag blutend in den Glasscherben und hatte wie gesagt einen Schlaganfall. Ich drehte total am Rad und schrie aus Leib und Seele. Ich versuchte dann irgendwie, den Red Rider und die Sissi telefonisch zu erreichen, war dann aber so aufgedreht, daß ich auf die Straße rannte und lauthals um Hilfe rief. Die blieb aus! Ich ging wieder zur Debbie und merkte, daß die Telefonleitung mit dem Red Rider offen war, und ich sagte ihm, was los war. Die Sissi kam auf schnellstem Weg und kümmerte sich um die Jenny, die schrie ja auch die ganze Zeit in ihrem Bettchen. Der Red Rider hat derweil den Notarzt angerufen und die waren auch relativ schnell da. Sie nahmen dann die Debbie mit und ich blieb bei der Jenny.

Die Sissi half mir noch, da ich am ganzen Körper zitterte. Nach einer Weile ging es dann wieder und die Sissi konnte gehen, und ich etwas ruhen, denn die Jenny schlief nach ihrem Fläschchen gleich wieder brav ein.

Ein halbes Jahr nach der Geburt hatte die Debbie dann eine Fistel an der Hirnhaut, Folgen vom Schlaganfall, die operativ entfernt wurde. Es war während der Fußball-WM-2002 und ich saß am Bett im Krankenhaus, während sie schlief, und schaute Fußballspiele. Ihr wurde die halbe Schädeldecke aufgemacht. Sie sah aus wie ein futuristisches Wesen aus Star Trek, denn sie hatte drei Schläuche aus dem Kopf und einen Schlauch aus der Wirbelsäule. Sie hatte auch noch einen Katheter, an dem ich mit meinem Talent auch noch hängenblieb, und der ganze Urin floß über den Boden. Die Krankenschwestern waren darüber natürlich nicht so erfreut und baten mich nett, das Zimmer erst einmal zu verlassen.

Ich kümmerte mich in der Zeit um die Jenny. Ich, der alte Rocker, Freak und Spinner, allein mit einem Säugling, das hättet ihr mir mal ein paar Jahre früher erzählen müssen, da hätte ich euch ausgelacht. Tagsüber war eine Frau der Rita-Schwestern da und hat sich um die Kleine gekümmert. Sie hat für mich abends, als ich von der Arbeit kam, gekocht, und in der Nacht hab ich mich um die Jenny gekümmert. Ich hatte zwischendurch auch drei Wochen Urlaub und da kümmerte ich mich allein um die Jenny. Ich hab es gleich gelernt, was es heißt, Mutter zu sein, und ziehe meinen Hut vor jeder Mutter. Ich wurde ins kalte Wasser geworfen und machte meine Sache sehr gut, bis heute. Ich war und bin ein sehr guter Vater, wobei hier Eigenlob nicht stinkt.

Die Fläschchen machen, Windeln wechseln, baden, kochen, spielen, Gute-Nacht-Lieder vorsingen und putzen machten aber richtig Spaß. Mal etwas, was ich konnte. Ich war der perfekte Hausmann!

Es war eine sehr lehrreiche und sehr schöne Zeit, alleine mit meinem Baby. Ich sag mal so, es war positiver Streß! In dieser Zeit nahm ich auch keinerlei Drogen mehr, trank nichts und Zigaretten geraucht hab ich auch wenig.

Als es der Debbie dann etwas besser ging, fuhren wir im August 2003 an den Bodensee/Ludwigshafen. Es war der einzige Urlaub, den wir zu dritt erlebten, und es war wirklich sehr schön. Wir fuhren mit der Fähre zur Insel Mainau, wanderten, ein fettes Oldtimertreffen – Autos, Motorräder, Unimogs, Traktoren usw. – war auch direkt vor unserem Hotel, und ließen uns die Fische aus dem Bodensee schmecken. Dazu kam das sprichwörtliche, wenn-Engel-reisen-Wetter. Ich hatte den Urlaub schon so gelegt, daß ich zum Festival nach Konstanz fahren konnte. METALLICA war Headliner und weiterhin spielten Placebo, Sum 41, Die Happy und Lagwaggon. Ich war zu Beginn wieder ganz vorne, um nach allen Regeln der Kunst abzumoshen. Ich war alleine da und es laberten mich welche von der Seite an: „Schaut, der ist Zivilbulle." Da mußte ich schon laut loslachen und sie glotzten blöd, diese unwissenden Grünschnäbel. Das Geile war, daß ich zur Autogrammstunde von METALLICA konnte. Ich lernte während des Gigs nämlich einen Fotografen kennen, und der schleuste mich mit rein. Ich stand vor meinen größten Idolen, bekam Autogramme und konnte ihnen mal die Hände schütteln. Dies war der Himmel auf Erden für mich; ich sag's euch, ich war sprachlos! Ich fuhr danach wieder, seelisch befriedigt, zurück zu unserem schönen Hotel in Ludwigshafen und hörte volle Lotte METALLICA im Auto. Am nächsten Tag fuhren wir zu den berühmten Pfahlbauten aus der Steinzeit, mit dem Museum in Unteruhldingen. Auch zum Affenberg in Salem machten wir einen Ausflug, wo man Affen in freier Wildbahn füttern und streicheln kann. Ein Erlebnis, nicht nur für Kinder. Nach Lindau fuhren wir auch und bummelten durch die schöne Stadt. Einen Tag später fuhren wir wieder nach Hause und es war ein wirklich gelungener Urlaub. Wir drei waren also für kurze Zeit eine kleine Familie!

Die Debbie schlug dann Ende 2003 absichtlich die Autotür beim Einkaufen auf dem Aldiparkplatz zu, obwohl mein kaputtes Bein in der Tür war. Ich bin total durchgedreht, weil mein Bein wieder locker hätte gebrochen sein können. Dies geschah alles mitten auf dem Aldiparkplatz und die Leute bekamen es voll mit; mit ein Grund für die Trennung. Sie hat auch dazu beigetragen, daß ich immer negativer wurde. Sie hatte schon immer über alles und jeden gerne zu motzen. She was Motzki.

Im Dezember ging die Debbie mit der Jenny auf sechswöchige psychosomatische Reha nach Bad Segeberg, und ich fuhr die beiden noch hin. Sie kündigte mir von dort aus per Brief unsere Beziehung nach zwölf Jahren. Hier eine kleiner Ausschnitt:

„Ich möchte, daß, wenn ich von der Reha nach Hause komme, du dir eine neue Bleibe gesucht hast. Ich möchte in Zukunft mit meiner Tochter alleine leben. Ich weiß, daß du mich dafür haßt, aber so ist nun einmal meine Entscheidung.“

Ich bin mir auch sicher, daß diverse Freundinnen sie zu diesem Schritt animiert hatten. Jetzt, nach vier Jahren, bin ich eigentlich froh, daß sie mir die Entscheidung abnahm, die Beziehung zu beenden, da ich ja ähnlicher Meinung war, die Beziehung aber wegen der Jenny aufrechterhalten wollte. Es war trotz Spannungen eine schöne Beziehung, wir waren aber wohl beide zu dominant. Zwei unserer Sorte waren zuviel Glanz in einer Hütte. „Hätten wir nicht so tief geliebt, hätten wir nicht so blind geliebt." Summa summarum war unsere Beziehung eine gute Zeit, bis auf die Art und Weise der Trennung. Es endet halt immer im Streit, sonst würde es ja nicht enden!

Dem bitteren Ende gingen viele Augenblicke höchsten Triumphes und leidenschaftlicher Glückseligkeit voraus. So gesehen trete ich nicht als Verlierer ab, sondern als Sieger. Die Debbie hatte verdammt viel Schmerz und Leid erfahren müssen. Durch die Geburt und ihren Schlaganfall blieb doch etwas zurück. Armes Mädchen. Jetzt sind wir quasi Partner, obwohl sie das Sorgerecht hat, mit nur einem Ziel:

„JENNY!"

Ich probierte trotzdem noch über die philosophische und einfühlsame Art mit einem Brief meinerseits, unsere Beziehung zu retten. Es nützte aber nichts, da sie den Wink mit dem Zaunpfahl nicht so verstand. Sie nahm zu keiner Zeit einen Ratschlag an, aber in ihren besten Jahren war sie dafür wenigstens ein Augenschmaus, was entschädigte. Sie ist wohl nicht empfänglich für Argumente und Metaphern gewesen. Ich schrieb ihr nämlich noch einen Kurzbrief:

Hallo mein liebes coco-loco-törtchen ...

„An dieser Stelle muß ich Dir wohl schreiben, was ich gelernt habe. Meine Schlußfolgerung lautet: Haß ist Ballast. Das Leben ist viel zu kurz dafür, daß man immer wütend ist, das ist es einfach nicht wert! Ich sage immer, es ist einfach besser, mit einem Zitat abzuschließen. Wenn ein anderer es schon besser formuliert hat, als man es kann, stiehlt man eben von ihm, und man verschafft sich einen starken Abgang. Ich habe eins dieser Zitate gefunden, das DIR sicher gefallen wird: ‚Wir sind keine Feinde, sondern Freunde. Wir dürfen keine Feinde sein. Leidenschaft darf die Bande unserer Zuneigung anspannen, zerreißen darf sie sie aber nicht!' Die mystischen Klänge der Erinnerung werden ertönen, wenn, und das ist sicher, die besseren Engel unserer Natur sie wieder berühren!" *American History X*

Die Debbie hat mich dann die drei Jahre (2004/05/06) nach unserer Trennung dermaßen terrorisiert, provoziert, versetzt und mit der Jenny erpreßt, daß es auf einmal dermaßen eskalierte, daß ich ihr eine Schelle gab (ich hatte sie bis dahin nie geschlagen). Die Jenny stand leider daneben. Sie schrie immer rum: „Du kümmerst dich überhaupt nicht um die Jenny, und Geld schickst du uns auch keines rüber." Sie wußte immer, daß sie mich mit diesen psychologischen Spielchen und den Vorwürfen provozierte, weil es ja gar nicht stimmte. Außerdem gab sie mir die Jenny auch nur nach Lust und Laune. Es war dann halt wiedermal ein zeitweiser Ausfall des zentralen Nervensystems, der aber nicht unbegründet war. Sie war danach auch im Krankenhaus, wobei ich mir sicher bin, daß dies nicht wegen meiner einen Schelle war. Mittlerweile haben wir Frieden geschlossen und können uns ganz gut arrangieren. Ich glaube ja, daß die Schelle gar nicht so verkehrt war, da sie nach drei Monaten Funkstille ganz anders auf mich zu ging, und ich sagte ihr auch, daß es bloß so kommen konnte mit der Schelle, wegen ihrer Terror-Attacken. Jetzt sind der Nebel und der Sturm verzogen und die Sonne scheint wieder leicht durch die Wolken. Was nicht heißen sollte, daß ich noch mal mit der Debbie zusammenkommen würde, könnte. Gott bewahre mich davor! Dieser Zug ist abgefahren. Wenn die Jenny nicht da wäre, hätte ich lieber nichts mehr mit ihr zu tun und würde sie nie mehr sehen wollen, wie ihren Bruder. Es gibt auch an dieser Stelle ein gutes Sprichwort: „Lauf niemals einer Frau, einem Bus oder Zug hinterher, du wirst immer zurückgelassen.“ Es gab Zeiten, da hatte ich sie verflucht. Ich hab ihr aber trotzdem meinen großen Spiegelschlafzimmerschrank, mein gold-schwarzes Metallgitterbett, meinen Eßzimmertisch, meinen Küchenschrank und die 4-Zimmerwohnung – 110 Quadratmeter – in Hartmannshof überlassen. Wobei ich in einer 1-Zimmerwohnung hause. Ganz schön nett von mir, oder!?! Ich wünsche ihr nichtsdestotrotz alles Gute!

Es war im wahrsten Sinne des Wortes eine schwere Geburt. Ich werfe den Ärzten der Frauenklinik an der Universitätsklinik einen großen Teil dessen vor, was während, vor und nach der Geburt alles schiefging. Die Debbie hatte Mitte August Termin. Die Ärzte warteten aber bis zum 4. September 2001, bis sie die Jenny dann per Notkaiserschnitt um 22:22 Uhr auf die Welt holten. An meiner magischen Uhrzeit, aber dies brachte leider kein Glück. Die Jenny hatte nämlich schon keine Herztöne mehr, und die Debbie war völligst am Ende, ich war ja dabei. Es brach auf einmal eine Hektik im Kreißsaal aus. Es waren soviel Leute da, daß sie sich schon auf die Füße traten. Die Jenny mußte sofort auf die Intensivstation, denn sie hatte unter anderem ihren eigenen Urin in die Lunge bekommen. Der Schlaganfall drei Wochen nach der Geburt hätte verhindert werden können, hätten sie die Jenny am Geburtstagsstichtag oder ein paar Tage später per Kaiserschnitt geholt. Die Debbie mußte sich ja drei Wochen länger quälen, was nicht hätte sein müssen. Ihre Figur war seitdem auch versaut, da sie durch die Verzögerung schon aussah wie ein Luftballon. Dies schiebe ich alles auf die Inkompetenz der zuständigen Ärzte. Ich würde mal sagen – Ärztepfusch. Unsere Meinung war ja belanglos. Wie überall sind auch dort manche

Ärzte schlecht und haben ihren Beruf verfehlt, sie sehen dies bloß nicht ein, manche Herren Halbgötter in weiß. In der Regel werden sie ja auch nicht zur Rechenschaft gezogen. Klingt vielleicht sarkastisch, ist aber so!

Die Jenny bekam dann chronisches Asthma und war deswegen schon dreimal in der Kinderklinik, weil sie keine Luft mehr bekam, einmal auf Kur in Oberjoch und einmal auf Sylt. Da besuchte ich sie und ihre Mutter immer.

Ich hab alle positiven wie negativen Seiten der Schulmedizin kennengelernt und muß sagen, es gibt überall schwarze Schafe. Es gibt da und da Gute, man braucht halt das Glück, daß man die richtigen erwischt. Man sollte den Ärzten gegenüber ein gesundes Maß an Mißtrauen zeigen, es sind halt auch nur Menschen. Dies hat mich mein Krankenwerdegang gelehrt!

Das Krankheitstrio:

Die Jenny – das sick Child, die Debbie – das sick Girl, und ich – der *Sick Boy*!

XXII. Der Absturz

Die drei Jahre (2004/05/06) waren für mich ein selbstauferlegter Freigang-Knast – in meiner Einzimmer-Einzelhaft-Luxus-Wohnung von mir selbst eingesperrt und nur umhergeirrt. Ich war sozusagen diese drei Jahre inaktiv. Mein Wasserbett mit den Maßen 2,00 auf 2,00 Meter füllt die Wohnung schon gut aus. Es war die Zeit nach der Trennung von der Debbie. Ich hab mir des öfteren mal selbst auf den Kopf gehauen, abgeschellt oder auf den Körper geboxt, und mich selbst oft angeplärrt: „Svenisson, du bist total verblödet." Jetzt muß ich sagen: „Selbstvergebung ist der Himmel, Selbstverurteilung ist die Hölle."

Ich habe mich in Geduld geübt und die drei Jahre eigentlich effektiv nichts Produktives getan und die Zeit eigentlich völlig vertan. So viel von weggeworfener Zeit. Ich habe bis zwölf 12:00 Uhr geschlafen und bin dann zur Mutter zum Essen gegangen. Danach bin ich wieder nach Hause und hab oft bis 17:00 Uhr geschlafen. Dann bin ich viel spazierengegangen und hab meinen Tag bis ca. früh um 3:00 Uhr mit Musik, Filmen und Fußball verlebt. Man kann seine Geborgenheit auch im Elend finden. Auf die eine oder andere Fete und Party ging ich schon mal, aber eher selten. Die einzigen richtigen Highlights in der krassen Zeit waren das BÖHSE ONKELZ-Abschiedskonzert 2005, und die Fußball-WM 2006, wo wir beim Biffke in der Scheune vier Wochen mit Großbildleinwand abfeierten.

In dieser miesen Zeit bin ich nach der WM mit dem Fahrrad von Nürnberg nach Neuschwanstein ins Schwangau gefahren. Dann fuhr ich quer rüber nach Wien und über Prag wieder zurück nach Nürnberg. Ich wollte einfach niemanden hören und sehen. Ich hatte mein Zelt und meinen Schlafsack hintendrauf und campte, wo ich Lust und Laune hatte. Zum Glück war schönes Wetter. Wenn Engel reisen!

Mein Leben war eine Einbahnstraße. Ich gab in dieser Zeit meist Gott und der Welt die Schuld an meinem Zustand. Ich hab sogar zwei Kreuze (eines davon war mein schönes, geweihtes Kreuzbergkreuz) in die Pegnitz geworfen, vor Wut und Haß. Ich schrie: „Ich entsage Gott." Ich hatte den Glauben an Gott und mich verloren, habe Ihn aber jetzt in Demut und mit konsequentem Beten wieder gefunden und meinen Frieden mit Ihm gemacht. Die Welt und die Leute machten mich krank. Ich war immer neidisch auf den Erfolg der anderen und wollte immer jemand anderes sein. Im Laufe der Zeit habe ich den Neid auf die anderen verloren und gönne mittlerweile den anderen den Erfolg und das Glück, und ich stelle nicht mehr alles in Frage. Ich hab mich verloren und wieder gefunden, war ganz unten und jetzt geht's wieder hoch. Die kleinsten Dinge können mich jetzt am meisten freuen. Ich hab mir selbst vergeben, und Gott hat mir auch vergeben, denn Gott vergibt jedem, der es wirklich will, ob Mörder, Dieb, Drogendealer, Nutte oder kleinem Gauner; außer den scheinheiligen Pharisäern, die sich selbst als Götter und Richter der Welt hinstellen. Andere Menschen, äußere Umstände und Ereignisse hatten mit meinem Erfolg, Glück oder Schicksal nichts zu tun. Ich war angespannt, mit aggressiven Tendenzen und hab nur mit mir selbst gehadert. Ich war lange genug gefrustet, habe gehaßt und andere beneidet, daß es schon wehtat: „Ich kann XY nicht ausstehen und das Land geht ohnehin vor die Hunde." Dieser und ähnliche destruktive Gedanken und Aussprüche gehörten zu meiner Tagesordnung. Dies schlug sich dann auch im Frauenmangel bei mir nieder, was in meinem Gemütszustand kein Wunder war. Früher hatte ich jeden Tag Sex, das brauchte ich für meinen Hormonhaushalt. Ich hatte

2004 gar keinen Sex, seit langen, langen Jahren und das war die Hölle. Nur Onanie und kein Rohr verlegt, da verreckst! Ein Leben ohne Sex geht, ist aber nicht empfehlenswert!

Einmal besuchte mich an Ostern 2004 die Emma aus der Rhön. Wir gingen erst zum Essen und dann ins Kino. Ich kannte sie aus der Zeit im Bfw Nürnberg. Die Emma schlief dann auch bei mir, aber es lief nichts, so in der Art Koitus, Oralikus oder Analikus. Man kann hier anfügen: „Je öfter Mann einen rein bekommt, desto öfter bekommt man einen rein. Je weniger Mann einen rein bekommt, desto weniger bekommt man einen rein.“ I'm so alone and I need a girlfriend. Ich bin so allein, trifft nicht bald eine Frau ein, könnte alles verloren sein. Der ganze Charme, die Flirt- und Aufrißtaktiken habe ich im Laufe der Kindererziehung irgendwie irgendwann verloren. Ich werde sie aber wiederfinden, da sie ja noch irgendwo in meinem Irrgarten-Gehirn gespeichert sein müssen. Ich komme zurzeit irgendwie nicht an die Frauen ran. Die Unterhaltung mit ihnen funktioniert schon, aber ich krieg eben keine rum. Ich kann mir selbst nicht erklären, wo's hackt.

Wenn ich 2005 und 2006 Sex hatte, war der nicht ganz normal. Mit den Hersbrucker Jungs war ich zweimal in Pilsen/Tschechei. Dort gibt es ein richtig seriöses Etablissement namens „Pamela“. Da war es wie im Paradies. Unten sind die geilsten Girls beim Tabledance, und ein halber Liter Pilsener Urquell kostete umgerechnet ein Euro. Oben kann Mann für umgerechnet 30,- Euro gut bumsen. Mann muß vorher erst duschen, und dann geht es zur Sache. Ich war so geil, daß ich beim ersten Besuch dort, gleich dreimal hochging und drei verschiedene Girls bumste. Beim zweiten Besuch hatte ich eine aus Weißrußland, die gut deutsch sprach. Es war die schon erwähnte Victoria. Die war einfach supi süß, war 24 Jahre alt, bewegte sich gut und ich ging gleich zweimal zu ihr hoch. Wir führten danach auch einen lockeren Smalltalk. Ich wollte sie am liebsten gleich in den Kofferraum stecken und sie mit nach Deutschland nehmen. Dies funktionierte aber leider nicht, wegen der Zuhälter. Schade!

Dann hatte ich zweimal interessanten, bizarren Sex. Also wieder mal was für die Hüften. Was heißt ich? Es war einmal ein flotter Dreier und einmal ein Gang-Bang. Der flotte Dreier war an Silvester 2005 mit meinem Großcousin Otto und der Försterin. Sie war nicht gerade die Jüngste und Schönste. Sie war auf Urlaub hier. Es war Neujahr früh, als wir sie in einer Kneipe aufrissen und zu meinem Großcousin gingen. Die war ganz schön rattlet und konnte es kaum erwarten. Ich nahm sie von hinten und meinem Großcousin hatte sie einen geblasen. Dann machten wir alles rumgedreht. Auf jeden Fall schnarchte er auf einmal, und ist doch tatsächlich, während ihm einer geblasen wurde, eingeschlafen. Sie und ich machten noch etwas weiter, denn ein guter Lover war ich ja wenigstens. Als sie ging, meinte sie dann zu mir: „Bring dem mal das Ficken bei. Tschüß!"

Jetzt will ich einmal den Gang-Bang dokumentieren. Es war beim Tischler in der Rhön, im Sommer 2006. Er rief eine Sonja an. Er mußte sie am Telefon zwar noch überzeugen mit dem Gang-Bang, aber sie kam dann. Mit dabei war wieder mein Großcousin, dann noch der Fredo, der Tischler, ich und natürlich die Sonja. Es war wie in einem Pornofilm. Wir machten erst mal eine Lümmelparade für sie, und sie fiel gleich über meinen schönen Lümmel her. Sie verschlang ihn förmlich und ich genoß es mit Wohlgefallen. Dann steckte ich meinen Lümmel, natürlich mit Lümmeltüte, gleich in ihre feuchte Liebesgrotte. Sie meinte, ich wäre ganz schön ausgehungert, und fuhr total auf mich ab. Ich machte dann mal eine Pause und die anderen nahmen sie oder sie machte ihren Blowjob.

Sie sagte des öfteren: „Dafür komme ich in die Hölle!"

Der Tischler hielt sich zurück und überließ uns das Feld, denn er hatte sie ja zugeritten. Den Fredo ließ sie dann abfahren, weil der ihr zu lasch war. Mein Großcousin war ihr wiederum zu lästig, denn er wollte unbedingt Analverkehr mit ihr und spielte immer an ihrer Rosette rum.

Also hatte ich sie dann für mich alleine. Sie wollte erst mal 'ne Pause machen, ging ins Bad und machte sich frisch. Wir tranken dann ein Bierchen. Sie wollte dann mit mir allein sein und wir fuhren zu ihr nach Hause, wo wir sofort wieder in die Kiste stiegen, weil wir beide total rattenscharf waren. Es war Sommer, in ihrer Dachwohnung waren garantiert 40 Grad und wir waren beide klitschnaß geschwitzt. Als wir so stürmisch bei der Sache waren, haben wir gar nicht gemerkt, wie der Pariser von meinem Piephahn rutschte. Als wir dann beide kamen, war er weg, der Pariser. Erst lachten wir zwar, doch uns wurde auf einmal der Ernst der Lage bewußt. Sie nahm keine Pille. Wir schliefen dann ein und sie ging am nächsten Morgen sofort zum Frauenarzt, der ihr den Pariser rausholte. Es war ihr natürlich voll peinlich, aber der Arzt holte ihn sofort raus. Sie bekam vom Arzt die Pille danach, und es ist zum Glück nichts verrutscht. Das hätte ich in meiner derzeitigen Situation nicht brauchen können. Sie war 'ne Nette und ich wäre wahrscheinlich heute auch mit ihr zusammen, wenn sie nicht gerade so fett gewesen wäre, und damit meine ich richtig fett. Ich stand noch nie auf fette Frauen, da bin ich ehrlich. Dann lieber Frau Faust und ihre fünf Töchter. Dies mag vielleicht etwas oberflächlich klingen, beruht aber in der Regel auf Gegenseitigkeit. Bei mir war in der Hinsicht nie die Devise:

„Lieber den Spatz in der Hand als die Taube auf dem Dach."

Bei mir gab's nur:
„No fat chicks."
„Rubensdamen gehen mit konträr."
Ich habe lieber in meiner Phantasie eine schöne Frau, als in der Realität eine häßliche.
Philosophisch kann ich nur ergänzen:
„Die vollkommene Blüte ist selten, aber es wäre kein vergeudetes Leben, ein Leben lang danach zu suchen." Last Samurai
Also! Normalen Sex hatte ich in der Zeit nie. Hätte, würde, könnte, sollte? Pfeif drauf, es war, wie's war!

Bei mir ist jetzt die Hälfte des Lebens rum, aber dafür hab ich die Midlife Crisis – mit meiner ganzen Scheiße, die ich schon erlebt hatte – zum Glück hinter mir!!!

XXIII. Selbst gestellte Diagnose

Daß ich emotionaler und anders als andere bin, fand ich schon früh heraus. Emotional, teilweise sentimental und nach Melanies Tod noch depressiv und manisch dazu. *Emotional Man*. Außerdem zog ich die Mißgeschicke, Unfälle, Krankheiten und Dummheiten an wie Scheiße die Fliegen. Ich glaube, außerdem wurde vor meiner Geburt ein Vertrag mit diesen Unannehmlichkeiten geschlossen. Ich hatte um mich herum einen Trümmerhaufen und dachte gleichzeitig, mir ginge es bestens. Im Zustand der Manie ist man blind, und der Alkohol und die Drogen taten den Rest. Ich habe meinen Kummer und meine Sorgen mit Alkohol und Drogen genährt. Ich konnte an vielem nichts, was ich tat, wegen meiner manischen Depression (bipolare Störung), was ich aber erst später herausfand. An Etikette hat es mir eigentlich nicht gefehlt, ich bin nur in falsche Kreise abgerutscht, in denen es keine Etikette gab. Es war schon eine sehr vulgäre, teilweise dekadente Lebensweise. In den Maniephasen fielen oft die Hemmungen, ich sprudelte vor Ideen und verfiel immer mehr meinem Wahn. Ich hatte schon öfter mal die Spendierhosen an oder gönnte mir einiges, aber Schulden hatte ich selbst in meinen manischen und arbeitslosen Phasen nie, denn ich habe mit meinen Drogengeschäften immer gut kalkuliert. Außerdem hab ich ja 50.000,- DM von meiner Unfallversicherung verpraßt, die ich für meine Beine bekam. Das Aufstehen fiel mir auch schon immer schwer, und so schlief ich ziemlich viel und hatte durch meine Unfälle und die aufkommende Schwermütigkeit sehr hohe Liegezeiten, wie ich es nannte. Das Leben ging weiter, wie fließendes Wasser, und ich lag nur rum wie ein Stein. Ich lebte halt in den Tag hinein. Ich hatte manchmal ein Scherbenmeer vor mir, merkte es nicht, und stand vor mir und konnte mich nicht sehen. Vor meinen Klinikaufenthalten in der Psychiatrie hatte ich auch schon zwei Freitodversuche hinter mir. Ich haßte mein Leben und ersehnte den Tod, hatte schon immer Todesgedanken (Todessehnsucht) im Kopf, in den verschiedensten Variationen, und wie viele Leute und wer vielleicht auf meine Beerdigung kommen würden. Aufgrund der Trennung von der Debbie waren 2004/05/06 Horrorjahre. In diesen Momenten hatte ich auch gar keine Connections, Freundschaften, Frauen oder Geld. Was noch entscheidend war, daß ich auch schon wieder arbeitslos war. Die drei Jahre, in denen ich Hartz IV bezog (Stütze, absolutes Existenzminimum; man kann froh sein, wenn man sich einigermaßen ernähren kann und nicht nur Billigdiscounterdreck fressen muß), erzeugten nicht nur Existenzängste. Wenn du richtig Hunger hast, freust du dich sogar über trocken Brot mit Butter. Unsere Konsumgesellschaft weiß gar nicht mehr, was richtiger Hunger ist. Ich hab's in meiner Hartz-IV-Zeit wieder gelernt: keine Kohle = keine Freundin, keine Freunde, keine Freude. Ich bin es gewohnt, allein, in gewisser Weise einsam zu sein. Ich hab es selbst erlebt. Nur mit Geld und Job bist du ein akzeptierter Mensch, in unserer von Geld verdorbenen Gesellschaft:

„Haste was, biste was. Haste nix, biste nix."

Mir sagte sogar der Zappo aus Hersbruck, die Hartz IVler sollten nur Essensgutscheine bekommen oder sollten zu den Tafeln gehen. Man könnte sie ja auch in den Steinbruch schikken, dann würden sie was Produktives tun. Der Junge wäre wahrscheinlich auch ein hervorragender Nazi geworden.

Ich habe einen Behindertenausweis mit einem GdB (Grad der Behinderung) von 60 %. Dies resultiert aus meinem linken Unterschenkel, dem rechten Knie, der Lenden- und der Halswirbelsäule und meiner manischen Depression. Das Handicap der ganzen Geschichte, ich geh auch noch am Stock!

Jetzt bin ich Erwerbsunfähigkeitsrentner, dies aber nur befristet auf zwei Jahre. Das Finanzielle: „Zum leben zu wenig und zum sterben zu viel."

Jetzt soll es aber positiv weitergehen!!!

XXIV. Glaube und Hoffnung

Ich habe einen furchtbaren Preis bezahlt, und jetzt ist es Zeit zu wenden!

– Wege sind Bewegung, machen mir Beine, sind ausgetreten oder neu. Sie führen mich zu vertrauten Plätzen oder ins Ungewisse. Sie machen Hoffnung, bergen Spannung. Wege verzweigen sich in Auswege, Umwege, Irrwege, gerade oder verschlungene Wege. Am Ziel jedoch sollte ich mir sagen können: I did it my way! – Vielleicht ist alles, was da geschehen ist, Vorsehung gewesen?

Ich glaube ja mittlerweile, daß alles von Anfang an in meinem Leben so gelaufen ist, um letzten Endes Gott und seine Magie vollkommen zu finden. Ich bin wieder ein guter Mensch geworden, also vom Saulus zum Paulus, aber noch nicht gut genug. Ich war zu lange mit dem Bösen auf Du und Du, dabei bin ich im Herzen ein sensibler, guter Mensch. Außerdem brach mir auch meine zeitweilige Arroganz den Hals, denn Hochmut kommt eben vor dem Fall. Ich bin verwandelt und lebe ein neues Leben. Ich hatte seit 1989 keinen Glauben mehr an Gott und konnte ihn nicht mehr sehen, obwohl er immer da war. Mit meinem Eintritt in die Hippie-, Rocker- und Drogenszene schenkte ich ihm keine Beachtung mehr. Wer kann auch damit rechnen, daß ich Ihn dann im Januar 2007 finde, und dies in der ältesten Kirche auf Sylt! Lieber spät als nie! Dies weiß ich jetzt, da ich nun Vertrauen zu mir, dem Leben und Gott habe!

Mir hat nur Gott (Gott ist in jedem selbst) geholfen, meinen WEG zu finden, ansonsten keiner. In deine Hände lege ich meinen Geist. In God I trust. Der Welten Größte!!!

„Ich höre himmlisches Gelächter, wenn ich dran denke, wie ich war, den Wahnsinn, den ich lebte und den Gott, den ich nicht sah.“ *BO*

Meine Gebete – *Prayer* – täglich mehrmals:

„Vater unser“ und „Gegrüßet seist du, Maria“, 6x hintereinander. Dann 3x hintereinander folgendes:

„Ich behaupte und nehme als gegeben an, das Gottes Liebe, Licht, Harmonie, Wahrheit, Schönheit, Reichtum, Gesundheit und Sicherheit mich frei und freudig durchströmen, und ich weiß, daß ich nun gesegneter und erfolgreicher sein werde, als ich in meinen kühnsten Träumen erhoffte. Geld, Erfolg und Reichtum fließen mir frei und im Überfluß auf gottgegebene Weise zu. Meine unendliche Weisheit führt mich zu höchster Selbstverwirklichung. Ich werde mit einer wunderbaren Frau nach göttlicher Fügung zusammen sein. Schmerzen und Seufzen werden entfliehen. Gott ist in mir und ich in Gott. Jesus Christus ist mein Partner, mein Bruder, mein Hirte und mein einziger wahrer Freund. Mein Partner Jesus, ich hab 'ne Bitte, beschütz' mich und die Meinen in deiner Mitte. Alles, was ihr bittet in eurem Gebet, glaubt nur, daß ihr's empfangen werdet, so wird's euch gegeben werden. Im Namen des Vaters und des Sohnes und des heiligen Geistes. Amen. Gelobt sei Jesus Christus in Ewigkeit. AMEN.“

Diese Gebete mehrmals täglich zu wiederholen, hat mir bis jetzt in einem Jahr sehr viel gebracht, das positive Denken gestärkt, und den Glauben an Gott und an mich zurückgebracht. Wörter können positive oder negative Energie ausströmen. Ich lasse nur noch positive Energie in mich hinein. Die negative Energie lasse ich einfach abprallen, egal was oder von wem. Ich wollte immer ein anderer sein. Dies wird sich nun ändern, damit ist jetzt Schluß. Ich war teilweise selbst schuld an meinem Elend, aber jetzt drehe ich den Spieß um und verkehre alles ins Positive. Dies schwöre ich! Hier auch noch meine Lieblingsfarbe Orange mit folgenden Vorzügen: Aufbruch, Chance, Zuversicht.

Ein gesunder Geist in einem gesundem Körper. Bei mir war immer ein kranker Geist in einem kranken Körper. Der biologische Schnitt (nach Hans-Heinrich Reckeweg, Arzt und Pharmakologe) ist bei mir jetzt die Nahtstelle von meiner Krankheit weg, wieder zur vollen Gesundheit zurück. Folgende Kurve hab ich mit Gott für mich errechnet:

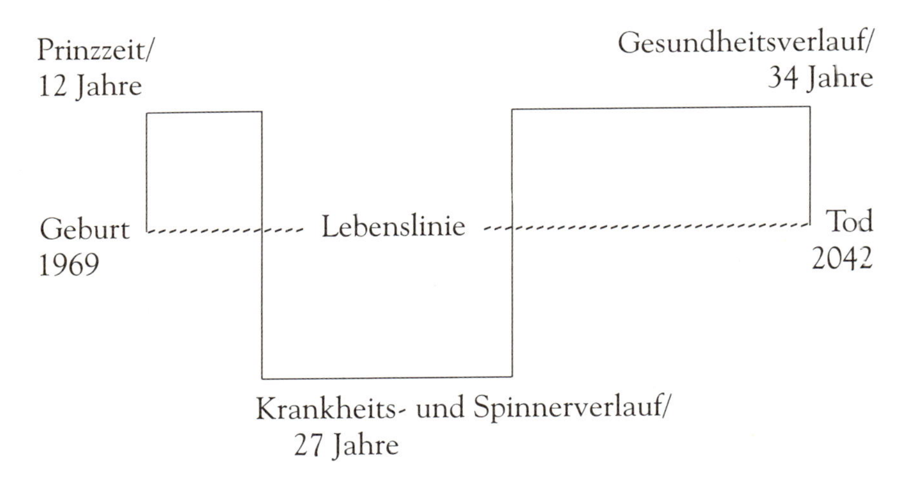

Es hat verdammt lange gedauert, bis bei mir der Knoten geplatzt ist. Jeder Mensch hat seine Prüfungen, der eine mehr, der andere weniger. Ich war bei den „der eine mehr“. Ich hab leider oft versagt, und aus diesem Grund wird es in Zukunft mehr der Sorte, „der andere weniger“ sein. Langsam kommt Licht in das Dunkel. Ich sehe das Licht dort am Ende des Tunnels. Ich habe mit dem Drogenkonsum und dem Schnaps aufgehört (mit dem Dealen sowieso schon lange) und trinke gelegentlich ein leckeres Hefeweizen oder einen lecker Rotwein. Ich nehme meine Medikamente, meine kleinen Helfer, und gut is. Sex, Drugs and Rock'n Roll sind nicht mehr das primäre Ziel in meinem Leben, so wie es früher immer war. Wobei mich manchmal die Lust auf Drogen schon überkommt und mich die Dämonen der Vergangenheit heimsuchen. Es hat alles so sollen sein, wie es war. Es ging um schwere Zeiten, die es galt durchzuhalten. And now; the times they are a changin; in ein andres großes Leben. Nun habe ich die Jetzt-erst-recht-Mentalität, da ich ja nichts mehr habe, außer der JENNY! Keine Frau, keinen Freundeskreis, kein Geld, noch keine Ahnung, wie es weitergehen soll!

Summa summarum muß ich sagen, es war kein leichtes, aber ein unglaubliches, erlebnisreiches Leben. Genau das brachte mich dazu, aufzuerstehen wie Phönix aus der Asche. Ich bin ehrlich zu mir selbst. Ich schätze meine Fehler und Schwächen jetzt richtig ein und eröffne mir damit die Möglichkeit, sie zu korrigieren oder auch mit ihnen zu leben. Meine Fehler und mein Versagen waren nur Stufen für meine jetzigen Taten. Meinen Frieden habe ich auch mit allem und jedem gemacht. Lasse alles und jeden zurück, und beginne jetzt sukzessive die Suche nach meinem neuen Leben. Ab jetzt kann mir das Leben eigentlich nur noch Freude machen. Ich sag JA zum Leben!

Meine ganz eigene Pilgerreise, anno domini August 2007, nach Rom – und dies nur mit Jesus, meinem Partner, meinem Hirten, meinem einzigen wahren Freund – war ein erquikkendes Erlebnis. Ich bin in meinem ganz eigenem Himmel gelandet. Perfetto. Ich hab so lange gebraucht, um zu merken, wie schön das Leben auch mal alleine sein kann. Nur allein kann man die wahre Freiheit erleben. Dies war mein allererster Urlaub ganz alleine. Die Ewige Stadt hat wirklich ewige Bauten. Allein die der Peterskirche, die Sixtinische Kapelle, die Jesuskirche, das Kolosseum, die Engelsburg, der Trevibrunnen, die spanische Treppe, das Capitol, das Pantheon und die ganzen anderen schönen Kirchen, sollte man gesehen haben. Der Weg war das Ziel, und Rom ist wirklich Musik für die Augen. Wie das Glück jetzt so spielt, wie früher das Unglück, traf ich den Papst zwar nicht persönlich, sah ihn aber aus nächster Nähe. Rom war so eine unglaubliche Reise, daß es schon unglaublich war!

Ich kam von dieser Reise zurück und hatte Gott im Gepäck!!!

Lobe den Herrn, der Dir vergibt! Der Deine Seele und Deine Gebrechen heilt, und Dich krönen wird mit Freude!

Ich meinte mich zu kennen, meine Haltungen und meine Träume. Ich war in mir zu Hause und fühlte mich wohl. Jetzt bricht etwas Neues in mir auf. Ich bin überrascht und verunsichert. Mein Horizont erweitert sich, der Intellekt folgt und Ahnungen suchen mich heim. Ich kann mich nicht mehr an der Person festhalten, die ich einmal war. Da ich immer unterwegs war, gehörten die Veränderungen immer zu mir!

Ich gehe, auf zu neuen Ufern und die unausweichlich positiven Berge des Lebens erklimmend, den Weg mit Gott und Jesus Christus bis zu dem Tag, an dem ich sterben werde.

... und es endet im Winter 2042!